Thorsten Paprotny

# Kurze Geschichte der antiken Philosophie

# HERDER spektrum

Band 5286

Das Buch

Als Thales, der erste uns bekannte Philosoph der Antike, damit be-schäftigt war, die Sterne zu beobachten, und beständig zum Himmel hinauf blickte, fiel er in eine Zisterne. Eine Magd, die dies sah, ver-spottete ihn und sagte, er gäbe sich große Mühe, den Lauf der Gestirne zu erkennen, zugleich aber bliebe ihm verborgen, was unmittelbar vor seinen Füßen läge. Viele Denker des Altertums, unter ihnen auch Pla-ton, haben diese Geschichte erzählt. Warum eigentlich? Vielleicht weil sie uns bis heute zeigt, wie wichtig es ist, sich nicht nur den großen Fragen der Menschheit und der Erkundung der Natur zu widmen, sondern auch sich konkret im täglichen Leben orientieren zu können. Wenn es gelingt, beides miteinander in Einklang zu bringen, nimmt die Philosophie ihren Sitz mitten im Leben der Menschen ein.

Thorsten Paprotny macht deutlich, dass genau dies den Reiz aus-macht, sich auch heute mit antiker Philosophie zu beschäftigen. Denn ihr geht es um zentrale, zeitlose Probleme des Menschseins: Wie soll man leben? Worin besteht wirkliches Glück? Welches ist das rechte Maß? Kann man erkennen, was wirklich ist? Was ist Liebe, was Freundschaft? Wie findet man seine Seelenruhe? Wie kann man seine Sterblichkeit gelassen annehmen?

Anschaulich und mit vielen Anekdoten wird erzählt, wie Sokrates, Platon, Aristoteles und die großen Philosophenschulen der Antike auf diese Fragen geantwortet haben. Zugleich zeigt sich, dass die antike Philosophie den Menschen von heute eine Menge zu sagen hat: Wor-auf kommt es letztlich für uns an? Wie kann ich die anderen Men-schen, die Welt und mich selbst besser verstehen?

„Erkenne dich selbst!" – die Aufforderung des Orakels von Delphi gilt bis heute. Ein Buch, das Lebensweisheit von zeitloser Gültigkeit ent-hält und zu eigenem philosophischen Nachdenken inspiriert.

Der Autor

Thorsten Paprotny, Dr. phil., lehrt Philosophie an der Universität Hannover. Einer seiner Forschungsschwerpunkte ist die Philosophie der Antike. Zahlreiche Veröffentlichungen.

Thorsten Paprotny

# Kurze Geschichte der antiken Philosophie

HERDER

FREIBURG · BASEL · WIEN

Gedruckt auf umweltfreundlichem,
chlorfrei gebleichtem Papier

Originalausgabe

Alle Rechte vorbehalten – Printed in Germany
© Verlag Herder Freiburg im Breisgau 2003
www.herder.de
Herstellung: fgb · freiburger graphische betriebe 2003
www.fgb.de
Umschlaggestaltung und Konzeption:
R·M·E München / Roland Eschlbeck, Liana Tuchel
Umschlagmotiv: © photonica
ISBN 3-451-05286-5

Hildegard Ganswindt
zum Gedächtnis

# INHALT

# I. PHILOSOPHIE VOR SOKRATES

Die griechische Philosophie von ihren Anfängen bis zum Jahr 400 v. Chr., von den ionischen Naturphilosophen bis zu den in der ganzen hellenischen Welt lehrenden Sophisten, wird erst seit knapp einhundert Jahren als Epoche der Vorsokratik bezeichnet. Von den ersten Philosophen des Abendlandes sind uns nur wenige Schriftstücke und Aussprüche überliefert. Nur mühsam lassen sich die philosophischen Systeme dieser Denker rekonstruieren. Auch verbirgt sich hinter der Bezeichnung „Vorsokratiker" eine Vielfalt von Zugangsweisen zu den Grundproblemen und -fragen der Philosophie. Einig sind sich die Philosophen vor Sokrates vielleicht allein in einer kritischen Haltung gegenüber den Mythen der griechischen Antike.

## Der Anfang der abendländischen Philosophie

An der ionischen Küste Kleinasiens, auf dem Terrain der heutigen Türkei, und in den winzigen hellenischen „Metropolen" bildete sich vermutlich zu Beginn des sechsten vorchristlichen Jahrhunderts ein Zirkel von Gelehrten. Die in diesem Kreis versammelten Denker wurden als die „Sieben Weisen" bezeichnet. Zu ihnen gehörten, gemäß Platon, Thales von Milet, Solon von Athen, Klebulos von Lindos, Chilon von Sparta, Pittakos von Mytilene, Bias von Priene und Myson von Chen. Die „Sieben Weisen" begegneten einander gelegentlich, diskutierten Mutmaßungen über die Welt und tauschten Erkenntnisse aus. Bedeutend und noch heute weithin bekannt sind Solon und Thales.

Über ihr aller Leben und Werk wissen wir wenig. Denksprüche wurden durch Hörensagen weitergetragen und verschiedentlich notiert. Chilon etwa empfahl Selbstbeherrschung, Disziplin und eine einfache, asketische Lebensweise. Er war politisch tätig. Im Geist seiner philosophischen Überzeugungen ordnete er das Gemeinwesen Spartas neu. Chilon fürchtete jeglichen Aufruhr. Als er circa 560 v. Chr. verstarb, stand seine Vaterstadt buchstäblich unter Waffen, gerüstet gegen jeden möglichen Feind. Auch heute sprechen wir noch von einer „spartanischen" Lebensweise und meinen damit eine anspruchslose, asketische Art zu leben. Diese Redewendung lässt sich auf Chilon zurückführen. Die Spartaner waren übrigens mit ihrer Kultur und ihrer Lebensart seinerzeit durchaus zufrieden.

Auch Pittakos, ein anderer Denker jener Zeit, bekleidete politische Ämter. In Mytilene wirkte er lange Zeit als Gesetzgeber. Fatalistische Züge waren ihm eigen. Er lehrte, man solle alle Mitmenschen achten, mochten sie freundschaftlich gesinnt sein oder nicht.

Als weiser Staatsmann und kluger Richter galt Bias von Priene. Er empfahl Gelassenheit. Es gelte, so zu leben, als ob es Götter gäbe, und der Dauerhaftigkeit der Weisheit mehr zu trauen als vergänglichen Besitztümern. Philosophen aus der Frühzeit der Geistesgeschichte waren häufig Gestalten des politischen Lebens, charismatische Persönlichkeiten wie Pittakos und Bias, die weniger durch kluge Schriften als durch ihr öffentliches Wirken in der Historie der alten Welt Spuren hinterließen. Späteren Generationen waren sie gleichsam legendäre Männer von nahezu mythischer Größe.

Zu diesen Weisen gehörte auch Klebulos von Lindos. Sich stets am Wesentlichen zu orientieren, hielt er für die rechte Art zu leben. Seinen Zeitgenossen legte er nahe, nicht beständig, sondern bedächtig zu reden, nicht Knecht, sondern Herr der eigenen

Leidenschaften zu sein und sich in allen Wechselfällen des Lebens den Gleichmut der Seele zu bewahren.

Diese Haltung erfüllte Myson von Chen zeitlebens. Er lebte sehr zurückgezogen. Ein Fremder, der von Mysons Weisheit gehört hatte, beschloss ihn aufzusuchen und bemerkte, dass dieser sich an einem Pflug zu schaffen machte. Da sprach er: „Aber Myson, jetzt ist doch nicht die Zeit zum Pflügen." Der Weise entgegnete ihm: „Aber gerade die rechte Zeit, zum Pflügen sich zu rüsten."

Bereits in der Antike konnte man sich nicht einigen, wer letztlich zu den Weisen zählte. Bis zu siebzehn mögliche Namen waren im Gespräch. Dass Solon und Thales zu ihnen gehörten, darüber herrscht bis heute Einvernehmen. Die Weisen, die als Urheber vieler Sinnsprüche galten, waren historisch kaum greifbar und zudem höchst umstritten. Damon von Kyrene, ein antiker Geschichtsschreiber, verhöhnte und verachtete sie. Der Naturphilosoph Anaximenes nannte die „Sieben Weisen" einen Verbund von Dichtern. Dikaiarch, ein Schüler des Aristoteles, betrachtete die dieser Gruppe zugehörigen Gelehrten als angesehene Gesetzgeber, nur Philosophen seien sie gewiss nie gewesen. Aber Damon, Anaximenes und Dikaiarch irrten sich. So wenig wir heute auch über diese legendären Gestalten wissen, halten wir sie heute für die ersten Philosophen des Abendlandes, die uns zumindest dem Namen nach bekannt sind – und Philosophen waren sie gewiss, denn sie stellten sich Fragen über die Phänomene des Lebens und dachten über diese nach. Das geschah sehr wahrscheinlich ganz unsystematisch, aber sie wussten als Männer, die im Leben standen, dass es wahrhaft weise war – ob in der Politik oder im täglichen Leben –, sich der eigenen Vernunft zu bedienen und ihr entsprechend zu handeln. Dies gilt besonders für Solon, den Schöpfer der Gesetze Athens.

Solon war ein großer Dichter. Platon rühmte ihn später gar als den größten und einzigen Dichter Attikas vor Aischylos. Von über fünftausend Elegien, Jamben und Epoden blieben der Nachwelt nicht einmal dreihundert Verse erhalten. Die Sentenzen, die uns der Historiker Apollodor überliefert hat, lassen Solons tief gegründete Kenntnis der menschlichen Natur deutlich werden. Der Dichter war von skeptischer Humanität erfüllt, ein aufmerksamer Beobachter des wechselvollen Geschehens unter der Sonne und ein kritischer Realist, dem die Politik zum Schicksal und zur Passion wurde. Was den Menschen auch widerfuhr, worüber sie klagten und murrten, dafür waren sie, wie Solon glaubte, selbst verantwortlich und nicht etwa die Götter, die sie durch ihre Ruchlosigkeit erzürnt hatten und glaubten besänftigen zu müssen. Streit und Missgunst herrschten unter den Athenern, als Solon zum Archon, zum obersten Beamten der Bürgerschaft, erkoren wurde. Er versuchte, das in Aufruhr geratene Gemeinwesen neu zu ordnen und dem Recht wieder Gültigkeit und Respekt zu verschaffen. Als Gesetzgeber verordnete er Athen einen soliden Haushalt. Die so genannte „Seisachthie", die „Schuldenabschüttlung", wurde vollzogen. Zahlreiche arme Bürger hatten sich Geld geliehen und sich ihren Gläubigern als Sklaven verdingt. Sie mussten horrende Zinsen zahlen. Solon erließ seinen Schuldnern die finanzielle Last. Viele Mitbürger folgten seinem Beispiel. Schon nach kurzer Amtszeit wurde Solon respektiert und verehrt. Als politischer Führer und kraftvoller Redner faszinierte er das Volk. Er wurde gefragt, was zu tun sei, damit die Athener endlich gesetzestreu lebten. Solon antwortete: „Wenn sie Unrecht, das andere erlitten, so empfänden, als wäre es ihnen selbst angetan." Solon wusste, dass es nicht genügte, von der Würde des Rechtes zu sprechen. Er spürte das fehlende Unrechtsbewusstsein zahlreicher Menschen, die vielleicht dem Wortsinn nach dem geltenden Recht folgten, aber nicht aus Achtung vor dem Gesetz handelten. Sie waren allein auf ihren Vorteil bedacht und bereit, nötigenfalls das Recht zu brechen. Solon war der Ansicht, dass die Gesetze Spinnweben glichen, die imstande seien, Leichtes und Schwaches festzuhalten, gegenüber dem Großen und zerstörerisch Wirkenden aber, gegenüber einem kraftvollen Willen zur Macht letztlich machtlos blieben. Solon bemühte sich um Frieden unter den Athenern und fühlte sich manches Mal „wie ein Grenzpfahl zwischen den Parteien, wie ein gehetzter Wolf in der Meute". Niemandem wohl war die Schwäche des athenischen Staates so sehr bewusst wie diesem weisen Mann, der ein überzeugter Gegner der Tyrannei, der Despoten und ihrer Günstlinge war. Als ihn das Volk zum absoluten Herrscher ernennen wollte, lehnte er ab. Er lehrte, dass niemand herrschen könne, wenn er nicht zuvor gelernt hätte zu gehorchen – den Gesetzen der Polis und der eigenen Vernunft, die einen jeden Menschen zur rechten Lebensweise anleitete. Solon ließ die Athener heilige Eide schwören, die von ihm gegebene Verfassung zehn Jahre unverändert zu bewahren. Danach ging er auf Reisen. Die inneren Kämpfe in der Polis dauerten an. Der Rat der Stadt wachte über die Einhaltung der Gesetze. Arme und Reiche waren unzufrieden, stellten fortwährend neue Ansprüche und maßlose Forderungen – und der Ruf nach einem starken Mann, der endlich für Ordnung und Gerechtigkeit sorgte, wurde laut vernehmbar. Solon betrachtete diese Entwicklung aus der Ferne mit Skepsis und Sorge. Nach vielen Jahren der Wanderschaft gründete er in Kilikien die nach ihm benannte Stadt Soli. Sie wurde während der Tyrannei des Peisistratos ein Zufluchtsort für Flüchtlinge. Solon hatte die Athener vergeblich vor diesem Machtmenschen gewarnt. Die Heimat sah Solon nicht wieder. Er lebte bis zu seinem Tod in der Fremde und betrieb wissenschaftliche Studien.

Viele Zeitgenossen rühmten Solons Güte und Charakterstärke. Er war den Seinen stets von Herzen zugetan, ein aufrichtiger, rechtschaffener Mann. Seine menschliche Größe zeigte sich, als ein Sohn von ihm verstarb. Der greise Solon weinte tief erschüttert. Ein Mitbürger sagte ihm: „Damit erreichst du nichts." Dieser entgegnete: „Eben deshalb weine ich, weil ich nichts erreiche."

Vielen der „Sieben Weisen" werden die berühmten Sprüche der Pythia im Orakel von Delphi – „Erkenne dich selbst" und

„Nichts im Übermaß" – zugeschrieben. Kaum ein antiker Denker hätte diese so glaubhaft verkünden können wie Solon von Athen.

Als Begründer der abendländischen Philosophie aber gilt ein anderer Denker. Über das Leben dieses Mannes gibt es nur ein verlässliches Datum. Am 28. Mai 585 v. Chr. endete der beinah sechs Jahre andauernde Krieg zwischen Lydern und Medern in Kleinasien. Mitten im Schlachtgetümmel beobachteten die Krieger ein seltsames Geschehen am Himmel. Die Sonne verfinsterte sich. Im Glauben, den Zorn der Götter erregt zu haben, fürchteten Feldherren und Soldaten das unmittelbar bevorstehende Ende der Welt. Sie schlossen eilends Frieden – und die Sonne erstrahlte wieder in altem Glanz. Nur hatte das eine freilich nichts mit dem anderen zu tun. Ein Gelehrter aus der Stadt Milet, Thales genannt, hatte den Eintritt der Sonnenfinsternis für eben jenes Jahr vorausgesagt. Ein solches Naturereignis trat, damals wie heute, in regelmäßigen Abständen auf, bedingt durch den Lauf der Gestirne und nicht als Ausdruck göttlichen Zornes über Zwistigkeiten unter Völkern. Bei seinen Berechnungen stützte sich Thales vermutlich auf die Aufzeichnungen babylonischer Sternenkundiger.

Thales von Milet lebte zur Zeit Solons und wurde vermutlich um das Jahr 640 v. Chr. geboren. Er suchte nach physikalischen Erklärungen für das Naturgeschehen. Die Erde ruhte seiner Vorstellung nach, einem Holzscheit gleich, auf dem „Urgrund aller Dinge", dem Wasser. Bebte das Land, so hatte dies nicht ein wütender Poseidon auf dem Meeresgrund verursacht. Vielmehr schien der Boden wegen der Bewegung des Wassers zu schwanken. Mochten das Volk und seine Führer sich der Macht des Schicksals und zuweilen launisch agierenden Göttern ausgesetzt sehen, die es zu besänftigen galt, vertraute Thales auf die rational erkennbaren, unveränderlichen Gesetzmäßigkeiten des Kosmos. Statt der Bilder des Mythos bediente er sich seiner eigenen Vernunft, um die Welt zu deuten. Diese Sichtweise war etwas vollkommen Neues. So besehen war Thales der erste Aufklärer im Abendland.

Thales nahm an, dass die ganze Welt voll von Göttern sei. Blieb er, wenn er solches sagte, nicht doch dem mythischen Denken verhaftet? Nein, denn er betrachtete vielmehr seelische Kräfte als Ursache einer jeden Bewegung. Konsequent sollte darum auch der Magnetstein, der das Eisen bewegte, beseelt sein. Wenn alles, was sich regte und bewegte, ja wenn die Welt als Ganzes eine Seele besaß und göttlich war, blieb für den illustren Götterreigen nur wenig Raum. So naiv seine Erklärungsversuche uns heute auch anmuten mögen, so revolutionär war dieses Denken in der Antike. Denn Thales nahm dem Göttlichen jeglichen besonderen Status. Es war mitten in der Welt allgegenwärtig – und nicht in der Gestalt von fantasievoll erdachten Fabelwesen, Helden und Göttern präsent.

Schriftliche Darlegungen hat Thales von Milet nicht hinterlassen. Er war als Sternenkundiger und Geometer bekannt. Außerdem wirkte er als politischer Ratgeber des lydischen Königs Krösus. Gern erzählt wird die Anekdote über den Astronomen Thales, welcher, versonnen über die Sterne grübelnd, unversehens in eine Zisterne stürzte und so den Spott einer Magd hervorrief: „Du kannst nicht sehen, Thales, was dir vor Füßen liegt, und wähnest zu erkennen, was am Himmel ist?" War der Begründer der abendländischen Philosophie ein wunderlicher Zeitgenosse, ein eigenbrötlerischer Gelehrter, der vielleicht Kluges zu sagen wusste, sich aber im täglichen Leben nicht zurechtfand? Wozu war seine philosophische Weltbetrachtung überhaupt nütze? Nicht einmal zu einem vermögenden Mann schien ihn die Weisheit zu machen. Wenn Thales bekannte, Geld sei ihm nicht wichtig, so glaubte ihm niemand ein Wort. Dieser Thales war in praktischen Dingen wohl unfähig, darum gab er vor, den Reichtum zu verachten. Er überlegte, was zu tun sei, und hatte eine geniale Idee, seine Zeitgenossen sprachlos und staunend zu machen. Thales erstand in Erwartung einer reichen Ernte eine große Anzahl Olivenpressen. Diese verpachtete er für teures Geld, als die Zeit der Olivenernte gekommen war. Dank seiner wissenschaftlichen Kenntnisse hatte er den Erntesegen, der die Übrigen unvorbereitet traf, vorausgesehen. Nun verhöhnte niemand mehr den zuvor belächelten Denker. So hatte Thales auf anschauliche Weise nachgewiesen, dass es mit Hilfe geordneten Denkens und philosophischer Betrachtung durchaus möglich ist, ein ansehnliches Vermögen zu erwerben. Mochte er sich kaum darum bemühen, zeigte dies bloß, wie wenig ihn die Ansammlung von materiellen Gütern – über das Lebensnotwendige hinaus – kümmerte. Reichtum dieser Art war in philosophischer Hinsicht tatsächlich nicht so wichtig.

Thales' Messkunst war für die Seefahrt belangvoll und hilfreich. Er führte den Nachweis, dass der Durchmesser einen Kreis in zwei gleich große Hälften teilt. Auch gelang es ihm zu zeigen, dass in einem gleichschenkligen Dreieck die Winkel an der Grundlinie einander gleich sind, ebenso die zugehörigen Scheitelwinkel. Der „Satz des Thales" bestimmt Dreiecke als deckungsgleich, wenn eine Seite und die beiden anliegenden Winkel des einen Dreiecks den entsprechenden Abschnitten des anderen Dreiecks gleich sind. Thales wies zudem nach, dass die in einen beliebigen Kreis eingezeichneten Dreiecke, mit dem Durchmesser als Grundlinie, rechtwinklig seien. Architekten, Seefahrer und Baumeister profitierten von diesen Erkenntnissen, die wohl babylonischen Ursprungs sind, aber von ihm das erste Mal anschaulich demonstriert wurden. Manche glauben zudem, dass Thales in Ägypten die Höhe der Pyramiden von Gizeh anhand der Länge ihres Schattens gemessen habe.

Eine Vielzahl von Lebensweisheiten überliefert der Geschichtsschreiber Diogenes Laertius. Welche tatsächlich von Thales stammen, ist ungewiss. Diese mit kritischer Vorsicht, aber nicht mit übertriebener Skepsis, zu bedenken, erscheint angemessen. Gesagt haben soll der Philosoph aus Milet: „Schwatzsüchtiger Rede entstammt niemals verständige Meinung." Weiter werden ihm folgende Verse zugeschrieben: „Eines, was weise ist, suche; eines, was trefflich ist, wähle. Die lose Zunge mancher geschwätzigen Menschen wirst du verstopfen." Thales soll bemerkt haben, dass Tod und Leben sich nicht unterschieden. Auf die Frage, warum er denn nicht einfach stürbe, erwiderte er: „Weil es keinen Unterschied macht." Einem von Gewissensbissen geplagten Ehebrecher, der von Thales wissen wollte, ob er sich als schuldlos ausgeben dürfe, beschied er: „Meineid ist nicht schlimmer als Ehebruch." Thales wusste, dass es unendlich schwer ist, sich selbst zu erkennen, viel leichter aber, anderen einen Rat zu erteilen. Er lehrte, wie überliefert wird, dass jeder Mensch allzeit an seine Freunde denken solle. Niemanden zu betrügen und keines Menschen Vertrauen zu enttäuschen, sondern aufrichtig und wahrhaftig seine Tage zu verbringen, in Einklang mit sich selbst, mit den Vorfahren und den Nachkommen, schienen ihm weise Empfehlungen zur Lebensführung zu sein.

Thales von Milet versuchte, schier unbegreifliche beobachtbare Phänomene vernünftig und anschaulich zu erklären. So beschritt er den Weg zur Philosophie.

Auf Thales folgte Anaximander. Er wurde Ende des siebten vorchristlichen Jahrhunderts in Milet geboren. Wie sein Lehrer Thales verstand sich Anaximander als Naturphilosoph. Ein Problem beschäftigte ihn besonders: Wie ist die Welt entstanden? Wie lässt sich die Ordnung des Seienden erklären? Was geschah am Anfang aller Dinge? Anaximander erkannte ein grundlegendes Prinzip. Eine Wirkung lässt sich stets auf eine Ursache zurückführen. Diese kausale Verbindung beruht auf einer beständigen Gesetzmäßigkeit. Anaximander suchte nach dem Entstehungsgrund des Kosmos und entwickelte ein System der Natur in poetischer Sprache und auf spekulative Weise. Was in bildhaften Worten ausgedrückt wird, klingt wahrhaft wie Lyrik, ist aber dennoch Naturphilosophie, eine ernste wissenschaftliche Betrachtung. Ihr fehlen die Fachbegriffe. Spärliche empirische Beobachtungen verknüpfte er mit seiner auf das Ganze der Welt gerichteten, kühnen Fantasie und erarbeitete – mit seinen Mitteln der Abstraktion – nichts anderes als das, was bis heute in der Wissenschaft üblich ist: Anaximander entwickelte eine Theorie: „Ursprung aller bestehenden Dinge ist das grenzenlos Unbestimmte. Aus welchem Stoff den jeweils entstehenden Dingen aber die Entstehung wird, dahin müssen sie auch zu Grunde gehen. Denn sie zahlen einander Recht und Strafe für die Ungerechtigkeit, gemäß der Ordnung der Zeit." Alles, was entsteht, ist diesem Grundsatz unterworfen. Jedes „Ding", also jede Lebensform und jeder Gegenstand, das aus dem grenzenlos Unbestimmten, dem „apeiron", in das Dasein tritt, beansprucht Raum für sich und nimmt diesen Raum damit einem anderen. Aber alles, was ist, muss darum auch wieder zu Grunde gehen. Es kehrt in seinen Ursprung zurück. In dieser ewig wiederkehrenden, somit beständigen und notwendigen Abfolge von Werden und Vergehen erhält die symmetrische Ordnung widerstrebender, aber einander zugehöriger Kräfte überzeitliche Dauer. Nichts von dem, was entsteht, ist dem „apeiron" gleich. Es ist die unwandelbare, unbestimmte und unbegrenzte Möglichkeit, allumfassend, von unendlicher Dauer und alterslos. Dieses ursprüngliche Prinzip ist selbst nicht entstanden, aber es hat an allem, was entsteht, teil. Es nimmt alles, das vergeht, in sich auf. Das „apeiron" ist ein anfangloser Beginn, der von Anaximander als das in allem wirkende Göttliche bestimmt wird. Aus diesem in ewig unwandelbarer Bewegung verharrenden Unbegrenzten scheiden sich die Gegensätze aus und vergehen wieder gemäß der festgelegten Zeitdauer. Das „apeiron" besteht vor den Elementen und schließt alle gegensätzlichen Zustände wie Wärme und Kälte, Feuchtigkeit und Trockenheit in sich.

Anaximanders Theorie der Weltentstehung ist verbunden mit dem Begriff des „apeiron". Die Erde geht aus diesem hervor. Vor ihr und nach ihr bestehen andere Welten. Die Erde ist Glied einer fortdauernden Reihe entstehender und vergehender Planeten. Am Anfang wurde vom „apeiron" ein Kälte und ein Wärme erzeugender Bestandteil abgesondert. Aus diesen bildete sich eine Feuerkugel um die die Erde umgebende Luft. Als die Kugel auseinander riss und sich in kreisförmige Bänder teilte, entstanden daraus Sonne, Mond und Sterne, die als feurig und von Luft eingeschlossen beschrieben werden. Ohne die Feuchtigkeit und Dichte der Luft würde alles Lebendige in der Glut der Sonne verbrennen.

Die Gestalt der Erde wird als zylinderförmig, rund und gewölbt dargestellt. Einem steinernen Säulensegment ähnlich, ist sie unbewegt, von nichts beherrscht, in gleichem Abstand zu den Grenzen des Kosmos in schwebender Lage in der Mitte des Weltgefüges gelegen. Die Entfernungen zwischen der Erde und den Gestirnen, ihr Verhältnis zueinander, beschrieb Anaximander mit proportionalen Zahlenverhältnissen. Diese lassen sich heute nicht mehr exakt nachbilden. Aber diese Zahlen veranschaulichen seine um theoretische Exaktheit bemühte Theorie des Kosmos. Bemerkenswert ist, wie die von Thales in der Geometrie vorgefundene Symmetrie nun von Anaximander mit dem Ausgleich widerstrebender Kräfte des Werdens und Vergehens verbunden wird. Um seine Theorie zu verdeutlichen, bediente er sich, als erster Naturphilosoph, mathematischer Ausdrücke und ebnete so der Astrophysik den Weg.

Sein Schüler Anaximenes, der Letzte der milesischen Philosophen, nahm als Urprinzip die Luft an, die den Menschen und den Kosmos durchwaltete und beherrschte. Anaximenes vermutete mit Recht, dass der Mond kein selbständig leuchtender Himmelskörper, sondern bloß von der Sonne angestrahlt sei. Auch die Mondfinsternis wusste er zu erklären. Anders als sein Lehrer Anaximander geriet Anaximenes fast in Vergessenheit.

Anaximander hatte die erste Karte des Erdkreises erstellt und einen Himmelsglobus entworfen. Eine Sonnenuhr soll er von Babylon nach Sparta gebracht haben. Auch war Anaximander ein

Vorbote der Evolutionstheorie. Die Entstehung des menschlichen Lebens siedelte er im feuchten Element an. Im Wasser umgab den Menschen, einer Art Fisch gleichend, eine stachelige Rinde. Den Schuppenpanzer streifte er ab, als er an Land ging und mit der Zeit lernte, dort zu leben – so berichtet viele Jahrhunderte später Plutarch: „Anaximander sagt, ursprünglich seien die Menschen in Fischen zur Entwicklung gekommen und dort ernährt worden; und erst nachdem sie sich die Fähigkeit erworben hätten, sich selber zu helfen, seien sie aus den Fischen herausgestiegen und ans Land gegangen." Anaximander bemühte sich, die vielschichtige Ordnung der Natur, die Entstehung des Kosmos und des menschlichen Lebens zu erklären. Auf diese Weise ist er, wie noch manch anderer in der weitläufigen Geschichte der abendländischen Philosophie, zum Philosophen geworden.

## Pythagoras und die Pythagoräer

Pythagoras geriet schon zu Lebzeiten in Verruf. Manche verhöhnten ihn als erhabenen Propheten, geschwätzigen Menschenjäger und theatralischen Wirrkopf, der – seltsam genug für die damalige Zeit – auch Frauen gestattete, philosophische Reden anzuhören. Seine Verächter schmähten ihn als selbstgefälligen Blender und hochmütigen Scharlatan. Im Umgang mit seinen Mitmenschen verhielt er sich offenbar wunderlich. Als überzeugter Vegetarier untersagte Pythagoras das Töten beseelter Kreaturen, verbot und scheute den Umgang mit Mördern, Jägern und Köchen.

Pythagoras, der etwa 575 v. Chr. auf Samos geboren wurde, zog scharenweise philosophisch interessierte Menschen in seinen Bann. Er genoss kultische Verehrung und stand im Ruf, der aus utopischen Gefilden entsandte Apollon zu sein. Manche sagten, er verkünde seine Botschaft mit göttlicher Stimme. Dass Pythagoras die religiös anmutende Bewunderung seiner Person unangenehm war, wird nicht berichtet.

Was lehrte dieser Pythagoras? Er glaubte an die Seelenwanderung. Als er sah, dass ein junger Hund geschlagen wurde, bemerkte er mitleidvoll: „Höre auf und schlage ihn nicht. Denn in ihm ist die Seele eines befreundeten Mannes, die ich wieder erkannte, als ich ihre Stimme vernahm." Pythagoras fühlte sich allem Lebendigen verwandt. Er glaubte, dass er selbst bereits vor langer Zeit gelebt hatte und nun, zweihundertsieben Jahre später, aus der Unterwelt neu ins Dasein getreten war, um die Menschen zu unterrichten. Bekannt ist Pythagoras als vermeintlicher Entdecker geometrischer Gesetzmäßigkeiten. Anschaulich demonstrierte er, was babylonische Gelehrte herausgefunden hatten und Euklid später beweisen sollte, nämlich dass die Summe der Flächen der Kathetenquadrate der Fläche des Hypotenusenquadrates entspricht — mit der Formel ausgedrückt, die jedem Schüler noch heute vertraut ist: $a^2 + b^2 = c^2$. Pythagoras aber verstand sich nicht als Geometer oder Rechenkünstler. Das Leben betrachtete er als eine große Festversammlung, zu der sich manche als Kämpfer um den Lorbeer, andere als Händler und die Besten als Betrachter des Geschehens einfinden. Die Krieger und Kaufleute hielt Pythagoras für sklavische Gemüter, die nach Ruhm und Gewinn gierten, die zurückhaltenden Betrachter aber für Liebhaber der Weisheit, die verstehen und begreifen wollten, was auf dem Marktplatz der Welt vor sich ging. Sie studierten das Leben. Als Pythagoras von Leon, dem Tyrannen von Phlius, gefragt wurde, was er denn sei, antwortete er knapp: „Ein Philosoph."

Aus der Heimat Samos wurde Pythagoras in mittleren Jahren von tyrannischer Willkür vertrieben. Im unteritalischen, von griechischer Kultur geprägten Kroton fand er eine Bleibe für viele Jahre. Auch in Italien herrschten Aufruhr und Terror. Die Menschen in den Städten und Gemeinden suchten Orientierung und waren empfänglich für neue Lehren. Mit Pythagoras kehrte Frieden ein.

Er gründete in Kroton eine philosophische Gemeinschaft. Die Schüler, die sich um ihn scharten, gliederten sich in „Mathematiker" und „Akousmatiker". Zur Zeit des Pythagoras umfassten die „mathemata", was übersetzt nichts anderes als „Lehrgegenstände" heißt, Arithmetik, Geometrie, Astronomie und Musiktheorie. Die „Mathematiker" waren also „Lehrlinge", die ihr Leben und ihren Besitz miteinander teilten. Sie bildeten den inneren Kreis der Pythagoräer. Wer diesem angehören wollte, musste fünf Jahre lang schweigen und Lehrvorträge anhören. In dieser Zeit bekam kein „Lehrling" Pythagoras zu Gesicht. Hatten sich die „Mathematiker" bewährt, gehörten sie fortan seinem Hause an und durften ihm persönlich begegnen.

Das Leben in der Gemeinschaft regelte ein strenger Kodex, eine Art Ordensregel. Pythagoras schloss mit jedem Menschen Freundschaft, der seine Grundsätze teilte – und diese schwer errungene Freundschaft galt als ein hohes Gut. Die freundschaftliche Verbundenheit zeigte sich auch im einträchtigen Befolgen der Regeln der Gemeinschaft. Eine tägliche Gewissensprüfung war Pflicht. Auch Kleiderordnungen und Speisevorschriften bestanden. Den Pythagoräern war es untersagt, Bohnen zu verzehren: „Es ist genau das Gleiche, Bohnen zu essen und die Köpfe der Eltern." Pythagoras forderte sexuelle Enthaltsamkeit – und Bohnen erinnerten ihn wohl rein äußerlich an die Schamteile. Zudem nächtigten die Pythagoräer in gemeinsamen Schlafsälen. Auch deswegen schien der Genuss von Hülsenfrüchten nicht ratsam.

Neben den „Mathematikern" bestand die Gruppe der „Akousmatiker". Diesen wurde die Essenz der pythagoräischen Lehre in ethischer Absicht vermittelt. Als rechtgläubige Jünger des Pythagoräismus gerieten sie zunehmend in Widerspruch zu den „Mathematikern", die forschend tätig waren. Denn die wissenschaftliche Arbeit brachte zuweilen Ergebnisse zu Tage, die für die orthodoxen „Akousmatiker" nichts anderes darstellten als Ketzerei. Es kam dann oft zu Streitigkeiten über die rechtmäßige Lehre.

Zu den Lehrvorträgen war jeder Interessierte zugelassen. Pythagoras und die Seinen waren fest davon überzeugt, dass alle Menschen einer sittlichen Führung bedurften. Antiken Geschichtsschreibern zufolge erteilte der Meister selbst mitten in der Nacht vor vielen hundert Zuhörern philosophische Weisungen. Welche der überlieferten Aussprüche von ihm selbst, welche von seinen Schülern stammen, ist strittig. Indessen zeichnete das Denken von Pythagoras und seinen engen Vertrauten eine kaum vorstellbare Einheitlichkeit aus.

Die Anweisungen zu einem glücklichen, erfüllten Leben erinnern an die Sentenzen der „Sieben Weisen". Man sollte sich nicht an bloßen Meinungen orientieren, niemals dem Vergänglichen zugetan sein, die Leidenschaften zügeln, das Göttliche ehren und allen Mitmenschen, ja allen Geschöpfen in unverstellter Herzensgüte begegnen. Beim Donnerschlag musste man die Erde berühren, um des Ursprungs alles Seienden zu gedenken. Ein Erdbeben signalisierte eine Zusammenkunft der Toten in der Unterwelt. Von Menschenhand angeschlagenes, klingendes Erz offenbarte die Stimme einer in diesem eingeschlossenen göttlichen Macht. Pythagoras besaß auch ein untrügliches Gespür für das praktisch Gebotene bei ehelichen Bindungen und riet demgemäß: „Geh, um Kinder zu zeugen, nicht zu einer Frau, die Gold trägt."

Pythagoras war philanthropisch gesinnt und verabscheute die Anarchie. Jeder Zustand der Kulturlosigkeit erwiese den Menschen, von Natur aus wankelmütig und von Begierden geleitet, als mörderische Bestie. Darum lehrte er, jeder solle die bestehende Ordnung, die Eltern und die Sitten ehren. Die Herrschenden verpflichtete er, Sachkunde mit Menschenfreundlichkeit zu verbinden, den Beherrschten riet er zu Gehorsam gegen die Herrschenden – aus Pflichtgefühl und Wohlwollen. Seine wichtigste Maxime lautete: „Mit allen möglichen Mitteln soll man verjagen und mit Feuer und Schwert und Mitteln aller Art abschlagen vom Leib die Krankheit, von der Seele die Unwissenheit, vom Bauch die Völlerei, von der Stadt den Streit, vom Haus die Zwietracht und von allem zusammen die Unmäßigkeit." Der Mensch sollte – körperlich und seelisch – von Anfang im Geist einer auf das Gleichmaß gerichteten Lebensweise erzogen werden. Wer sich doch einmal aufregte, dem riet Pythagoras, Abstand von den Seinen zu halten, bis er das Unbehagen in sich bewältigt hatte. Es schickte sich nicht, Gefühlsregungen zu zeigen und die Mitmenschen damit zu behelligen. Auch diese praktischen Lebensregeln beinhaltete die pythagoräische Lehre.

Die „mathemata", aus denen sich das anspruchsvolle Lehrgebäude zusammensetzt, bilden ein in sich stimmiges, unteilbares Ganzes. Die einzelnen Bestandteile passen zueinander im besten Sinne, nämlich „harmonisch", also auf besondere Weise gefügt und gestaltet. Nur als Einheit können die „mathemata" erfasst, verstanden und angewendet werden. Arithmetik, Geometrie, Astronomie und Musiktheorie, die wesentlichen Lehrgegenstände, sind auf eine Weise ineinander verwoben, die uns heute schwer vorstellbar ist: Der Kosmos ist entsprechend exakten, in Zahlen darstellbaren Proportionen gegliedert. Diese unveränderlichen, sich ewig unveränderlichen Zahlenverhältnisse veranschaulichen im Ablauf der Gestirne die schönste Harmonie. Ein lauter Schall entsteht beim Lauf der Planeten. Diese werden als voluminöse Körper vorgestellt. In regelmäßige Bewegung versetzt, erzeugen sie Töne, die der Mensch aber nicht hört. Dieser Klang unterscheidet sich, wie Pythagoras überzeugt war, nicht von der für uns wahrnehmbaren Stille. Jeder Mensch ist schon vor seiner Geburt an die Melodie des Alls gewöhnt. Die Geschwindigkeit der Bewegungen ergibt sich aus dem Abstand der Himmelskörper zueinander, entsprechend den rationalen Zahlenverhältnissen musikalischer Harmonie. Da die Gestirne sich zirkulär bewegen, entsteht zwangsläufig ein harmonischer Klang, eine Symphonie der Sphären. Die Höhe des jeweils erzeugten Tons entspricht der in Zahlverhältnissen ausdrückbaren Entfernung zur Mitte des Kosmos. Die Planeten, die dem Zentrum nahe sind und sich mit geringer Geschwindigkeit bewegen, verursachen einen tiefen, die weiter entfernten, schneller sich bewegenden Gestirne einen hohen Ton. Pythagoras vollzog die berechenbare Ordnung des Alls nach. So machte er die Musik des Kosmos der Erfahrung zugänglich. Von ihm wird berichtet, dass er im Geiste Klänge zu hören vermochte, die für menschliche Ohren zu hören unmöglich sind.

Grundlegend für das pythagoräische Lehrgebäude ist die Vertrautheit mit der reinen Mathematik. Bildeten die „mathemata" als geschlossenes System eine unverbrüchliche Einheit, so verwundert es nicht, dass die Zahl Eins als Anfang bestimmt wird, aus dem alles Seiende entstanden ist und beide Zahlenreihen, die Geraden wie die Ungeraden, hervorgegangen sind. Einander entgegengesetzt sind das Gerade und das Ungerade. Das Gerade als das Unbegrenzte wird durch das Ungerade geformt und begrenzt. Dem pythagoräischen Weltverständnis entsprechend wird das Gerade als negativ, das Ungerade, wie die Eins, als positiv gewertet. Das Werthafte befindet sich in der Welt beständig im Widerstreit mit dem Wertwidrigen. Auch die pythagoräische Lehre stieß auf Widerstand. Nicht jedem Menschen schien das Schönste und Beste vermittelbar zu sein. Gegen das als wertwidrig Erkannte glaubten die Pythagoräer unbedingt vorgehen zu müssen. Nachfolgende Generationen differenzierten das Werthafte und Wertwidrige in schematischer Form. Positiv genannt wurden das Helle, Geordnete, Ruhende und Begrenzte, dem gegenüber positioniert war das Dunkle, Chaotische, Bewegliche und Grenzenlose. Für gut befunden wurde rechts, das Quadrat, das Männliche und ungerade Zahlen, entgegengesetzt links, das ungleichseitige Viereck, das Weibliche und gerade Zahlen. In der Zwei schien die Vielheit, das Nicht-Eine, und somit die uferlose Beliebigkeit enthalten zu sein.

Der Kern, in dem alle pythagoräischen „mathemata" miteinander verbunden sind, ist die „heilige Tetraktys", die Zehnzahl, die sich aus der Addition der Grundzahlen $1 + 2 + 3 + 4$ ergibt. Die Tetraktys stellt für die Pythagoräer das Absolute dar. Sie birgt die Ordnung der Welt in sich, enthält die gesamte Struktur des Seienden und die Grundzüge der Musiktheorie.

Pythagoras spannte eine Saite über einen Kanon, also über ein gerades Holz. So entwarf er den Monochord, ein Instrument mit einer Saite. Der verschiebbare Steg darunter dient der Bestimmung der Intervalle. Anschließend teilte er die Saite in zwölf Abschnitte, ließ erst die ganze Saite erklingen, danach sechs Teile, also die Hälfte der Saite. Er fand, dass die ganze Hälfte zu ihrer Hälfte harmonisch, darum konsonant sei, und zwar nach dem Zusammenklang der Oktave im Verhältnis von $1:2$. Nachdem Pythagoras darauf erst die ganze Saite, dann Dreiviertel von ihr hatte erklingen lassen, erkannte er die Konsonanz der Quarte $3:4$ und in gleicher Weise für die Quinte $2:3$. Die vier Grundzahlen ergeben, jeweils im Verhältnis einer ungeraden zu einer geraden Zahl, die Basisintervalle, und miteinander addiert ergibt dies die „heilige Tetraktys", die Zehnzahl, die die Grundzahlen und Basisintervalle in sich schließt. Der Pythagoräer Philolaos beschreibt die außerordentliche Bedeutung der Zehnzahl, sie ist „groß und vollkommen vollendet und alles bewirkend und göttlichen und himmlischen sowie menschlichen Lebens Anfang sowie Anteil nehmende Führerin", ohne die „alles unbegrenzt und undeutlich und unklar" bleibt.

Das pythagoräische Lehrgebäude, dessen Komplexität hier nur angedeutet werden kann, enthält eine Fülle ethischer Ansprüche. Die Pythagoräer vertrauten auf die allmähliche Bildung des Einzelnen zu einer gereiften Persönlichkeit. Der Erkennende formt sich selbst durch das Studium in allen vier Bereichen der „mathemata" zu einem „besonders gefügten", harmonischen Wesen. In sich selbst, mit Leib und Seele, bemüht er sich um eine seelische Ordnung, die dem Göttlichen verwandt und in den Zahlenverhältnissen des Weltgefüges sichtbar und in der Musik hörbar ist.

Die Pythagoräer sahen sich einer erstarkenden politischen Opposition ausgesetzt. Der greise Pythagoras, erneut zur Flucht getrieben, gelangte nach Metapontum. Dort starb er etwa im Jahr 500 v. Chr. Die Gemeinschaft spaltete sich. Sie brachte noch einige bedeutende und einflussreiche Gelehrte wie Archytas von Tarent, Platons Freund, hervor, löste sich aber im vierten vorchristlichen Jahrhundert gänzlich auf.

Der Pythagoräismus war zuvor in eine Grundlagenkrise geraten. So wurde demonstriert, dass bei einem rechtwinkligen gleichschenkligen und nicht gleichseitigen Dreieck mit den Seitenlängen $a = 4$ und $b = 4$ die Summe der Kathetenquadrate $c^2 = 32$ ist. Die Hypotenuse aber lässt sich nicht als ganze Zahl darstellen, da das Quadrat mit der Fläche 32 nicht aus 32 diskreten Einheiten aufgebaut ist. Die Pythagoräer kannten die irrationalen Zahlen, wie also hier $\sqrt{32}$, nicht, denn diese ließen sich nicht auf den Ursprung der Eins zurückführen und in die „heilige Tetraktys" einfügen. Sie brandmarkten jeden, der ihre Vorträge angehört hatte und ihre Theorie öffentlich bezweifelte, als Abtrünnigen. Solche Zeitgenossen waren nicht wert und würdig, an ihren Lehren teilzuhaben. Aber die bis dahin gültige Ordnung des Lehrgebäudes war in ihren Grundfesten erschüttert. Ihr absoluter Anspruch im Bereich der Ethik schien zudem die Menschen, welche ihm folgen wollten, beständig zu überfordern. Niemand konnte diesem genügen. Der Mensch kann die Schönheit des Kosmos bewundern, die Zahlverhältnisse der Himmelskörper errechnen, die Theorie der Musik erarbeiten und all die „besonderen Fügungen", all die Harmonien, die er in der Welt entdeckt oder die er ihr bloß unterstellt, sich zum Gleichnis und Beispiel nehmen für den Einklang der Seele mit sich selbst, den er zeit seines Lebens anzustreben vermag. Die menschliche Natur und ihr Verhalten aber berechnen zu wollen, käme der gelegentlich versuchten, nie aber geglückten Quadratur des Kreises gleich.

Pythagoras' Verdienste gerieten dennoch nicht in Vergessenheit. Er hatte unter anderem auch die Arithmetik dem praktischen Verständnis der Kaufleute und Krämer entrissen, den für die Architektur so bedeutsamen „goldenen Schnitt" entdeckt und die harmonischen Verhältnisse in geometrischen Körpern anschaulich demonstriert. Platon erstand drei Bände mit gesammelten Lehrschriften aus der Schule des Pythagoras für viel Geld. In manchem seiner Dialoge erweist er Pythagoras seine Referenz und vermochte zahlreiche pythagoräische Lehren in seine eigene Philosophie zu integrieren.

## Philosophen in Elea

Xenophanes wurde um 580 v. Chr. in Kolophon geboren. Im Alter von etwa dreißig Jahren musste er aus politischen Gründen die Heimat verlassen. Von diesem Zeitpunkt an war er auf Reisen. Lange lebte er in den griechischen Kolonien Unteritaliens. Der Philosoph war ein scharfzüngiger Satiriker. Die Helden der Sportwettkämpfe wurden geehrt, aber die Städte ließ man verkommen, bemerkte Xenophanes. Die milesische Naturphilosophie behagte ihm nicht. Den Pythagoräismus missbilligte er. Berühmt wurde Xenophanes als Kritiker der antiken Mythenwelt. Freimütig sprach er aus, was viele vor ihm still bei sich gedacht, aber sich nicht zu sagen getraut hatten. Nicht das Göttliche bezweifelte Xenophanes, wohl aber dass sich die tolldreist sich gebärdenden Gestalten, die Hesiod und Homer erdacht hatten, wahrhaft göttlich verhielten. Ihre Lebensart erinnerte ihn an das Verhalten von Menschen mit ungezügelten Leidenschaften. Die Götter Griechenlands vereinten in sich die Summe aller vorstellbaren Laster der Menschen. Wer zollte einer Gottheit Ehrfurcht, die von sich als perfider Ehebrecher reden machte? Konnte ein zügelloser Lüstling auf dem Olymp zu Redlichkeit in den Dingen des Lebens ermuntern? Amoralische Götter waren als ethische Vorbilder schlicht unbrauchbar und zudem unglaubwürdig. Aus Achtung vor dem Göttlichen übte Xenophanes unmissverständlich Kritik an den von Dichtern kreierten Göttergestalten. Eine personale Gottesvorstellung besaß er nicht. Er beschrieb – im Vorgriff auf Aristoteles' Theorie eines „unbewegt Bewegenden", eines ersten Prinzips – die Gottheit als eine einzige Macht, die am selben Ort verharrt und die Ordnung des Weltalls kraft ihres Bewusstseins beherrscht. Indessen räumte Xenophanes ein, dass seine Auffassung eine Mutmaßung war, die vielleicht der Wahrheit sich annähern konnte, aber nicht musste: „Klares hat freilich kein Mensch gesehen, und es wird auch keinen geben, der es gesehen hat hinsichtlich der Götter und aller Dinge, die ich erkläre. Denn sogar wenn es einem in außerordentlichem Maße gelungen wäre, Vollkommenes zu sagen, würde er sich dessen trotzdem nicht bewusst sein: Von allen Dingen gibt es nur eine Annahme." Xenophanes betrachtete in einer frühen Form vergleichender Religionsgeschichte die Gottesbilder verschiedener Völker und erkannte, dass der Mensch sich Götter nach seinem eigenen Bilde schuf. Bei den Äthiopiern waren die Götter schwarz und stumpfnasig, die der Thraker hingegen helläugig und rotblond: „Wenn aber die Rinder und Pferde und Löwen Hände hätten und mit diesen Händen malen könnten und Bildwerke schaffen wie Menschen, so würden die Pferde die Götter abbilden und malen in der Gestalt von Pferden, die Rinder in der von Rindern, und sie würden solche Statuen meißeln, ihrer eigenen Körpergestalt entsprechend."

Der Mensch kann sich beständig irren, nicht nur im täglichen Leben, sondern auch in seinen Vermutungen über das Göttliche. Xenophanes besaß ein skeptisches Gemüt und misstraute vermeintlich sicheren Erkenntnissen. Gelegentlich bemerkte er, dass das meiste, was Menschen erdächten, vernünftig betrachtet, nicht viel tauge. Deswegen sei es notwendig, kritisch gegen sich selbst und gegen andere zu sein und sich der philosophischen Erkenntnis zu widmen. Der Weg zur Wahrheit ist steinig. Dass es einfach sei, diesen Weg zu gehen, hat auch Xenophanes niemals behauptet.

Parmenides wurde etwa 510 v. Chr. im sizilischen Elea geboren. Er war Xenophanes begegnet und diesem in tiefer Dankbarkeit verbunden. Die antike Geschichtsschreibung erkor den Xenophanes zum Lehrer des Parmenides. Vermutlich war er das auch. Als philosophische Gestalt war Parmenides ungleich bedeutender als der Aufklärer Xenophanes und einflussreicher als die Naturphilosophie. Denn er beobachtete nicht die Phänomene der Natur, um Ansichten über ihren Aufbau zu sammeln und systematisch zu ordnen. Vieles von dem, was ihm zugetragen, vieles von dem, was von Philosophen gelehrt wurde, verwarf er schlicht als flüchtige, nichts sagende Mutmaßungen.

Von Parmenides, der die „aletheia", die Wahrheit, deutlich von der flüchtigen „Meinung der Sterblichen" schied, ist uns das Bruchstück eines Lehrgedichts überliefert, das zu den berühmtesten Texten der Vorsokratik gehört:

„Das Rossegespann, das mich trägt, zog mich dahin, soweit mein Sinn vorwärts begehrte, nachdem es mich auf den viel Kunde gewährenden Weg der Göttin geführt hatte, der allenthalben unversehrt den wissenden Mann führt. Auf ihm eilte ich voran. Denn auf ihm fuhren mich die vielverständigen Rosse, die den Wagen zogen. Jungfrauen wiesen den Weg. Die Achse ließ, in den Naben glühend, einen pfeifenden Laut ertönen (denn sie wurde von zwei wirbelnden Kreisen zu beiden Seiten bewegt), wenn die Töchter der Sonne die Fahrt beschleunigten, nachdem sie das Haus der Finsternis verlassen und mit ihren Händen den Schleier von ihrem Haupt zurückgestoßen hatten. Da liegt das Tor, wo die Pfade der Nacht und des Tages sich scheiden, umrahmt von Türsturz und steinerner Schwelle. Das Tor selbst, das aus Äther ist, hat eine Füllung von großen Flügeltüren. Deren sich hin und her drehenden Schlüssel verwahrt Dike, die Ahnderin jeglichen Unfugs. Diese nun beschwichtigten die Jungfrauen mit schmeichelnden Worten und beredeten sie klug, ihnen den verpflöckten Riegel flugs von dem Tore zu stoßen. Da flog es auf und öffnete gähnend den Schlund seiner Flügel, nachdem es seine erzbeschlagenen Pfosten, die mit Zapfen und Dornen eingefügt waren, sich nacheinander in ihre Pfannen drehen ließ. Da durch das Tor geradezu lenkten die Mädchen in der Fahrspur Wagen und Rosse. Und die Göttin hieß mich huldreich willkommen. Sie ergriff mit der Hand meine Rechte und also ließ sie sich vernehmen und sprach mich an: O Jüngling, der du als Weggenosse unsterblicher Lenkerinnen mit dem Gespann, das dich trägt, zu unserem Hause gekommen bist, Heil dir! Nicht ein schlechtes Geschick hat dich diesen Weg geleitet (denn wahrlich, weitab liegt er vom Pfade der Menschen), sondern göttliche Fügung und Dike selbst. So sollst du denn alles erfahren: sowohl der wohlgerundeten Wahrheit unerschütterliches Herz, als auch der Sterblichen Ansicht, auf die kein wahrer Verlass ist."

Auch Parmenides stellte die Frage nach möglicher Erkenntnis. Aber er sah die begrenzten Möglichkeiten, Wissen über die Welt zu erwerben, und fühlte sich an das Göttliche verwiesen. Wohin der Weg der Erkenntnis führt, wer diesen leitet und geleitet, zeigt sein Lehrgedicht. Die höheren Wesen lenken ihn. Was Parmenides zuteil wird, besitzt den Charakter einer Offenbarung. So erscheint der Philosoph nicht als akribisch forschender Wissenschaftler, sondern als Künder einer Wahrheit, der bescheiden und stolz zugleich sich als ein Werkzeug der Erkenntnis begreift. Ein göttlich offenbartes Wissen wird den Ansichten der Menschen, die sich an Nichtiges und Vergängliches klammern, entgegengesetzt. Erst die Göttin selbst, „Dike", die Recht und Gerechtigkeit symbolisiert, gewährt dem nach Erkenntnis strebenden Menschen Zugang zur Wahrheit und führt ihn auf den Weg des Wissens, auf dem sich viele wähnen, den aber nur diejenigen zu beschreiten vermögen, die von der Göttin geführt werden. Anders gesagt sind die Menschen, die nur auf sich selbst vertrauen und ihre besondere Meinung pflegen, als ob sie Wahrheit wäre, im Irrtum befangen, den einzusehen sie außer Stande sind, da sie ihre eigene Erkenntniskraft maßlos überschätzen. Der Weg der Erkenntnis, der zur Wahrheit führt, liegt „weitab vom Pfade der Menschen", die sehr wohl auf ihre Weise verschiedene Ansichten erwerben, aber das, was sie für wahr nehmen, ist so flüchtig und nichtig wie sie selbst. Aller Streit um diese Ansichten, der so leicht entzündet ist und zu Unfrieden führt, ist erklärbar durch den Irrtum, in dem sich die Menschen befinden, ohne dass sie davon wissen. Sie sind hörend und doch taub, sehend und doch blind – und fern von „der wohlgerundeten Wahrheit unerschütterlichem Herz".

Parmenides' Philosophie ist als „Lehre vom Sein" bekannt geworden. Er unterscheidet das Seiende und das Nichtseiende. Beide trennt eine unüberbrückbare Kluft. Das Nichtseiende ist nicht. Es hat keinen Anteil am Seienden. Das Nichtseiende kann nicht erkannt werden, denn es ist nicht: „Darum ist alles Name, was die Sterblichen angesetzt haben, im Vertrauen darauf, es sei wahr: Entstehen und Vergehen, Sein und Nichtsein, den Ort wechseln und die leuchtende Farbe ändern." So erklären sich die Meinungen der vielen Menschen, die keinen Begriff von der Wahrheit haben. Diese Menschen sind im Irrtum befangen, ohne zu wissen, dass sie sich irren; darum erklären sie Wahrgenommenes für wahr. Erkennen lässt sich nur Seiendes. Das Seiende ist zugleich vollkommen und vollendet, unbeweglich und unveränderbar: „Als ein selbes und im selben verharrend und auf sich selbst befindet es sich und verbleibt in dieser Weise fest am selben Ort. Denn die mächtige Unentrinnbarkeit hält es in den Fesseln der Grenze, die es ringsum einschließt." Das Seiende ist endlich, aber es gibt nichts jenseits von diesem Seienden. Die Gestalt des Seienden entspricht einer wohlgerundeten Kugel, die sich selbst in allem gleich ist.

Wie kann der Mensch das Seiende erkennen? Parmenides ist überzeugt, dass die Sinne den Menschen täuschen. Nur dem Denken erschließt sich das Seiende. Es ist in der Denktätigkeit selbst gegenständlich. So kann sich das Denken nur auf das Sein richten. Es muss in jeder Hinsicht dasselbe sein, für sich selbst wie für andere. Unmöglich ist, dass es sich dem einen so und einem anderen anders darstellt. Nur die Wahrheit ist immer sich selbst gleich, es gibt keinen Spielraum für davon abweichende Betrachtungsweisen.

Wer diese Theorie nicht als intellektuelle Spielerei betrachtet, fragt sich, ob die Welt, in der er lebt, überhaupt entstanden sein kann. Parmenides entwickelte, beruhend auf dem Wechsel gegensätzlicher Kräfte, eine Theorie der Weltentstehung. Die Göttin, die die Erkenntnis vermittelt, lenkt diese. Sie gleicht dem „Demiurgen" in Platons Alterswerk „Timaios", der als göttlicher Baumeister die Elemente bestmöglich ordnet: „Sie gebietet nämlich über die schauderhafte Geburt und Mischung von allen Dingen, indem sie zum Männlichen das Weibliche führt, dass Mischung stattfinde, und andererseits wiederum das Männliche zum Weiblichen." Als Erstes schuf sie den Eros. Göttliches Wirken ist ursächlich verantwortlich für Krieg, Hass und alle Arten der Begierde. Die Göttin schützt im Reich der Wahrheit das Sein und kontrolliert in der Welt des Scheins, die wir mit unseren Sinnen wahrnehmen, die innere Ordnung.

Die Welt, in der wir leben, ist für Parmenides tatsächlich vorhanden. Der Schleier, der sie umgibt, der Schein von Werden und Vergehen, wird von ihm verneint. Der Glaube an die Veränderung ist eine irrige Mutmaßung. Wer das Seiende auf das Gegensätzliche verkürzt, billigt dem Sein Nichtsein zu. Das aber ist nicht möglich. Was die Menschen als getrennt voneinander wahrnehmen, ist in der Einheit des Seienden aufgehoben. Die Menschen stellen die Welt des Scheines selbst her. Sie lassen sich von Wahrnehmungen täuschen und können deshalb die Wahrheit nicht erkennen. Das Gegensätzliche deuten die Menschen nicht als zwei Facetten der Einheit, sondern als ausschließende Polaritäten. Darum benennen sie das Seiende mit den irreführenden Namen des Werdens und Vergehens.

Das Seiende ist und das Nichtseiende ist nicht. Es gibt nur Wahrheit und Unwahrheit. Zur Wahrheit gehört die Vernunft, zur Unwahrheit die Sinneswahrnehmung. Den Aufbau der Welt verstehen wir erst, sobald wir begreifen, dass alles, was wir wahrnehmen, nur scheinbar wahr, nur scheinbar so eingerichtet ist, wie wir es sehen.

Der Mensch kann in Distanz zum Wahrgenommenen gehen und die Meinung als bloße Hypothese über die Welt betrachten.

Den vielen aber ist nicht bewusst, dass sie sich täuschen, indem sie das, was sie wahrnehmen, als Prozesse des Werdens und Vergehens bezeichnen. Mit Begriffen, die sie dem Empirischen entlehnt haben, ordnen sie die Welt. Mit diesen Begriffen aber bleiben die Menschen immer dem Trügerischen verhaftet. Nur denkend befreien sie sich aus dem Irrtum und gelangen, geführt von der Göttin, zur Erkenntnis der Wahrheit.

Parmenides brachte, wie Platon später im Dialog „Theaitetos" bemerken sollte, „das Weltall zum Stillstand". Der Denker unumstößlicher Gewissheiten, dessen Theorie ironischerweise noch heute kontroverse Debatten auslöst und eine Vielfalt möglicher Interpretationen erlaubt — beispielsweise hinsichtlich der Frage, welches Maß an Realität der Welt des Scheines zugebilligt werden kann —, starb um 450 v. Chr. in Elea.

Parmenides' Lehre fand in Zenon von Elea einen bemerkenswerten Unterstützer. Er wurde um 490 v. Chr. geboren. Aristoteles schreibt ihm zu, die Dialektik erfunden und die Rhetorik begründet zu haben. Auch der Sophist Gorgias von Leontinoi erwähnt ihn einige Male. Antiken Berichten zufolge besaß Zenon ein feuriges Temperament und einen unbeugsamen Charakter. So empörte er sich gegen üble Nachrede. Als man ihm vorhielt, ihm mangele es an Gleichmut, entgegnete er: „Wenn ich bei Schmähungen gleichgültig bleibe, so werde ich auch bei Lob unempfindlich bleiben." Für Wohltaten und anerkennende Worte war Zenon, wie es scheint, nicht vollkommen unempfänglich.

In Zenon begegnen wir einer der rätselhaftesten Gestalten der abendländischen Philosophiegeschichte. Er entwickelte verwirrende Denkspiele und logische Paradoxa, die seine Zeit und die Nachwelt in beträchtliches Staunen versetzten. Ob die Verwunderung, die Zenon auslöste, der eigentümlich philosophische Affekt des Staunens ist, scheint aber fraglich zu sein. Die Paradoxa, mit der er die parmenideische Lehre vom Sein stützen wollte, sind von unterschiedlicher Qualität — und nicht alle erfüllen die Erwartungen, die man mit solchen Rätseln verbindet. Bei manchen liefert er die Auflösung gleich mit.

So fragte Zenon einen Mitphilosophen: „Sage mir, bringt das einzelne Hirsekorn beim Herabfallen ein Geräusch hervor oder nicht?" Das verneinte der Gefragte. „Bringt ein Scheffel Hirsekörner beim Herabfallen ein Geräusch hervor oder nicht?" Dies bejahte er. Zenon fragte weiter: „Besteht nun aber nicht ein bestimmtes Verhältnis zwischen dem Scheffel Hirsekörner und dem einen Korn und seinem Zehntausendstel? Werden nun also nicht auch zwischen den Geräuschen Verhältnisse vorliegen? Und wenn dem so ist, dann muss, wenn der Scheffel ein Geräusch verursacht, auch das einzelne Korn und sein Zehntausendstel es tun." Die Wahrnehmung täuscht uns also. Nur weil wir nicht das Geräusch eines einzelnen, zu Boden fallenden Hirsekornes hören, heißt dies noch lange nicht, dass es keines verursacht. Wir haben allen Grund, den Sinnen zu misstrauen.

Anders verhält es sich mit dem Paradox des fliegenden Pfeils. Kann also ein Pfeil fliegen? Was in der Erfahrung möglich scheint, bestreitet der Denker. Zenon möchte, wie Parmenides, nachweisen, dass die Bewegung nicht möglich ist, und behauptet, dass der anscheinend schnell bewegte Pfeil still steht. Die Zeit besteht für Zenon in einer Reihe aufeinander folgender Momente. In dem Augenblick, in der Jetzt-Zeit, befindet sich der Pfeil in Ruhe. In diesem einen Moment kann keine Bewegung stattfinden: „Jedes, das ist, ist irgendwo, da das, was nirgendwo ist, nicht ist." Wo befindet sich der Pfeil? Nach Zenons Auffassung zu einem bestimmten Zeitpunkt an einem festen Ort. An dem Ort, wo er sich befindet, bewegt er sich nicht. An dem Ort, an dem er nicht ist, kann er sich logisch betrachtet auch nicht bewegen. Wie soll also der Pfeil von einem Ort zu einem anderen fliegen? Zenon sagte demgemäß: „Das Sichbewegende bewegt sich entweder an dem Ort, wo es ist, oder an dem, wo es nicht ist. Und es bewegt sich weder an dem Ort, wo es ist, noch an dem, wo es nicht ist. Also bewegt es sich überhaupt nicht."

Mit diesen und anderen logischen Paradoxa wusste Zenon von Elea seine Zeitgenossen zu verblüffen und eroberte einen Platz in der an kuriosen Persönlichkeiten reichen Geschichte der abendländischen Philosophie. Zenon wirkte auch auf politischem Terrain. Beim Versuch, einen Tyrannen zu stürzen, wurde er verhaftet. Nach Mitwissern befragt, nannte er ungeniert die Namen sämtlicher Vertrauter und alle Weggefährten des amtierenden Herrschers, gegen den er opponierte. Der Tyrann fragte erbost nach, wer denn all diesen Menschen den Anlass gegeben hätte, ihn beseitigen zu wollen, wer der Hauptschuldige sei. Zenon erwiderte: „Du selbst, der Fluch des Staates." Antiken Historikern zufolge wurde Zenon darauf in einen Trog geworfen und zu Tode gefoltert.

## Heraklit

Die pythagoräische Lehre hatte zahlreiche begeisterte Verehrer. Andere schworen auf Parmenides und seine Lehre vom Sein. Noch mehr Menschen liebten die Dichtungen der Alten. Sie waren betört und schier ergriffen von Homers und Hesiods bunt schillernder, fantasievoll imaginierter Welt des Mythos, von den Geschichten von Göttern, Helden und Kriegen. Heraklit hätte sich am liebsten die Ohren verstopft. Weder die Hymnen auf die großen Dichter Attikas noch die Lobreden auf Parmenides mochte er hören. Den Homer hätte er am liebsten verprügelt. Heraklit nannte Pythagoras einen geachteten Pionier – unter den Angebern und Windbeuteln. Xenophanes nahm er nicht ernst, Parmenides galt ihm als intellektueller Schaumschläger.

Wer aber war Heraklits Lehrmeister? Er pflegte zu sagen: „Ich erforschte mich selbst." Heraklit war niemandes Schüler und verachtete blinde Gefolgschaft, selbst verschuldete Unwissenheit und religiöse Heuchelei. Auf die Frage, was der Sinn des Lebens sei, antwortete er: „Dingen, die zu sehen und zu hören Belehrung bringt, gebe ich den Vorzug." Das Studium der viel gerühmten Dichter und Denker gehörte für ihn nicht dazu. Entscheidend war, entscheidend ist, das Wesentliche in der Fülle des Beliebigen zu erkennen und das einzig Richtige zu tun. Die Möglichkeiten, das wirklich Wichtige zu verfehlen, sind vielfältiger Art. Heraklit zählte dazu umständliche Gelehrsamkeit, selbstgefälliges Theoretisieren, pedantische Schulmeisterei und kraftlosen Enzyklopädismus. Die rechte Bildung war ihm wie eine „zweite Sonne", die das sehnlich begehrte und oft vermisste Licht der Erkenntnis bedeutete, das allein menschliche Wege und Wesensart hell erleuchtet.

Noch heute gilt Heraklit, der in der Antike schon den Beinamen „der Dunkle" führte, als der „weinende Philosoph". Ein tiefer Ernst erfüllte ihn. Heraklits Worte muten oft rätselhaft an. Vielfach wurde er missverstanden, von Zeitgenossen wie von Nachgeborenen. Mochte er auch verkannt sein, verehrt wurde und wird er trotz alledem. Tiefgründige Einsichten in die Leidenschaften der Seele ließen Heraklit zu einem antiken Anatomen der menschlichen Psyche werden: „Der Seele Grenzen kannst du schreitend nicht ausfindig machen, auch wenn du jeden Weg dahinzögest; so tiefen Sinn hat sie."

Heraklit entstammte einer vornehmen Familie. Er lebte und wirkte um 500 v. Chr. in Ephesos. Als ihm das Amt des Gesetzgebers angetragen wurde, lehnte er ab. Weniger die Politik war Heraklit zuwider als vielmehr jene Mitbürger, die sich die Polis zur Beute gemacht hatten. Sein Zeitgenosse, der rechtschaffene Hermodoros, wurde durch Intrige und Verleumdung aus der Stadt vertrieben. Heraklit verachtete seine Mitbürger, sie seien „vollgefressen wie das Vieh", korrupte, charakterlose Gesellen, geistig verkümmert, zudem arglistige Scharlatane. Sie waren ihm von Grund auf zuwider: „Entseelte Leiber sollte man eher wegwerfen als Mist." Statt Politik zu treiben, spielte Heraklit lieber mit Knaben Würfel. Er entziehe sich seinen staatsbürgerlichen Pflichten, wurde ihm vorgehalten. Der Philosoph erwiderte den Ephesern: „Was wundert ihr euch, ihr heilloses Gesindel? Ist dies nicht eine anständigere Beschäftigung, als mit euch die Staatsgeschäfte zu führen?" Er führte ein Leben als Einzelgänger, stolz, aber nicht hochmütig. Heraklit sorgte dennoch für Gesprächstoff. Warum er denn so beharrlich schweige, wurde er gefragt, worauf er entgegnete: „Damit ihr plappern könnt."

Heraklit beobachtete seine Mitmenschen sehr aufmerksam. Die meisten von ihnen nannte er engstirnige Toren. Nicht Bildung, Begierden erfüllen sie. Zudem vertraten sie „Meinungen". Wider alle Arten wissenschaftlicher Ergründung beharrten sie auf ihren Ansichten wie trotzige Kinder. Die Menschen in Ephesos lebten anmaßend, selbstgewiss und hochmütig, handelten, als besäßen sie eine private Einsicht, behaupteten dann, die Welt gleiche einem „planlos aufgeschütteten Kehrichthaufen" – und dementsprechend verhielten sie sich auch. Sie gehorchten sklavisch ihren Trieben und scheuten den Weg der Erkenntnis. Gefühlsbetont verbrachten sie ihre Tage. Niemand wusste, was er wollte, aber jeder machte, was ihm in den Sinn kam, und plauderte ohne Besinnung drauflos. Heraklit indessen befand: „Wir sollen nicht aufs Geratewohl über die wichtigsten Dinge urteilen." Jedem Menschen ist es möglich, sich selbst zu erkennen. Vom kostbaren Gut Vernunft wurde, freilich nicht allein zu Heraklits Zeiten, nur wenig Gebrauch gemacht.

Hesiod stand, wie erwähnt, in hohem Ansehen. Das war für Heraklit unbegreiflich. Dieser Hesiod unterschied Tag und Nacht voneinander. Aber er verstand nicht, dass beide einander zugehörig sind. Ein solcher Mensch wurde als wissend angesehen? Hesiod wusste gewiss vieles, aber nichts Wesentliches. Dafür hatte er zu Lebzeiten viel zuviel geredet und geschrieben. Heraklit indessen war der Auffassung, dass, wer vieles zu wissen meinte, nichts wüsste, sofern ihm das Wesentliche verborgen bliebe – selbst wenn er viel Aufhebens um seine vermeintliche, kümmerliche Weisheit machte.

Das ungebildete Volk und die Gelehrten, ob sie pythagoräisch, homerisch oder eleatisch inspiriert waren, ähnelten sich sehr.

Was sie kundtaten, waren „logoi", bloße Meinungen, die sie für uneingeschränkt wahr hielten. Was aber war und ist wesentlich? „Verständigsein ist die wichtigste Tugend; und die Weisheit besteht darin, das Wahre zu sagen und zu tun in Übereinstimmung mit der Natur, im Hinhorchen." Was der Mensch im „Hinhorchen" entdeckt, ist das einzig dauerhaft Verbindende. Der „logos" besitzt absolute Gültigkeit. Wer diesen erkennt, wird die alles relativierende Pluralität der Meinungen als nichtig begreifen. Dem „logos" entsprechend sollen Gesetze formuliert werden. Einzig und allein an diesem „logos" soll sich jeder Mensch, soll sich die ganze Polis ausrichten. Heraklit glaubte an die Möglichkeit einer Wendung zum „logos" – zum Wohl aller. Wäre die Polis in dieser Weise verfasst und bestmöglich eingerichtet, kämpften die Bürger wie eine Mauer für das Gesetz, dass sie miteinander verbinden würde. Nach Heraklits Überzeugung kann nur der Mensch, der vom „logos" erfüllt ist, in Zufriedenheit leben: „Wäre das Glück in den Freuden des Leibes, so dürften wir die Ochsen für glücklich halten, wenn sie wilde Zuckererbsen zu fressen finden."

Sich am „logos" zu orientieren, bedeutet auch, sich der Grenzen bewusst zu sein, die die Natur setzt. Heraklit tadelte jede Form menschlicher Überheblichkeit, die in Verkennung und Missachtung unüberwindlicher Grenzen nur zerstörerisch sein kann. Das Feuer, so lehrte er, welches die menschliche Hybris entfache, gelte es eher zu löschen als einen Großbrand. Niemand kann sich über die Natur erheben, nicht die Menschen, die alles zu wissen glauben, noch diejenigen, die bedenkenlos sinnenfroh ihre Tage zubringen, freilich nicht einmal jene, die den Weg der Erkenntnis beschreiten: „Es gibt nur eine Weisheit: ein vertrautes Verhältnis zu der Einsicht, nach der überall alles gelenkt wird." Als Zuchtmeister fungiert der „logos". Unter seiner Herrschaft stehen alle, der Freie und der Sklave, Kaufmann, Kriegsherr und König, Gewaltige und Schwache, Dichter, selbstverständlich auch der Philosoph: „Jedes über die Erde hinkriechende Lebewesen wird mit der Peitsche gehütet." Wer vernünftig lebt und das Gesetz der Natur verstanden hat, weiß, was alles geschehen mag und dass sich nichts wider die Natur ereignen wird. Er ist gewappnet gegen den „Peitschenschlag", dem niemand, auch nicht der Philosoph, entgehen kann – der Gesetzmäßigkeit ist jeder Mensch zu jeder Zeit seines Lebens unterworfen. Mag sich der Mensch noch so groß vorkommen, letztlich muss er sich als ein Teil des Ganzen erkennen. Er ist nicht all-, sondern ohnmächtig gegenüber der Notwendigkeit des „logos" und bleibt an diese, ganz gleich, was er auch tut oder wie er darüber denkt, gebunden.

Die Konsequenz, die hieraus für die Ethik folgt, ist keine resignative Schicksalsergebenheit, wohl aber die Einsicht in die Grenzen menschlicher Möglichkeiten. Die Besinnung auf die Vernunft erlaubt dem Menschen, sich philosophisch in der Welt zu orientieren und ein begrenztes Glück zu erfahren. Er ist imstande, sich zu verändern und das Leben selbst zu gestalten. Er vermag auch in Gelassenheit zu akzeptieren, was zu ändern ihm unmöglich ist: „Des Menschen Verhalten ist sein Schicksal." Er ist somit seines zeitlichen Glückes Schmied.

Ob der Mensch sich im Einklang mit dem Ganzen befindet oder vergeblich-verzweifelt gegen das Unvermeidliche aufbegehrt, entscheidet er allein. Dieses Ganze umschließt das einander Gegensätzliche: „Sich verbindend fassen sich zusammen Ganzes und Nicht-Ganzes, Zusammenstrebendes und Auseinanderstrebendes, Zusammenklingen und Verschiedenklingen, und aus allem wird Eines und aus Einem alles." Es umfasst alles Widersprüchliche: „Der Gott ist Tag-Nacht, Winter-Sommer, Krieg-Frieden, Sättigung-Hunger – alle Gegensätze, das ist die Bedeutung." Tritt das Widerstreitende zusammen, entsteht die schönste Fügung des Besonderen durch den „Krieg aller", der schöpferisch-ordnend die Veränderung bewirkt, so dass sich die aus Dissonantem entstehende Konsonanz in vollendeter, unsichtbarer Harmonie zeigt. Heraklit erkannte in der Einheit die Verschiedenheit und in der Verschiedenheit die Einheit. Fische benötigen das Wasser, um zu überleben, ein Mensch ginge darin zu Grunde. Was dem Fisch Lebenselement ist, ist des Menschen sicherer Tod.

Die Welterklärung der altionischen Denker und die Lehre der Eleaten wandelte sich bei Heraklit in ein dynamisches Verständnis der Natur, die das Widersprüchliche in ein bestmöglich zueinander gefügtes Ganzes integriert. Sein wohl berühmtester Ausspruch lautet: „Alles fließt." Die Wirklichkeit ist in beständigem Wandel begriffen. Alles fließt, alles verändert sich. Das Symbol dieser fortdauernden Prozesse der Veränderung ist das Wasser. Der Fluss scheint zwar beständig sich zu gleichen, er ist aber tatsächlich niemals derselbe. Sein Wasser strömt unaufhörlich von der Quelle zur Mündung. So verändern sich auch die Dinge, die für unser Auge auf den ersten Blick oft gleich zu bleiben scheinen. Das aber ist nach Heraklit ein Irrtum. Glaubten Parmenides und seine Schüler an fest bestehendes, unveränderliches Sein, so sieht Heraklit im Gesetz des unaufhörlichen Werdens das einzig Konstante. Von dieser Dynamik des Wandels ist auch der Mensch selbst bestimmt. Sich verändernd bleibt er beständig derselbe: „In dieselben Flüsse steigen wir und steigen wir nicht, wir sind und wir sind nicht." Das Leben in der Welt und mit anderen Menschen prägt und wandelt uns. Der Horizont der Erfahrung weitet sich. Wir lernen Neues kennen, und wir vergessen. Einflüsse vielfältiger Art bestehen. Sie wirken bewusst oder unbewusst auf uns. Wir selbst wirken auf unsere Mitmenschen, und diese wirken wiederum auf uns. So entwickeln wir uns, indem wir uns verändern, und uns zugleich treu bleiben. Die Konstante des Lebens ist das Gesetz des Wandels, das in Heraklits Denksystem durch das Feuer symbolisiert wird. Das Feuer hält die Welt im Gleichmaß: „Die gegebene schöne Ordnung aller Dinge, dieselbe in allem, ist weder von einem der Götter noch von einem der Menschen geschaffen worden, sondern sie war immer, ist und wird sein: Feuer, ewig lebendig, nach Maßen entflammend und nach denselben Maßen erlöschend." Alles Geschehen ist ein Sichumsetzen der sengenden, zur

Entscheidung drängenden Kraft des Feuers. Durch sie ergibt sich fortwährend eine gewaltige, kriegerisch anmutende Neuordnung der Welt des Werdens.

Viele Menschen glauben alles zu wissen. Das war zu Heraklits Zeiten genauso wie heute. Er hielt diese Menschen, ob sie nun Dichter, Denker oder einfache Bürger waren, schlicht für Unwissende. Er warnte davor, denen zu vertrauen und zu folgen, die jene den Kosmos und ihr eigenes Leben beherrschende Gesetzmäßigkeit beständigen Wandels nicht erkennen. Heraklit riet stattdessen: „Gedenket dessen, der nicht weiß, wohin der Weg führt."

Gestalten wie Heraklit kennt die abendländische Philosophie nur wenige. Dass er unter den vorsokratischen Denkern zu den Bedeutendsten gehörte, vielleicht der Größte von allen war, bezeugt kein Geringerer als Sokrates. Euripides, der tragische Dichter, überreichte ihm tiefsinnige Denksprüche des Heraklit und fragte nach einiger Zeit: „Was hältst du davon?" Sokrates erwiderte: „Was ich verstanden habe, ist vortrefflich – und ich bin überzeugt: auch das, was ich nicht verstanden habe. Aber es bedarf eines delischen Tauchers."

### Empedokles und Anaxagoras

Die Bürger von Akragas, dem heutigen Agrigent, trugen im fünften Jahrhundert vor Christus einem jungen, vielseitig begabten Mann aus ihrer Mitte die Königswürde an. Empedokles, demokratisch gesinnt, lehnte ab. Er beurteilte seine Heimat zwiespältig und mitunter ausgesprochen kritisch. So sagte er: „Die Akragantiner schwelgen, als müssten sie morgen sterben; ihre Häuser aber richten sie her, als würden sie ewig leben." Empedokles besaß zur Politik nur wenig Neigung. Er wurde 485 v. Chr. geboren, wirkte als Arzt und Wahrsager, dichtete und philosophierte. Empedokles, ein begnadeter Redner, war eine tragische und schwermütige Gestalt, innerlich zerrissen, ein schwärmerischer Träumer und leidenschaftlicher Prediger der Liebe in einer lieblosen Zeit, ein Mann, der sich mit den Jahren als vom Göttlichen beseelter Wundertäter verehren ließ und unsagbar an der Gefühlskälte seiner Mitmenschen litt.

Empedokles' Lehre vereinigt Elemente der pythagoräischen, eleatischen und heraklitischen Philosophie. Das Seiende besteht seiner Auffassung zufolge gleichzeitig aus Vielheit und Einheit. Strukturbildend sind die ewigen Mächte der Liebe und des Streites. Die gleichen antagonistischen Prinzipien, die im Menschen wirken, geben dem Weltall seine Ordnung. Vier Elemente hielt Empedokles für ewig bestehend. Er bezeichnete sie mit Götternamen. Das Feuer nannte er leuchtend-heller Zeus, die Erde lebensspendende Hera. Die Luft hieß unsichtbarer Aidoneus, das Wasser Nestis, also die Fließende, deren Tränen die Sterblichen benetzen. Liebe und Streit sind die kosmischen Kräfte des Wandels. Sie bestimmen über den Wechsel der Elemente und entscheiden, ob Verbundenes gelöst und Geschiedenes vereinigt wird: „Indem sie durcheinander hindurch gehen, entstehen sie bald als dieses, bald als jenes, wie auch fortwährend als immer Gleiches." Nichts kommt hinzu und nichts endet in diesem dauerhaften Kreislauf. Entstehen und Vergehen finden nicht statt. Die Formen und Zustände der jeweils vorliegenden Mischung sind veränderbar. Das die gegensätzlichen Kräfte umschließende Ganze befindet sich in freudvoller Ruhe, in Eintracht mit sich selbst, ist kugelförmig und göttlich. Dieses Göttliche ist Eines, von Liebe gestaltet, ein anderes Mal aber Vieles, sich selbst feindlich gesinnt durch die Macht des Streites. Herrscht die Liebe, befindet sich die entgegengesetzte kosmische Kraft am Rande dieses Alls. Dann sind die Elemente in der bestmöglichen Weise gemischt: „Indem sie sie zu Einem zusammenführt, vernichtet die Liebe die anderen Dinge." Aber der Streit bricht aufs Neue hervor. Das mit Liebe Verbundene wird einander wieder fremd. Die Welt, wie wir sie kennen, erhält ihre Zerrissenheit und ihren beständigen Aufruhr durch die zerstörerische Kraft des Streites.

Die von Empedokles gelehrte naturphilosophische Erkenntnis vermittelt Einsicht in die Struktur der Elemente und ihre Verhaltensweisen. Sie zeigt, dass Liebe verbindet und Streit trennt, im Kosmos nicht anders als bei jedem einzelnen Menschen: „Schön zeigt sich dies im Fall des Körpers der menschlichen Glieder: Einmal kommt alles in Liebe zu Einem zusammen – Glieder, welche der Leib besitzt auf blühendem Lebens Gipfel; das andere Mal dagegen, zerschnitten von schlimmen Fehden, wird jedes auseinander getrieben, wenn das Leben zerbricht."

Empedokles war von Schmerz und Jammer erfüllt über Zwietracht unter den Menschen, Gewalt und Krieg. Er träumte von einem Zeitalter des Einklangs alles Lebendigen und glaubte, dass in der verklärten Vergangenheit des fantastisch imaginierten „Goldenen Zeitalters", im verloren gegangenen Paradies, Menschen und Tiere einander freundlich begegneten. Zutraulich und zahm war alles, was lebte, miteinander in Liebe verbunden. Blutige Opferungen sollten unterbleiben, ja es war frevelhaft, Blut zu vergießen. Empedokles mahnte: „Hört ihr denn mit dem böse tönenden Morden nicht auf? Seht ihr denn nicht, dass ihr in gleichgültiger Absicht einander zerfleischt? Als nämlich, wie ich meine, die »Liebe«, und das heißt das Bewusstsein der Verwandtschaft, alles beherrschte, mordete niemand etwas, weil man die übrigen Lebewesen als verwandt betrachtete." Groß war seine Sehnsucht nach seelischem Frieden. Er vertraute und hoffte darauf, dass vom Zentrum des Alls, von der Erde ausgehend, die Kraft der Liebe wieder einsetzte und Wirkung entfaltete, um die miteinander in Streit geratenen Elemente neu zu verbinden: „Denn Liebe und Streit waren vorher dabei und werden es auch künftig sein – nie, so bin ich überzeugt, wird die unermessliche Ewigkeit dieser beiden leer sein."

Mit zunehmendem Alter wurde Empedokles schrullig. Es wird berichtet, dass er, weil ihm die Herbstwinde bedrohlich für die Ernte zu sein schienen, einen Esel schlachtete und aus dessen Innereien Schläuche anfertigte, die er an den Hügeln aufspannen ließ, um den Wind einfangen zu können. Auch glaubte er an die Seelenwanderung. Er war überzeugt, bereits als Knabe, Mädchen, Pflanze, Vogel und Fisch gelebt zu haben. Wer dies bestritt oder darüber schmunzelte, erregte seinen Zorn. Skeptikern begegnete Empedokles abweisend. Glücklich nannte er die Menschen, die sich einen lebendigen, lebensgestaltenden Schatz göttlicher Einsichten erworben und den tiefen Gehalt seiner Lehre verinnerlicht hätten, unglücklich alle anderen, die das Wahre nicht erkannten.

Im Alter von sechzig Jahren starb Empedokles vermutlich im peloponnesischen Exil und nicht, wie antike Legenden behaupten, bei einem Sprung in den Ätna. Die Legende berichtet, dass Empedokles seinen Aufstieg zu den Gestirnen hatte beweisen wollen. Der Vulkan aber spie die stählernen Sandalen des hochmütigen Denkers unverbrannt aus.

Strenge Wissenschaft ist eine Sache für nüchterne Geister. Anaxagoras, geboren 498 v. Chr. im ionischen Klazomenai, betrieb emsig und ausdauernd empirische Erkundungen. Er gehört zu den bedeutendsten Naturphilosophen unter den Vorsokratikern.

Anaxagoras vertrat Auffassungen, die, basierend auf Parmenides' Lehre vom Sein, eine Fortführung des empedokleischen Denkens darstellten. Anaxagoras aber war frei von prophetischer Attitüde. Ebenso integrierte er Ansätze des milesischen Denkens in seine Theorien. Anaxagoras lehrte: „Keine Sache entsteht oder vergeht, im Gegenteil: Es tritt aus Seiendem etwas in Mischung zusammen und trennt sich wieder. Deshalb sollten besser das Entstehen als ein Sichzusammenmischen und das Vergehen als ein Sichtrennen bezeichnet werden." Anders als Empedokles' Lehre beruht Anaxagoras' Theorie auf der Existenz eines Urstoffes, der – in sich selbst bereits auf vielfältige Weise modifiziert – universell und unbegrenzt vorhanden ist. In jedem einzelnen Partikel ist potentiell das Ganze enthalten. Von der jeweiligen Mischung hängt es ab, wie dieses Teil gestaltet ist. Das Mischverhältnis bestimmt also nicht die Materie selbst. Als erster

Denker vertrat Anaxagoras die Ansicht, dass neben der Materie der Geist besteht. Zwischen Materie und Geist herrscht eine große Kluft. Er nannte diesen Geist den „nous". Dieser „nous" ist die ordnende, alles beherrschende, die Materie differenzierende Kraft, der bestimmende Anstifter des schöpferischen Wirbels, der die Stoffe voneinander scheidet und Gestalt gewinnen lässt. Das, wovon es am meisten in sich trägt, gibt dem Stoff die besondere Prägung. Die Entwicklung ist bereits in den „spermata", in den Keimen, angelegt. Das Wachstum kann nur hervorbringen, was in dem einzelnen Partikel angelegt ist. Aus Nicht-Haar kann nicht ein einziges Haar werden.

Den „nous" beschreibt er als unendlich, unbeschränkt mächtig, für sich selbst bestehend, den ganzen Kosmos beherrschend – eine Art alle Mischverhältnisse ordnende Weltvernunft, ein grenzenlos bestimmendes Prinzip. Es ist die so genannte „diakosmesis". In ihr ist der teleologische Gedanke, die deterministisch von Anfang an festgelegte, zielgerichtete Formung auf das Gute, Sinnvolle und Vollkommene hin, zum ersten Mal in die philosophische Erörterung eingeführt worden. Der Mensch trägt in sich eine diesem „nous" verwandte Kraft, seine Vernunft, durch die er das Ganze erkennen kann. Ein antiker Historiker bemerkte über den großen Naturphilosophen: „Anaxagoras hat als Erster den Geist über die Materie gestellt: Alle Dinge waren einmal formlos zusammengehäuft – da kam der »nous« und hat sie zum Kosmos geordnet."

Alle Lebewesen hielt Anaxagoras für beseelt und mit dem „nous" verwandt, auch die Pflanzen. Er hielt diese für Tiere, die in der Erde verwurzelt sind. Freude und Trauer äußern sie gleich allen anderen Lebewesen. Ihr Schmerzgefühl drückt sich seiner Auffassung nach in der Erschlaffung der Blätter aus. Wenn der Mensch, in vielem den Tieren unterlegen, seine besonderen Gaben, Erfahrung, Gedächtnis, Klugheit und Geschicklichkeit, in rechter Weise nutzt, ist er das verständigste Lebewesen von allen.

Mit Leidenschaft betrieb Anaxagoras das Studium der Gestirne. Die Sonne bezeichnete er als glühenden Felsen, der Mond sei erdhafter Natur und besäße nur vom Äther geborgtes Licht. Einen in Thrakien niedergegangenen Meteor deutete Anaxagoras nicht als Himmelszeichen. Er glaubte vielmehr, dass die Gestirne auf ihren vorgezeichneten Bahnen mitunter ins Stolpern gerieten. Zuweilen bräche ein Teil von ihnen ab und würde auf die Erde geschleudert. Orakeldeuter, Seher und Priester waren empört. Einer von ihnen, Diospeithes mit Namen, regte in Athen ein Gesetz an, das die Volksversammlung im Jahr 437 v. Chr. beschloss. Es lautete: „Diejenigen, welche die göttlichen Dinge leugnen oder aber in ihrem Unterricht theoretische Ansichten über Himmelserscheinungen verbreiten, sind wegen Verletzung der Staatsordnung vor Gericht zu bringen."

Anaxagoras lebte, als das Gesetz beschlossen wurde, seit einiger Zeit in Athen. Er galt als Freund des großen Staatsmannes Perikles, hatte den Tragödiendichter Euripides unterrichtet und war mit dem jungen Sokrates bekannt. Anaxagoras wurde als erstem Philosophen der abendländischen Geschichte überhaupt der Prozess gemacht – wegen Gotteslästerung. Er musste mit dem Todesurteil rechnen, stellte sich gelassen darauf ein und sagte: „Schon längst hat die Natur die Richter wie auch mich verurteilt." Während über ihn vor Gericht verhandelt wurde, erfuhr er vom Tod seiner Söhne. Darauf sagte er mit unerschütterlichem Gleichmut: „Ich wusste, dass sie als Sterbliche von mir erzeugt wurden."

Anaxagoras konnte auf die Fürsprache des Perikles rechnen. Er wurde verurteilt, kam aber mit dem Leben davon und musste Athen verlassen. Ob Anaxagoras flüchtete oder ausgewiesen wurde, ist bis heute strittig. Er starb knapp zehn Jahre später im ionischen Lampsakos.

In Anaxagoras begegnen wir dem Forscher aus Passion schlechthin. Er urteilte über seine Zeitgenossen und Vorläufer und ihr wissenschaftliches Bemühen respektvoll. Auf die Frage, warum es sinnvoll sei, geboren zu werden, antwortete er: „Wegen der denkenden Betrachtung des Himmels und der gesamten Weltordnung." Nichts anderes interessierte ihn. Anaxagoras trat sein Erbe an die Verwandten ab, als diese ihn des sorglosen Umgangs damit bezichtigten: „Nun, warum übernehmt ihr denn nicht die Sorge an meiner Statt?" Die Wissenschaft stärkte seinen Langmut. Einem Zeitgenossen, der klagte, er müsse in der Fremde sterben, sprach Anaxagoras Trost zu: „Der Niederstieg zum Hades ist allerwärts der gleiche." Als der junge Philosoph noch in seiner Heimat Klazomenai lebte und sich von den öffentlichen Geschäften zurückgezogen hatte, fragte ihn ein Mitbürger: „Hast du denn gar kein Herz für dein Vaterland?" Anaxagoras erwiderte: „Lass das gut sein; nichts liegt mir mehr am Herzen als mein Vaterland." Während er antwortete, deutete er auf den Himmel.

### Demokrit

Im alten Rom stilisierte Cicero den letzten Vorsokratiker Demokrit von Abdera zum „lachenden Philosophen". Epikur, der Philosoph der Freude, schätzte Demokrit außerordentlich. Beiden Denkern behagte ein maßvolles Genussleben fraglos, aber eine in dionysischer Weinseligkeit ausschweifende Lebenslust war dem antiken Materialisten Demokrit so fremd wie seinen geistigen Nachfahren. Er sagte indessen auch: „Ein Leben ohne Festlichkeiten ist ein langer Weg ohne Herbergen." Aber ein Leben angefüllt mit Festgelagen wäre schlichtweg unerträglich.

Demokrits Lehrer war Leukipp, ein Denker, von dem uns nicht einmal die Lebensdaten überliefert sind. Er gilt als Begründer des Atomismus. Leukipp vermutete hinter allem Geschehen in der Welt einen kosmischen Plan: „Kein Ding ereignet sich aufs Geratewohl, sondern alles in begründeter Weise und durch Notwendigkeit." Die spezifisch leukippsche Lehre, von der wir kaum etwas wissen, ist von Demokrits Auffassungen über die Natur nur schwerlich zu sondern. Der Schüler eignete sich das Werk des Lehrers an und führte es fort. Mit Demokrits Namen ist die Theorie des Atomismus somit untrennbar verbunden.

Demokrit wurde etwa 460 v. Chr. in Abdera geboren und starb im Alter von neunzig Jahren. Viele Jahre seines Lebens verbrachte er reisend. In Ägypten und Babylonien machte er für längere Zeit Station. Demokrit erwarb eine reichhaltige Menschenkenntnis. Seine Naturphilosophie behauptet die Existenz von Seiendem und Nichtseiendem. Das Seiende nannte er das „atomon", die kleinste, unteilbare, massive Einheit. Die Atome sind nach Gestalt, Größe, Lage und Anordnung unterschieden. Treffen sie aufeinander, prallen sie voneinander ab. Manche Atome verbinden sich miteinander und gewinnen Zusammenhalt. Das gelingt nur, sofern sie zueinander passen. Aus diesen atomaren Verbindungen entstehen die zusammengesetzten Körper und die Elemente. Auch der Mensch samt seiner Seele besteht aus kleinen, feuerhaltigen Atomen. Demokrit beobachtete, dass sich in der Natur Gleiches zu Gleichem gesellt, nicht nur bei Tieren und Menschen. Auch die leblosen Dinge ordnen sich zueinander, so dass sich – etwa beim Rütteln im Aussieben – Linse zu Linse, Weizenkorn zu Weizenkorn ordnet. Was aber ist das Nichtseiende, wenn es existent ist? Demokrits Auffassung zufolge lässt sich das Nichtseiende als die „Leere" begreifen, als der Raum, in dem die Atome von der Kraft der alles vorausbestimmenden Notwendigkeit in ewiger Bewegung gehalten werden, einander treffen und sich wieder trennen.

Demokrit beschäftigten auch ethische Grundsätze. Er war demokratisch gesinnt und verabscheute jede Form der Tyrannei. Wann ist seines Erachtens die Polis gut regiert? Allein dann, wenn die Besten, aus Pflichtgefühl und Redlichkeit heraus, die höchsten Ämter des Staates bekleiden. Ist dies nicht gegeben, verfällt die Polis: „Wenn die Unfähigen die Ämter antreten – je unwürdiger sie sind, umso nachlässiger benehmen sie sich und umso mehr strotzen sie vor Dummheit und Draufgängertum."

Im menschlichen Miteinander befürwortete Demokrit eine Lebensweise, die sich am jeweils zuträglichen Maß orientiert. Ein Neider etwa ist unglücklich. Wer immerfort an die Menschen denkt, die als Glückskinder bewundert werden, verfällt der Gier. Solange dieser unglückliche Mensch ständig bemüht ist, so wie ein anderer, aber nicht ganz und gar er selbst zu sein, verfehlt er stets das glückliche Leben. Statt mit dem begrenzten, mitunter strengen Glück in der Zeitlichkeit zufrieden zu sein, jagt so manch ein Mensch, griesgrämig, erbittert und rastlos, Zielen hinterher, von denen er sich Glück verspricht, die er aber niemals erreichen kann. So versäumt er, nichts versäumen wollend, sich selbst und das ihm mögliche Glück.

Guter Laune zu sein gelingt schon, wenn man sieht, dass Zeitgenossen noch übler dran sind als man selbst. Ob aber die Erkenntnis des Unglücks anderer das eigene Unglück besser ertragen lässt? Schadenfreude galt Demokrit als ein freilich ebenso unzuverlässiger Garant für Glücksmomente wie Neid und Reichtum. Allein der Mensch, welcher der Vernunft folgt, überlegt gut, handelt gewandt und urteilt richtig – und ist innerlich frei. Er weiß sich selbst zu beherrschen, ist niemandes Knecht, nicht der eigenen Leidenschaften, nicht einmal seiner eigenen Frau, wie Demokrit bemerkte. Eheliche Verbindungen hielt er für so töricht wie die Zeugung von Nachkommen. Beides brächte vermeidbaren Ärger mit sich.

Demokrit betrachtete das menschliche Wissen mit Argwohn. Was können wir wissen? Nicht allzu viel, hätte Demokrit erwidert. So schrieb er: „Wer den, der sich einbildet, Verstand zu haben, zu Verstand bringen will, vergeudet seine Zeit." Von dem wenigen, was wir zu erkennen glauben, denken wir, von Sinneswahrnehmung getäuscht, sehr hoch und tun uns damit wichtig. Trübe bleibt die Erkenntnis, sofern der Mensch nur den Sinnen traut. Verlässliches weiß allein die vernunftgeleitete Forschung zu ergründen. Auch soll der Mensch im Erkenntnisdrang von Bescheidenheit erfüllt sein: „Nimm dir nicht vor, alles verstehen zu wollen, damit du nicht aller Dinge unkundig wirst."

Demokrit war Realist. Vieles, was dem Menschen widerfährt, ist vom Zufall abhängig. Wer auf diesen vertraut, verbringt seine Tage als willenloser Spielball von Mächten, deren Herr er niemals werden kann. Was uns die Laune des Augenblicks schenkt, dürfen wir annehmen, aber wir sollen nicht auf etwas bauen, das als Fundament höchst unsolide ist: „Unsere Natur hingegen bedarf nichts außer ihrer selbst; das wenige, was sie uns zusichert, ist deshalb stärker als das viele, was uns die Hoffnung vormacht." Statt sich Illusionen und Utopien hinzugeben, soll der Mensch sich seines Lebens in dieser Welt erfreuen. Das Glück liegt auch nicht in den profanen Genüssen des Leibes, die niemals halten, was man sich von ihnen verspricht. Erkennend und somit philosophierend kommt der Mensch erst ganz zu sich selbst.

Demokrit begegnete auf seinen Reisen auch Sokrates. Aber der Athener nahm von dem Denker aus Abdera keinerlei Notiz. Demokrit störte das wenig. Er machte nicht viel Aufhebens um seine Person und tat das Seine. Auf die Frage, worauf es im Leben ankäme, was er erreichen wolle, antwortete er: „Ich will lieber eine einzige Ursachenerklärung finden, als König von Persien sein."

## Die Sophistik

Die Naturphilosophen hatten versucht, beobachtend, empirisch forschend und Theorien bildend die Ordnung und Entstehung des Kosmos zu ergründen. Eine Vielzahl grundverschiedener Auffassungen kursierte. Manche waren untereinander in Streit geraten. Welche Lehrtradition hatte Recht? Ein jeder glaubte – sowohl die Anhänger des Pythagoräismus wie auch die Atomisten und die Zöglinge der eleatischen Lehre –, dass seine Lehre nicht nur eine mögliche Betrachtungsweise war, sondern der

Wahrheit entsprach. Somit bestanden offenbar viele „Wahrheiten" nebeneinander.

Protagoras von Abdera, der berühmteste Denker jener Zeit, stellte im so genannten „homo mensura"-Satz fest: „Aller Dinge Maß ist der Mensch, der seienden, wie sie sind, der nicht seienden, wie sie nicht sind." Jeder Mensch besitzt anscheinend ein anderes Maß, andere Auffassungen und Vorstellungen. Darum entstehen Streit und Zwistigkeiten. Über die Ordnung der Natur muss nach Auffassung der Sophisten niemand in Streit geraten. Denn sie ist nun einmal so, wie sie ist. Wesentlich wichtiger aber schien es, sich Gedanken über die Welt des Menschen und die Ordnung der Polis zu machen. So dachten wenigstens die Sophisten.

Was macht eigentlich den Sophisten aus? Ein „sophos" ist, dem Wortsinn nach übertragen, ein weiser, ein wissender Mann. Die „sophistai", die Sophisten also, verstanden sich als „Meister des Wissens" und fungierten als Lehrer der Weisheit. Wenn eine erforschbare objektive Wahrheit nicht existiert, besteht bloß eine Fülle von Mutmaßungen, die für wahr ausgegeben werden. Dann hat jeder Mensch Recht, auf seine Weise. Statt dass sich der Mensch als erkennendes Subjekt begreift, das im Verhältnis zu einer objektiven Wahrheit existiert, setzt er sich auf diese Weise als Individuum absolut und glaubt die „Wahrheit" bestimmen, also diese selbst — für sich und auch für andere — einfach für gültig erklären zu können: Wahr ist nur, was der Erkennende, subjektiv, aus seiner ganz persönlichen Sicht- und Betrachtungsweise, für wahr erklärt.

Was bedeutete das für die Forschung? Wer die Welt mit den Augen eines attischen Sophisten betrachtete, tat dies nicht in der Absicht, ihre objektiv vorhandene Ordnung zu verstehen. Er dachte, ganz pragmatisch, dabei an sich selbst — nämlich ob sich das, was er erkannte und sich aneignete, für das eigene Fortkommen in der Gesellschaft nutzbar machen ließ. Die antike Sophistik lehrte nicht, dass das Forschen um seiner selbst willen geschehen solle. Sie betrachtete jede Forschung als bloßes Mittel zum Zweck. Wissenschaft ist nur dann sinnvoll und gut, wenn sie instrumentalisiert und gebraucht werden kann. Wer erfolgreich sein möchte, muss überzeugen und begeistern können. So argumentierten die Sophisten. Auf vielfältigen Gebieten des Wissens unterwiesen sie ihre Schüler. Besonderes Augenmerk galt der Rhetorik. Wer gut zu reden wusste, redete nicht gut, weil er sich am Guten orientierte. Es genügte allein, den Anschein der Souveränität zu erwecken, um den anderen zu überreden. In der athenischen Demokratie wurden solche Männer gesucht, obwohl diejenigen, die nur gut daherredeten, dem Gemeinwesen mehr schadeten als dienten. Aber erscheint uns nicht heute noch ein brillanter Rhetoriker als Wissender? Wer viele Dichterworte in seine Wendungen einfließen lässt, erweist der sich nicht als belesen und gebildet? Beeindruckt nicht, wer unausgesetzt zu reden versteht? Die Sophisten arbeiteten auch als Rhetoriklehrer. Die Kunst zu reden dient einem Sophisten als universeller Schlüssel. Wer zu reden versteht, vermag jede Auffassung zu rechtfertigen. Selbst Standpunktlosigkeit kann so zu einem möglichen Standpunkt werden. Es gibt zahllose Perspektiven. Jede ist zulässig. Man muss nur die entsprechenden Worte wählen, um sie überzeugend zu präsentieren.

Die Sophisten praktizierten und verbreiteten eine erfolgsorientierte Lebenskunst. Erfolg ist, wenn eine Technik dem Nutzen bringt, der sie anwendet. Die Sophisten vermittelten das Rüstzeug, um in der Welt, so wie sie nun einmal war, bestehen zu können, und ließen sich dafür fürstlich entlohnen. Der Mensch sollte auf sich selbst vertrauen und auf seine Überzeugungen bauen. Das eigene Leben, Denken und Tun kritisch zu bedenken, wurde niemand aufgefordert.

Machtvoll traten die Sophisten auf. Viele von ihnen wollten Gutes bewirken. Sie waren Aufklärer und erwiesen sich als Vorkämpfer einer freiheitlichen Gesinnung. Ein Sophist namens Hippias geißelte die Sklaverei und mit ihr alle Formen von Sitte und Gewohnheit, die erzwängen, was gegen des Menschen Natur sei. Alkidamas, ein gewitzter, schlagfertiger Rhetor, lehrte, entscheidend sei die unmittelbare Wirkung einer Rede mit all ihren zielsicher eingesetzten Pointen, und pflichtete Hippias bei: „Die Philosophie ist ein Bollwerk gegen Gesetz und Brauch. Freigelassen hat Gott alle; keinen hat die Natur zum Sklaven gemacht." Auch Antiphon stimmte dem zu. Dieser Sophist lehrte, es gelte den flüchtigen Augenblick, die knapp bemessene Spanne Lebenszeit in rechter Weise zu nutzen. Töricht sei es, so zu leben, als ob jeder noch ein zweites Leben besitze. Stattdessen müsse man das Glück des Tages, ehe es entschwunden ist, dankbar genießen. Einzig dem unabänderlichen Gesetz der Natur zu genügen, muss der Mensch lernen. Er soll seinen Begierden und Leidenschaften ruhig folgen. Die Vorschriften der Polis aber, alles künstlich geschaffene Recht und Gesetz, betrachtete er als bloße Konvention, von Menschenhand geschaffen und somit beliebig veränderbar.

## Protagoras

Protagoras von Abdera wurde um 485 v. Chr. geboren. Von allen Sophisten war er der bedeutendste und genoss auch bei den Kritikern dieser Lehre Respekt und Anerkennung. Protagoras hatte der Naturphilosophie viel Aufmerksamkeit geschenkt und beobachtet, dass die Forscher auf ihren Meinungen beharrten und unausweichlich miteinander in Streit gerieten. Doch lohnte es sich wirklich, über den Aufbau der Natur zu disputieren? Wie gering waren doch die Möglichkeiten, verlässliches Wissen über die Struktur des Kosmos zu sammeln. Ein jeder Mensch nimmt, wie Protagoras glaubte, die Welt und auch seine Mitmenschen aus einer ganz persönlichen Perspektive wahr. Allein schon deswegen war Einigkeit in Auffassungen und Ansichten über die Natur, auch über die Natur des Menschen, kaum wahrscheinlich. Kann sich ein einziger Mensch anmaßen, seine Einschätzung und seine

Theorie als Ausdruck objektiver Wahrheit mitzuteilen? Protagoras wählte ein unmittelbar einleuchtendes Beispiel: „Dem Frierenden ist der Wind kalt, dem Nichtfrierenden nicht." Das, was ein Mensch mit den Sinnen wahrnimmt, ist subjektiv, also nur für ihn, absolut wahr. Denn die Richtschnur der Beurteilung über Wahrheit und Unwahrheit findet er allein in sich selbst. So wie der Mensch die Welt erfährt, erlebt und begreift, ist sie für ihn. Nicht in den Dingen, nicht in der Natur liegt diese Wahrheit gegenständlich vor. Die Wahrheit ist gebunden an den Menschen, der die Welt aus seiner eigenen Perspektive, ganz subjektiv, beurteilt und zu verstehen versucht. Der Mensch steht im Mittelpunkt der Welt. Er ist aller Dinge Maßstab. Also kann der Mensch selbst bestimmen, was für ihn wichtig, was für ihn gültig, was für ihn wahr ist – und was nicht. Woran der Mensch dieses Maß ausrichtet, ob an sinnlicher Wahrnehmung oder vernünftiger Betrachtung, an Begierden und Trieben, an Sitte und Tradition, darüber schweigt sich Protagoras aus. Jeder Mensch wählt seine ganz persönliche Betrachtungsweise selbst aus. Protagoras lehrte: „Wie alles Einzelne mir erscheint, so ist es für mich, wie dir, so ist es wieder für dich. Sein ist gleich jemandem scheinen." Der Eindruck also, den eine Sache oder auch ein Mensch erweckt, ist maßgeblich. Was auf den Menschen wirkt, hat für ihn Bedeutung. Der Anschein, der erweckt wird, ist das Sein einer Sache oder eines Menschen. Erkenntnistheoretisch bedeutet dies, dass das, was der Mensch empirisch wahrnimmt, für ihn das Wesentliche darstellt. Orientierung bietet ihm der Eindruck, den er gewinnt. Schein ist somit Sein. Der Mensch beurteilt, was für ihn Sein, was für ihn wichtig und wertvoll ist.

Denken wir an das oben angeführte Beispiel über die subjektive Empfindung von Kälte und Wärme. Wenn jemand sagt: „Das ist die Wahrheit" – so gibt er Auskunft über eine Sache, die sich seiner Ansicht nach so verhält. Unausgesprochen bedeutet dies: „Das ist die Wahrheit für mich. Wenn ich friere, muss es kalt sein." Ein anderer Mensch mag mit gleichem Recht behaupten: „Ich friere nicht, also kann es nicht kalt sein." Protagoras zufolge sprechen beide die Wahrheit – indem sie darüber befinden, wie sich eine Sache ausschließlich für sie verhält: „Die Menschen aber erfassten einmal das, bald jenes, entsprechend ihren verschiedenen eigenen Verfassungen. Alles, was den Menschen so scheint, ist auch wirklich da, was aber keinem Menschen zur Wahrnehmung gelangt, existiert überhaupt nicht." Darüber, wie die Sache sich für andere verhält, können sie nicht urteilen. Sie sind befangen und sprechen ihre eigene „Wahrheit", die mit der Auffassung der anderen sehr wohl in Widerstreit geraten kann. Viele verschiedene mögliche Betrachtungsweisen bestehen, theoretisch so viele, wie es Menschen gibt: Der Mensch muss in jeder Situation sein Verhalten neu bedenken. Was in einem Moment als taktvolles und gebührliches Betragen erscheint, kann im nächsten deplatziert und ungebührlich sein. Wer das Rechte zur rechten Zeit sagt, erzielt, Protagoras zufolge, den größtmöglichen Erfolg.

Der sophistische Disput konzentriert sich nicht auf die Wahrheit der Sache. Die Welt ist so, wie sie dem betrachtenden Menschen erscheint. Also muss sich der Disputierende vor allem selbst behaupten. Er streitet für die Geltungsmacht seiner Ansichten. Nicht ob das, was er sagt, wahr ist – denn ein jeder drückt nur seine ganz persönliche Sicht der Dinge aus –, entscheidet, sondern ob er die entsprechenden Worte findet, das, was er für richtig hält, so darzustellen, dass möglichst viele ihm beistimmen. Protagoras zeigte auch, dass jedem widersprochen werden kann, ganz gleich, was dieser behauptet. Jede Sache, so war er überzeugt, lässt sich von mindestens zwei Seiten betrachten und somit kontrovers diskutieren.

Protagoras lehrte mit großem Erfolg in Sizilien, Unteritalien und in Athen. Im Zeitalter der attischen Demokratie war seine Kunst gefragt. Er wurde von Perikles zum Gesetzgeber einer neu gegründeten Stadt bestellt. Für seine Unterweisungen wurde er fürstlich entlohnt. Im hohen Alter wurde er wegen Gottlosigkeit angeklagt. Dem Urteil entzog sich Protagoras durch Flucht. Auf dem Weg nach Sizilien starb er im Jahr 415 v. Chr. Alle seine Schriften leitete er mit dem bereits erwähnten „homo mensura"-Satz ein: „Aller Dinge Maß ist der Mensch, der seienden, wie sie sind, der nicht seienden, wie sie nicht sind." Protagoras bezog diesen Ausspruch vor allem auf die Erkenntnistheorie. Aber diese Lehre hatte auch Auswirkungen auf die Ethik, die der Sophist selbst weder beabsichtigt noch wissentlich gefördert hatte. Jeden ethischen Relativismus hätte Protagoras selbst entschieden zurückgewiesen.

## Gorgias

Gorgias erblickte um 480 v. Chr. das Licht der Welt und lebte einhundert Jahre. Er war Schüler des Empedokles. Von diesem lernte er die Liebe zu Metaphern und blumiger Sprache. Anschließend hörte er eleatische Denker. Parmenides' Lehre vom Sein lehnte Gorgias ab. Zenons Paradoxa faszinierten ihn. Gorgias' Hauptwerk „Über das Nichtseiende oder über die Natur" beginnt mit drei an Zenons Philosophie erinnernden Grundsätzen: „Erstens: Es existiert nichts. Zweitens: Wenn etwas existiert, ist es für den Menschen unerkennbar. Drittens: Ist es erkennbar, so ist es unaussprechlich und nicht mitteilbar."

Der Sophist Gorgias wurde zu einem Lehrer der Rhetorik. Ihren Gipfel erreicht die Redekunst, so war er überzeugt, wenn sie vom Absurden so überzeugend spreche, dass jeder an dessen höhere Notwendigkeit glauben müsse. Gorgias distanzierte sich von der Naturphilosophie. Würde es dem Menschen helfen, wenn er die Bewegungen der Gestirne verstünde, in der Topographie des Himmels kundig wäre, aber zeitlebens erfolglos bliebe, ohnmächtig, ein vereinsamter, verkannter und verlachter Astronom? Er begann zu lehren, was seines Erachtens wichtig war – und das hieß für ihn nichts anderes als Beredsamkeit.

Gorgias, eine stattliche, imposante Erscheinung, liebte glanzvolle Auftritte. Er wollte sich Erfolg und Ansehen, den flüchtigen Ruhm in der Zeitlichkeit, erwerben. Ein vergoldetes Standbild seiner selbst errichtete er zu Lebzeiten dem Apollon vor dem delphischen Orakel. In Athen erfreute sich Gorgias großer Beliebtheit. Wenn er in der Stadt war, achtete jedermann auf ihn. Er war eine antike Berühmtheit. Ihn wollten die Jünglinge in Athen reden hören. Denn Gorgias war ein begnadeter, gefeierter Rhetor. Aber er ließ sich nicht nur preisen, für seine Dienste verlangte er ein üppiges Salär. Allein mit Unterweisungen in der Kunst des Redens erarbeitete sich Gorgias ein ansehnliches Vermögen. Er wusste sich in der Öffentlichkeit darzustellen und sein Auftreten als Ereignis zu inszenieren. Die Rede, so sagte er, besäße mehr Macht über die Kranken als jeder Heilkundige. Wer sich nun fragte: Worüber soll geredet werden? – erhielt zur Antwort: Darauf kommt es gar nicht an.

Gorgias glaubte nicht an „Wahrheit" und auch nicht an die Tugend und die Tauglichkeit. Er schuf die „Gorgianischen Figuren". Diese kunstvollen Stilmittel dienen einzig und allein dem rhetorischen Glanz. Mit Metaphern zur rechten Zeit, mit bewusst gewählten Dichterworten soll der Hörer kraft der suggestiven Wirkung, die der Redner, sofern er ein Meister der Täuschung ist, gekonnt einsetzt, überredet werden. Soldaten werden dem Feldherrn folgen, das Volk dem Staatsmann und dem besten Marktschreier alle Kunden, sofern er nur die richtigen Worte wählt. Mit der Rhetorik kann alles erreicht werden.

Diesen Lehrsatz begründete Gorgias nicht. Nichts anderes wollte er lehren, als dass man über einen beliebigen Gegenstand auf bestmögliche Weise zu reden verstand. Die Beredsamkeit mochte, so dachte Gorgias, dem Menschen helfen, sich auf sich selbst zu besinnen und vielleicht mit kunstvoll dargebotenen ethischen Forderungen alle, die anderes im Sinn hatten, zum Guten zu überreden. Gorgias vertraute allein auf die Magie der Rhetorik: „Die Überzeugungskraft der Rede vermag die Seele zu formen, wie sie will." Die Probleme der Welt boten den Anlass zur Schulung des rhetorischen Talents. Es galt, den Gegner zu bezwingen, unter allen Umständen.

Gorgias wusste, dass Worte eine „Verführung zum Bösen" mit sich bringen können. Positiv wirken kann die Rede gemäß Gorgias auf folgende Weise: „Die Rede ist ein großer Fürst: von kleinstem, unscheinbarstem Aussehen, verrichtet sie göttliche Taten. Sie vermag Furcht zu beschwichtigen, Trauer zu nehmen, Freude zu bereiten und Mitleid zu steigern." Anders ausgedrückt ist die Rede ein gefügiges Instrument für jeden, der sie zu nutzen weiß. Die Rhetorik einträglich anzuwenden, lehrte Gorgias und bekannte freimütig: „Nie geht mir der Redestoff aus."

Er besaß umfassende Kenntnisse und vermochte jeglichen Widerspruch kunstvoll zu entkräften. Niemand, so schien es, allerhöchstens ein Narr, der vorgeführt und mit dem Spott getrieben würde, besäße den Mut, Gorgias und seinen Gefolgsleuten ohne Scheu entgegenzutreten. War dieser Rhetor nicht jedem Menschen seiner Zeit weit überlegen? Wer traute sich zu, einem solchen außerordentlichen Mann, der alles zu wissen schien, die Stirn zu bieten?

# II. VON SOKRATES ZU PLATON

Ein Mann widersprach den Sophisten und bekannte freimütig: „Ich weiß, dass ich nichts weiß." – Mutet dieses Eingeständnis nicht ausgesprochen einfältig an? Gilt es nicht bis zum heutigen Tage geradezu als „Lebensregel", dass man so tut, als wisse man, statt sich selbst und seinen Mitmenschen die eigene Unwissenheit einzugestehen? Sokrates, der vielleicht berühmteste Philosoph der Weltgeschichte, hielt inne, wann immer Menschen sich ihrer Weisheit rühmten. Sein Jugendfreund Chairephon befragte das Orakel in Delphi, ob irgendein Mensch Sokrates an Weisheit übertreffe. Die Pythia, die Tempelpriesterin, antwortete, dass niemand weiser sei als dieser Sokrates. Als er davon erfuhr, verstummte er und beschloss, sich selbst zu erforschen. So viele seiner Zeitgenossen machten doch unausgesetzt von sich reden, wähnten sich klug, weise und hoch begabt, während er sich bloß als unwissend empfand. Ausgerechnet er, Sokrates, sollte der Weiseste von allen Menschen sein, weiser als jene, die rhetorisch kunstvoll zu deklamieren wussten? Sokrates' Schüler Platon lässt ihn im Dialog „Gorgias", in dem die Beredsamkeit selbst Gegenstand der philosophischen Betrachtung ist, aussprechen: „Ich bleibe immer bei derselben Rede, dass ich zwar nicht weiß, wie es sich verhält, dass aber von denen, die ich angetroffen, wie auch jetzt, keiner imstande gewesen ist, etwas anderes zu behaupten, ohne dadurch lächerlich zu werden." Die Sophisten, die Gegner einer an Vernunft orientierten und auf Humanität sich gründenden philosophischen Lebensart, hielt man zur Zeit des Sokrates für Lehrer des Wissens. Ihrem eigenen Anspruch aber wurden sie offenbar nicht gerecht. In Sokrates begegnete den Sophisten ein streitbarer Geist, der um der Sache willen keine Auseinandersetzung scheute.

Mit dem Staunen und der Einsicht in die eigene Unwissenheit beginnt die sokratische Philosophie. Als Gestalt ist uns Sokrates noch heute auf eigentümliche Weise nahe. Wie ihm erscheint vielen von uns das, was vermeintlich selbstverständlich ist, das, was „man" mit der selbstgewissen und selbstgerechten Anmaßung des scheinbar Wissenden tut, als zumindest fraglich. Viele Menschen glauben zu wissen. Doch nur wer sich selbst als unwissend begreift und dies auch offen eingesteht, erweist sich wirklich als lernwillig und wissbegierig. Ein solcher Mensch bekennt sich auch zu seiner Neugierde und ist zur Wissenschaft befähigt. Er wird jedem, der leichthin oder auch mit dem ernsten Gesicht des Moralisten ohne Angabe von Gründen sagt: „Das macht man so", skeptisch mit Sokrates entgegnen: „Warum?" Dieses Wissen um das eigene Nichtwissen bildet den Ausgangspunkt der Suche nach Wahrheit. Ulrich von Wilamowitz-Moellendorff, einer der großen Platoniker der Moderne, bemerkte hierzu: „Was uns die Gestalt des Sokrates vor Augen führt, ist die erhabene und erhebende Erscheinung, dass der Mensch durch die vollkommene Herrschaft der Vernunft über den Willen erreicht, von allen äußeren Schicksalen unabhängig, das volle Menschenglück, den Seelenfrieden im Leben und Sterben, zu genießen, gut und glücklich zu werden."

Wer Sokrates in Athen begegnete, erlebte die charismatische Wirkung einer außerordentlichen Persönlichkeit hautnah. Platon gibt in vielen Dialogen Zeugnis von einem Philosophen, der nicht durch erhabenes, bedeutungsvolles Auftreten, sondern durch eine unverwechselbare Aura die Menschen seiner Zeit, die nicht der Rhetorik der Sophisten erlagen, zu faszinieren wusste. So berichtet Platon im Dialog „Protagoras", dass alle nur darauf warten, die Unterredung mit dem berühmten Sophisten zu beginnen. Aber einer fehlt. Wo bleibt Sokrates? Er verspätet sich, verharrt vor der Tür, um noch ein gerade begonnenes Gespräch zu Ende zu führen. Die Streitgespräche um die Lehrbarkeit der Tugend in diesem Dialog wissen zu faszinieren, aber das eigentlich Bemerkenswerte erfährt der Leser ganz beiläufig: Sokrates, der philosophierende Steinmetz, lässt den großen Protagoras einfach warten. Nicht nur der weltgewandte Sophist musste noch beträchtlich staunen über die Marotten dieses kuriosen, schrulligen Atheners namens Sokrates. Im „Laches" lässt Platon den greisen Feldherrn Nikias zu einem Altersgenossen bemerken: „Du scheinst gar nicht zu wissen, dass, wer der Rede des Sokrates nahe genug kommt und sich mit ihm einlässt ins Gespräch, von diesem solange ohne Ruhe herumgeführt wird, bis er ihn da hat, dass er Rede stehen muss über sich selbst. Er wird befragt, auf welche Weise er jetzt lebt und auf welche er sein bisheriges Leben gelebt hat. Wenn ihn aber Sokrates da hat, lässt er gewiss nicht eher von ihm ab, bis er dies alles gut und gründlich untersucht hat. Ich bin nun schon mit ihm bekannt und weiß, dass man sich notwendig von ihm ermahnen lassen muss. Denn gern lasse ich mich ein mit diesem Mann. Ich halte es nicht für etwas Übles, daran erinnert zu werden, wo wir etwa falsch gehandelt haben oder noch handeln, sondern für notwendig, dass derjenige vorsichtiger werden muss für sein späteres Leben. Denn jeder muss lernen, solange er lebt, und nicht denken, dass das Alter ihm schon von selbst den Verstand mitbringen werde."

Was aber wissen wir von dem Menschen Sokrates?

## Sokrates' Leben

Sokrates wurde 469 v. Chr. als Sohn eines Bildhauers und einer Hebamme in einer zu Athen gehörigen Ortschaft geboren. Äußerlich betrachtet war er unansehnlich, ein leicht untersetzter, stämmig gebauter Mann mit schütterem Haar und Stulpnase. Dem hellenischen Schönheitsideal entsprach er ganz und gar nicht. In jungen Jahren hörte Sokrates, der antiken Überlieferung zufolge, den Naturphilosophen Archelaos und erhielt auch Unterricht von Anaxagoras. Sokrates fragte sich, ob die Naturphilosophen schon über den Menschen genug wüssten, dass sie sich mit dem Himmel und dem Lauf der Gestirne, mit der Entstehung der Welt beschäftigten könnten. Mit den Sophisten war sich Sokrates einig, dass die Betrachtung der äußeren Natur in einer Zeit der politischen Krise nicht zwingend erforderlich ist. Erkenntnisse galt es vielmehr über das Leben des Menschen in seiner Welt, in Staat und Gesellschaft, zu sammeln. Im Gegensatz zu den Naturphilosophen widmete sich Sokrates vornehmlich der Ethik. Schließlich sollte der Erkennende sich selbst in den Blick nehmen. Sokrates' Maßstab war nicht am vordergründigen „Nutzen" orientiert. Er vertraute auf die Wahrheit – und ihm war existenziell bewusst, dass er sie nicht kannte. Jene Sophisten aber, die selbstgefällig zu wissen glaubten, wussten nichts, nicht einmal, dass sie nichts wussten. Sokrates, der sich selbst als unwissend erkannte, stellte also Fragen. So versuchte er die Wahrheit im Gespräch zu ergründen. Seine Fragen haben an Aktualität nichts eingebüßt und sind ebenso bedeutsam wie schwerlich lösbar: Was ist wirklich wichtig? Was sollen wir tun? Wie soll man leben?

Schriftliches hat Sokrates der Nachwelt nicht hinterlassen. Platon vergleicht ihn mit einem „Schlangenbeschwörer" und „Zitterrochen", der die Menschen elektrisierte und wie durch einen Stromstoß lähmte, so dass sie verunsichert und ihre Ansichten erschüttert waren. Im Umgang mit seinen Zeitgenossen war er zwanglos und natürlich. Sokrates pflegte eine einfache Lebensweise: „Wie zahlreich sind doch die Dinge, derer ich nicht bedarf!" Viele seiner Schüler beschreiben Sokrates als geradezu magisch wirkende Persönlichkeit. Im „Gastmahl" gibt ein Schüler Auskunft, welche Bedeutung Sokrates für sein Leben habe: „Beinah drei Jahre lebe ich in der Nähe des Sokrates und möchte jeden Tag wissen, was er redet oder tut. Bis dahin trieb ich mich umher und glaubte, etwas zu schaffen. Aber ich war schlechter dran als irgend jemand, kaum besser als du jetzt, der du glaubst, eher alles andere tun zu müssen, als zu philosophieren." So erging es vielen Athenern der jungen Generation am Ausgang des fünften vorchristlichen Jahrhunderts. Sie glaubten, alles sei wichtig und bedeutsam, was sie auch unternähmen, bis sie eines Tages Sokrates begegneten. Diese Zusammenkunft veränderte sie von Grund auf. Wer Sokrates folgte, fand zu sich selbst. Neben Platon, Sokrates' Meisterschüler, verfasste auch Xenophon, ein Mann von schlichter Wesensart, Zeugnisse über das Wirken des Philosophen. Aristophanes, ein Dramatiker, charakterisierte Sokrates als markanten Sophisten, der die Krise des athenischen Staates durch seine Unterweisungen mit verschuldet habe. Aristophanes verhöhnte ihn in der Komödie „Die Wolken" auf ziemlich üble Weise. Berichtet wird ferner, dass Sokrates, als lebensuntauglicher Flaneur verspottet, sich durchaus auf Gelderwerb verstünde, sammelte er doch bei seinen Wanderungen über den Marktplatz zu Boden gefallene Münzen auf, freilich nur, sofern dies erforderlich war. Das aber ist wohl nicht mehr als eine Legende. Wahrscheinlich hatte Sokrates Geld bei einem Bankier angelegt, dessen Zinsen er sich gelegentlich auszahlen ließ; derlei war schon in der Antike üblich. Der Dichter Timon hielt Sokrates für einen „weltverbessernden Schwätzer", der sich in Spitzfindigkeiten ergehe, hochnäsig einherschreite und als „Rhetorenverspotter" seine Tage zubringe, obwohl er selbst doch nicht mehr sei als ein „halbattischer Heuchler". Wenn Sokrates bei seinen Gesprächen unbefangen fragte, wurde er mitunter von aufgebrachten Passanten übel beschimpft, grob angefasst, arg zerzaust und gehässig ausgelacht; allein er fuhr unbeeindruckt fort. Einen tätlichen Angriff ertrug Sokrates mit Gleichmut: „Wie? Hätte mich ein Esel getreten, hätte ich diesen etwa gerichtlich belangt?"

Die spät geschlossene Ehe von Sokrates und Xanthippe war eine Mesalliance. Einen Gefährten, der unsicher war, ob es ratsam sei, zu heiraten oder nicht, beschied er: „Was du auch tust, du wirst es bereuen." Xanthippe besaß, wie Diogenes Laertius berichtet, einen schwierigen Charakter; die philosophischen Erkundungen ihres eigensinnigen Mannes behagten ihr gar nicht. Sie hielt ihn für einen redseligen Taugenichts, derbe Kabbeleien und wüste Beschimpfungen gehörten zum Alltag. Xanthippe wies Sokrates zurecht, machte ihm Vorschriften und übergoss ihn einmal in aller Öffentlichkeit mit schmutzigem Wasser: „Sagte ich nicht, dass Xanthippe, wenn sie donnert, dann auch Regen bringt?" Darauf wurde die erboste Gattin handgreiflich und riss ihm die Kleider vom Leib, dass seine erschreckten Gefährten ihm zurieten, sich entschlossen zur Wehr zu setzen. Sokrates hielt sich jedoch zurück. Den Umgang mit einer widerspenstigen Frau verglich er mit der Aufgabe eines Bändigers feuriger Pferde: „So wie sie, einmal eines solchen Pferdes Herr geworden, leicht auch mit anderen fertig werden, so werde ich mich infolge des Umgangs mit Xanthippe auch leicht mit den andern Menschen zurechtfinden."

Sokrates besaß ein aufgeschlossenes Gemüt, war erregbar, aufbrausend und sinnlich, wusste darum auch, wie notwendig es ist, die Leidenschaften der Seele zu zügeln. Er kannte seine Schwächen und disziplinierte sich. Der Philosoph wollte mit seinen Mitmenschen ins Gespräch kommen, mitten auf dem Marktplatz. Lebhafte Wortwechsel ergaben sich. Wie kein zweiter Denker des Abendlandes wusste Sokrates darum: Wer philosophieren möchte, muss den Menschen nahe sein. Nur wer am Leben teilnimmt, kann es wirklich verstehen. Also machte sich Sokrates Tag für Tag auf, um ein offenes Wort zu pflegen. Er überprüfte die Ansichten und Meinungen der Menschen seiner Zeit und erschütterte jäh ihre Selbstsicherheit. Was ist Wahrheit? Sokrates genügte es zumeist, anmaßendes Getue ins Wanken zu bringen und das Resultat der Forschung, stets der Grenzen der Erkenntnis bewusst, in der Schwebe zu halten. Vor falscher Bildung warnte und bewahrte er und mahnte die Seinen zur Sorge um die eigene Seele. Ein radikaler Skeptiker war Sokrates nicht.

Wer rigoros zweifelt, hebt den Zweifel auf, da der absolut gesetzte Zweifel sich letztlich selbst bezweifelt. Positiv aber ist die eingestandene Unwissenheit der Ausgangspunkt eingehender Forschung, der Anfang aller Wissenschaft, die, aufklärerisch wirksam, nicht durchdachte Begriffe zurückweist und auf diese Weise neue Begriffe bildet. Sokratisches Philosophieren enttarnt als Wissen kaschierte Ignoranz.

Die Wahrheit lässt sich nur erforschen, wenn der Forscher sich auf die Sache konzentriert und nicht unausgesetzt mit sich selbst beschäftigt ist. Bei den Sophisten erkannte Sokrates manches Tadelnswerte. Sie wollten beeindrucken und vernachlässigten dabei die Sachprobleme, an deren Lösung sie vorgeblich arbeiteten. Dafür unterrichteten sie ausgiebig Rhetorik und übten sich als Selbstdarsteller. Sokrates lehrte unentgeltlich. Die dialektische Kunst der Sophisten hielt er für töricht und zugleich gefährlich. Er war sich im Vertrauen auf die menschliche Vernunft aber zugleich tief innerlich bewusst, dass die Wahrheit zuletzt von der Lüge nicht bezwungen werden konnte. So sagte er einem seiner Schüler, der sich bemühte, die sophistische Rhetorik zu erlernen: „Mit den Sophisten wirst du fertig werden können, mit den Menschen aber gewiss nicht."

Sokrates scharte viele Schüler um sich. Xenophon, dem wir die Schrift „Erinnerungen an Sokrates" verdanken, zählte nicht zum näheren Kreis seiner Getreuen. Auf die sokratische Philosophie berufen sich Eukleides von Megara und Phaidon von Elis. Von Antisthenes von Athen, dem Lehrer des Diogenes von Sinope, und besonders natürlich von Platon von Athen, dem Gründer der Akademie, wird später noch zu berichten sein. Die Philosophie nach Sokrates hat sich sehr differenziert entwickelt. Für Platon, der Sokrates wohl um 408 v. Chr. begegnete, war der Philosoph die prägende Gestalt, bis ins hohe Alter hinein. Aristoteles unterstellte seinem Lehrer Platon Stilisierungen, die dem historischen Sokrates nicht entsprächen. Sokrates war Platons philosophisches Urerlebnis, die Lehre selbst freilich entwickelte er im sokratischen Sinn weiter, sonst wäre dies Treulosigkeit gegenüber dem Lehrmeister gewesen, dem er unendlich viel verdankte. Sokrates aber wollte nie treu ergebene Schüler um sich scharen. Er lehrte die Selbständigkeit des Denkens und billigte sehr wohl, wenn seine Schüler sich weiterentwickelten.

Anders als die weltmännisch auftretenden Sophisten war Sokrates ein Provinzler, der nur im Kriegsdienst Athen verließ. Er verachtete die perikleische Demokratie, ließ sich aber von ihr in die Pflicht nehmen. Bei Xenophon lesen wir, dass Perikles, der viel gerühmte Schöpfer des athenischen Staates, mit dem skrupellosen, machtversessenen Alkibiades spricht, einem Jüngling von ausgesprochen schöner Gestalt, dem Sokrates sehr zugetan war. Alkibiades fragt, was ein Gesetz sei, und Perikles antwortet, Gesetz sei alles, was die Volksversammlung nach eingehender Prüfung schriftlich festsetzt, was zu tun und was zu unterlassen sei. Die Gesetze sollten am sittlich Guten ausgerichtet sein. Alkibiades fragt, was geschähe, wenn sich der Willen der Versammelten nicht am sittlich Guten orientieren würde. Perikles erwidert: „Alles, was die Staatsgewalt nach Prüfung dessen, was man tun soll, schriftlich festgesetzt hat, wird Gesetz genannt." Als Sokrates im Magistrat tätig war, wurden neun Heerführer zum Tode verurteilt. Sokrates erhob Einspruch, verwies dabei auf die Gesetze und erregte den Zorn des Volkes, blieb sich treu, war aber in seinem Bemühen letztlich erfolglos. Die Mehrheit entschied und verfuhr nach ihrem Belieben.

Sokrates erregte öffentliches Aufsehen und verärgerte nicht wenige seiner Mitbürger. Aber das focht ihn nicht an. Die Wiederherstellung der athenischen Demokratie nach einer Epoche von Aufruhr, Bürgerzwist und Tyrannenherrschaft verlangte alle Kräfte. Sokrates wurde vorgehalten, dass er die Jugend von der politischen Betätigung abhalte, weil er den Staat ständig kritisiere. Auf diese Weise verführe er die jungen Leute zum philosophischen Müßiggang, statt sie zu ermuntern, sich mit den wichtigen

Dingen des Lebens zu befassen. Sokrates begegnete den neuen Regenten, darunter Lykon, Anytos und Meletos, reserviert und misstrauisch. Ihm wurde der Prozess gemacht. Wir werden etwas später mehr von dessen Verlauf erfahren. Als Sokrates 399 v. Chr. zum Tode verurteilt wurde, regte sich in Athen kein Widerspruch. Besonnen akzeptierte er das Urteil seiner Vaterstadt.

### Sokratische Bildung und sophistische Erziehung

Sokrates betrieb in jungen Jahren naturphilosophische Studien. Auch widmete er sich der Sternenkunde. Zudem verfügte er über Kenntnisse in Geometrie und Arithmetik. Man kann sich mit diesen durchaus faszinierenden „mathemata" lange Zeit beschäftigen. All diesen Lehr- und Forschungsgegenständen billigte Sokrates einen begrenzten Wert zu. Er hielt es für überflüssig, sich jenseits des Zweckmäßigen mit Astronomie, Geometrie und Rechenkunst zu befassen. Welchem Menschen dient es, wenn er einen komplexen geometrischen Körper wie beispielsweise den Ikosaeder zu berechnen vermag? Das Studium der Geometrie lässt sich exzessiv betreiben. Mancher ist von ihr ganz in Beschlag genommen. Wer sich jedoch ausschließlich der Geometrie widmet, verliert das Wesentliche aus dem Blick – und mit diesem Wesentlichen verliert er sich selbst. Sokrates wusste, wovon er sprach, wenn er das Erlernen der schwer verständlichen Figuren in der Geometrie für sinnlos erklärte. Denn er selbst besaß, wie Xenophon berichtet, gründliche Kenntnisse in dieser Disziplin und fragte sich wohl zuweilen, warum er diese mühevoll erworben hatte.

Die Bildung des Menschen vollzieht sich wesentlich mit Hilfe der Ethik. Ihr ist die Frage eigen: Wie soll man leben? Sich hiermit zu beschäftigen, ist für Sokrates unabdingbar. Xenophon lässt Sokrates über die Aufgabe des Philosophen sagen: „Mein Guter, bleibe mit dir selbst nicht unbekannt, verfalle nicht in den

Fehler, den die meisten machen! Denn die große Menge neigt dazu, die Leistungen der anderen zu beobachten, und vergisst dabei, sich selbst zu prüfen. Versäume also das ja nicht! Strenge dich an, auf dich selbst Acht zu geben! Lass aber auch nicht die Angelegenheiten des Staates außer Acht, wenn du zu irgendeiner Verbesserung beitragen kannst! Denn wenn diese in Ordnung sind, werden die anderen Bürger und deine Freunde ihren Nutzen davon haben und nicht zuletzt du selbst."

Um das Besondere des sokratischen Philosophierens zu veranschaulichen, wollen wir seine Methode mit der Sophistik kontrastieren. Sokrates wirkte kraft seiner Persönlichkeit und besaß natürliche Autorität. Die ihm eigene Neugierde verband sich mit dem aufrichtigen Interesse am Leben seiner Mitmenschen. Er nahm die anderen ernst, wusste zuzuhören und verstand zu fragen. Sein Fragen war von ganz besonderer Art. Es wird als „Mäeutik", als „Hebammenkunst", bezeichnet. Sokrates lieferte nicht fertige Antworten auf die Fragen und Probleme, die sich ihm stellten und mit denen seine Zeitgenossen ihn behelligten. Viele Menschen gehen gewissermaßen mit einer Erkenntnis „schwanger" – und Sokrates wusste wie eine Hebamme zu unterscheiden, ob eine wirkliche Schwangerschaft in diesem Sinne, eine Erkenntnis nämlich, vorlag oder nicht. Um solches herauszufinden, stellte er treffliche Fragen. Sokrates bekennt, wie in Platons Dialogen geschildert wird, selbst an Weisheit unfruchtbar zu sein. Darum müsse er fragen, „denn zu entbinden zwingt mich der Gott, selbst zu gebären hat er mir versagt". Die Menschen, die sich mit ihm austauschen, werden anfangs scheinbar unwissender. Sokrates befreit sie von dem, was sie zu wissen glauben. Im Verlauf des Gesprächs machen sie aber Fortschritte und die Nebel der Unwissenheit, die sie umfingen, beginnen sich zu lichten. Sokrates verweist darauf, dass er nichts lehrt, nur entbindet. Er verkündet nicht eine Lehre, er lässt die anderen hervorbringen, was in ihnen selbst verborgen schlummert. Sokrates erweckt das Wissen.

So muss es sich damals in Athen zugetragen haben. Sokrates war anders als alle anderen Lehrmeister seiner Zeit. Die Sophisten nämlich gaben am liebsten selbst Auskunft. Sie machten gern viele Worte. Während Sokrates oftmals Widerspruch hervorrief und seine Gesprächspartner nachdrücklich aufforderte, ihn zurechtzuweisen, wenn er sich irrte – um der Erkenntnis der Sache, also um der Wahrheit willen –, fühlten sich die Sophisten eher wohl im Kreis beifällig nickender, ergebener Zöglinge, die ungeniert lachten, wenn die sich weise dünkenden Lehrmeister mit naiven Schülern boshaften Spott trieben. Auch verstanden sich die Sophisten auf schmeichelnde Worte. Manchmal redeten sie den anderen einfach nach dem Munde, wie es ihnen beliebte. Sokrates glaubte, Menschen anständig und respektvoll zu behandeln bedeute, sie zu ihrem eigenen Nutzen auf ihre Unzulänglichkeiten und Fehler hinweisen zu müssen – „das Gerechte", griechisch „dikaion", bedeutet zu Sokrates' Zeiten, den anderen Menschen seiner Würde und seinem Rang entsprechend zu behandeln. Niemals konnte das bedeuten, dass es geboten war, Schüler zu verspotten oder nahe stehende Mitmenschen zu betrügen. „Gerecht" hieß aber auch, dem Freund Gutes zu erweisen und den Feind zu hassen. Erst in dieser Haltung zeigt sich der wahre Freund und der aufrichtige Lehrer. Als Pädagoge ungeeignet erweist sich, wer meint, auf Grund seines Amtes Schüler herabsetzen und nach eigenem Gusto kritisieren zu können. Wer sich erlaubt, bösartig, hinterhältig und zynisch mit den ihm anvertrauten Menschen zu spielen, indem er sich verächtlich und selbstgefällig präsentiert, statt sich gemeinsam mit den Schülern auf den Weg zur Wahrheit zu begeben, wird seiner Aufgabe nicht gerecht. Indem er andere abwertet, stellt er nicht ihnen, sondern sich selbst ein schlechtes Zeugnis aus.

In der Polis bedeutete die Gerechtigkeit, die „dike", dass ein ausgewogenes Verhältnis zwischen den Individuen und der Gemeinschaft bestand, also dass nicht, beispielsweise, die innere Ordnung durch private Rachegelüste unter Bürgern gefährdet wurde, die subjektiv durchaus als „gerecht" beurteilt werden mochten. Der moralische Wert des Menschen wurde mithilfe der „dikaiosyne", des „gerechten Sinnes", ermittelt. Hierzu gehörte auch die „sophrosyne", der „gesunde Sinn", die Selbstzucht, die das dem Menschen selbst Zuträgliche bestimmt. So ist erkennbar, dass das Gerechte für sich selbst und das Gerechte für andere über die subjektive Ebene hinaus eine wichtige Größe für die Gerechtigkeit der Polis wurde, nämlich in der Frage nach der bestmöglichen Gesellschaft. Und ein noch so wortgewaltiger Sophist, der mit sich selbst und mit seinen Mitmenschen nicht einig war, konnte diesem hohen Anspruch kaum genügen, auch wenn er sich den Anschein gab, dass gerade er und niemand sonst diesen Erwartungen genügte.

Nun scheute sich Sokrates aber gar nicht, seinerseits die großspurigen Sophisten mit Finten zu locken, bis sie sich selbst, von sokratischer Ironie irritiert, in Widersprüche verstrickten. Er sorgte dafür, dass die, welche andere lächerlich machen wollten, selbst als die Blamierten dastanden. Manche blasiert vorgetragene Rede eines eingebildeten Sophisten endete in einem Fiasko, was Sokrates erheitert und nicht ohne Befriedigung zur Kenntnis nahm; die anderen, Schüler, Gefährten, Passanten, die mitunter neidvoll sophistische Beredsamkeit bewunderten, bemerkten, peinlich berührt, dass manch kluger Kopf gar nicht so klug war, wie dieser von sich glaubte. Das war desillusionierend, aber nicht nur das Selbstwertgefühl litt, auch in finanzieller Hinsicht ergaben sich Einbußen. Etliche Jünglinge überlegten gewiss, ob es ratsam war, die Ersparnisse und das Erbe der Väter zu den Lehrmeistern der Rhetorik zu tragen. Sie fragten sich, was sie bei diesen noch lernen konnten — offenbar nicht allzu viel. Andererseits durften die Sophisten auch nicht ausweichen, wenn Sokrates sie befragte. War ihre Kunst etwas wert, wenn sie nicht einmal dem Sokrates trotzen konnten? Wie wollten sie dann in der Volksversammlung oder vor Gericht bestehen? Sie befanden sich schon in einem Dilemma, weil ihre Beredsamkeit eigentlich wenig taugte, was Sokrates mit ironischer, spielerischer Leichtigkeit zu enthüllen wusste.

Sokrates verwendete die Sprache als Medium. Für die Sophisten war die formvollendete Rede Selbstzweck, ein Mittel zur Darstellung ihrer rhetorischen Kunstfertigkeit. Sie selbst waren aber oftmals sehr unsicher und ließen sich auch leicht irritieren, allein durch simple Fragen. Dem Eitlen gleich, der nur durch den Applaus der anderen ein Selbstwertgefühl entwickelt, sehen wir den Sophisten vor uns. Er buhlt schier verzweifelt um die Zustimmung anderer Menschen, da er sich selbst nicht recht anerkennt und unausgesetzt fragt: Überzeuge ich? Tief in seinem Innersten hasst er sich selbst. So kann die Stimmung seines Gemüts beständig schwanken. Leicht ist der Sophist erregbar, hysterisch, arrogant, scheinbar liebenswürdig wie überschwänglich, dann überheblich, humorlos und cholerisch. Konstant ist seine Unausgeglichenheit. Aber er spielt sein Spiel – und er spielt, einem „Tausendkünstler" gleich, mit seinen Mitmenschen. Alles ist dem Sophisten zum Spiel geworden. Nichts betreibt er ernsthaft. Der Sophist spielt Rollen und lehrt seine Schüler, diesen Rollen zu genügen. Aber gerade dadurch, dass er sich bemüht, unbedingt – wir können auch sagen: zwanghaft – einer Rolle zu entsprechen, kann er ihr nicht genügen.

Die Lehre des Sokrates ist anders als die Sophistik nicht bloß eine Erziehung in partikulären Bereichen. Ihr Ziel ist Bildung und Formung des ganzen Menschen, nicht die Beherrschung von Rollenmustern. Sokrates bildet Persönlichkeiten. Philosophieren in seinem Sinne führt zur Orientierung am rechten Maß. Wer diesen Maßstab, wie Protagoras, in sich selbst sucht, vermag vielleicht das, was er dort entdeckt, als das Beste auszugeben. Aber der Schein trügt nur für kurze Zeit. Sokrates bleibt skeptisch gegenüber all den Menschen, die genau zu wissen scheinen, was zu tun ist, in welcher Situation auch immer. Was das wirklich Wichtige ist, lässt sich nicht immer exakt bestimmen. Vieles bleibt in der Schwebe. Die wohlgeordnete Lebensführung verfehlt aber mit Sicherheit jeder Mensch, der sich selbst, sein Wollen und Begehren, zum Maßstab erklärt und sich an diesem ausrichtet.

Auch der Sophist möchte glücklich sein. Das Glück aber wird er zeitlebens nicht treffen, wenn es ihm misslingt, sich am Guten zu orientieren und das Gute zu tun. Nur wer sich an diesem Guten ausrichtet, ein Leben gemäß der Vernunft führt, besonnen und Herr seiner selbst ist, trifft das rechte Maß und erlangt den Frieden der Seele. Das Wohl des Einzelnen ist niemals vom Wohl der Mitmenschen zu trennen. Wer Unrecht tut, schadet dem Ganzen – und nimmt Schaden an der eigenen Seele. Er lebt in lebenslanger Dissonanz mit sich selbst. So lässt sich verstehen, warum Sokrates lehrte, dass in jeder Beziehung Unrecht tun schlimmer sei als Unrecht leiden und die gerechte Strafe das einzig Heilsame sei, welches den Unrechttuenden zur Einsicht und seiner Seele zum Einklang mit sich selbst verhilft. Diese Wahrheit besteht auch für den Menschen, der sie in maßloser Selbstüberhebung ignoriert.

Sokrates erzog seine Schüler zur Mündigkeit und zum eigenständigen Denken. Sich selbst nahm er dabei zurück, indem er auf das Wichtige aufmerksam machte – auf die Sache, auf den Gegenstand der Betrachtung. Gerade weil er nicht den Lehrer spielte, ist er für die Schüler und für viele andere Menschen auch zum Ideal des Philosophen geworden – und es ist eine wirkliche Ironie, dass Sokrates, die Verkörperung des Lebensernstes schlechthin, die Sophisten auf eine humorvolle und ironische Weise zu entzaubern wusste. Wie sich Sokrates selbst in der Auseinandersetzung mit den Sophisten in seiner Zeit bewährte, gilt es nun am Beispiel des Disputes mit Kallikles, wie ihn Platon im Dialog „Gorgias" konstruiert hat, nachzuvollziehen.

In Platons „Staat" wird, wie in vielen anderen Dialogen, ein lebhafter Disput zwischen Sokrates und einem Repräsentanten der Sophistik geschildert. Viele Male mahnt der Philosoph, die vorliegenden Sachprobleme ernsthaft zu diskutieren, „denn es ist nicht von etwas Gemeinem die Rede, sondern davon, auf welche Weise man leben soll". Auch die Sophisten halten diese Frage für bedeutsam. Dennoch liegen dem Streit zwischen Sokrates und seinen Gegnern konträre Positionen zugrunde. Über das Ziel herrscht im Grunde Einvernehmen — und das ist auch wenig verwunderlich, bezeichnet dies doch ein Streben, das allen Menschen, wie Aristoteles später ausführen wird, gemeinsam ist: glücklich leben. Die Sophisten verfehlen dieses Ziel. Wie lässt es sich erreichen? Hier zeigen sich unüberbrückbare Differenzen, die der Dialog „Gorgias" veranschaulicht. Der Sophist möchte seine Tage glücklich verbringen und beabsichtigt keineswegs, andere ins Unglück zu stürzen. Aber er nimmt in Kauf, dass das Wohl eines Einzelnen zu Lasten des Wohls von Vielen geht. Wenn der Mensch sein Glück macht, ist das seine Sache. Gelingt es ihm, ist er stark, misslingt es ihm, ist er schwach. Jeder ist für sich selbst verantwortlich. Sokrates wusste sein ganzes Leben hindurch, dass es wahrlich nicht leicht ist, des eigenen Glückes Schmied zu sein. Fragwürdig schien ihm zu sein, dass, wie Gorgias und seine Anhänger behaupteten, die Beredsamkeit — als Instrument für jedes mögliche Ziel — der Schlüssel zum Guten und zu einem wahrhaft glücklichen Leben ist.

Welcher Mensch ist glücklich zu nennen? Für den Sophisten sind dies die Erfolgreichen und Starken, Menschen also, die sich durchzusetzen wissen und von ihrer natürlichen Veranlagung her begünstigt sind. Wer nach dem eigenen Gutdünken handelt und tut, was ihm beliebt, den nennt der Sophist glücklich. Nichts fesselt ihn, kein Ethos bindet ihn, er schafft das Recht aus sich selbst heraus. Er lässt seinen Begierden und Trieben freien Lauf, wie es ihm gefällt. Was ihm richtig zu sein scheint, das tut er, erfüllt von einem unbändigen Willen. So erwirbt er Ruhm, mehrt seinen Einfluss, häuft materielle Güter an und erscheint mächtig. In dem, was er sagt, weiß sich der Sophist einig mit den Auffassungen, die die Menschen mehrheitlich vertreten.

Sokrates wendet ein, dass die verhältnismäßige Mehrheit der Stimmen in der Frage von Wahrheit oder Unwahrheit nicht maßgebend ist. Er beschreibt den Menschen, der wissentlich Unrecht tut, als wahrhaft unglücklich, da er mit sich selbst nicht einig ist und von den Begierden und einem fehlgeleiteten Willen geführt wird. Erst die Strafe, als heilsames Mittel, macht ihm bewusst, woran er sich orientieren soll, nämlich am Guten. Richtet er sich hieran aus, führt er sein Leben kraft seiner Einsicht, statt von dem Triebverlangen geführt zu werden.

Dass Sokrates solcherlei behauptet, erregt den Zorn der Sophisten. Die Auseinandersetzung entspinnt sich nicht zwischen dem Philosophen und dem prominenten, auch von Sokrates durchaus geachteten Gorgias. Kallikles, ein Schüler des Gorgias, tritt auf und hält ihm entgegen, wenn er, Sokrates, im Recht sei, dann lebten die meisten Menschen ja vollkommen falsch – und als der Philosoph dem zustimmt, beschimpft Kallikles ihn als einen törichten „Volksschwätzer", der, statt die machtvolle Natur des Menschen ins Recht zu setzen, bloß den „nomos", das geltende Recht, die Gesetze in der Polis für gut und sinnvoll erklären würde. Diese Gesetze aber schützen die Schwachen und hindern die Starken an der Entfaltung ihrer Kräfte. Naturgegeben ist, Kallikles zufolge, die Ungleichheit der Menschen, und es widerspricht dem „Recht der Natur", dass ein Verstoß gegen die Gesetze der Schwachen, die für ihn nichts anderes sind als „Gaukeleien", als Unrecht aufgefasst wird. Wem dient das Gesetz? Dem Schwachen wird Recht verschafft, das ihm, dem von Natur aus Unterlegenen, nicht zukommt. Was aber ist die Aufgabe der Philosophie? Offenbar versucht sie nichts anderes, als dieses zu Recht gewordene Unrecht wider die menschliche Natur zu rechtfertigen. In Wirklichkeit aber müsste Sokrates es doch besser wissen, führt Kallikles aus. Weiß er denn nicht, wie es in der Welt tatsächlich aussieht? Philosophieren darf man wohl, in der Jugend. Für den Heranwachsenden ist es gut und billig, sich ein wenig mit der Philosophie zu beschäftigen. Aber ein Mann im reifen Lebensalter, der philosophiert, ist, nach Kallikles' Ansicht, ein Narr, der den ernsten Fragen ausweicht und sich mit Kindereien abgibt – also müsste man ihn, wenn er nicht einsichtig wird und das Philosophieren aufgibt, am besten verprügeln, freilich nur, um ihm zu helfen. Sokrates soll sich um den äußerlichen Glanz seines Hauses kümmern und aufhören zu lehren. Läppische Plaudereien und alberne Wortgeplänkel sind seines Erachtens einfach eines Athener Bürgers unwürdig. Denn, so fragt Kallikles, was nützen dem Sokrates denn diese Gespräche? Offenbar gar nichts, und wahrhaft glücklich wäre er erst, wenn er so lebte, wie es ein tüchtiger Sophist empfehlen würde.

Wie begegnet Sokrates nun Kallikles? Er signalisiert Lernbereitschaft, nennt den Sophisten wohlwollend und möchte ihn gern befragen, um zu lernen. Kallikles, der sich darauf einlässt, wirkt aber ein wenig reserviert. Geschickt fragend entlarvt Sokrates die sophistische Lehre als ein Sammelsurium von Mutmaßungen, Unterstellungen und Behauptungen, die mitunter widersprüchlich nebeneinander gestellt sind. Kallikles verstrickt sich beständig in Widersprüche und muss oft zurücknehmen, was er zuvor kühn dargelegt hat. So billigt er Sokrates zu, dass auch der Starke über das höchste Maß an Einsicht verfügen müsse. Wie aber äußert sich diese Einsicht? Kann der Mensch tatsächlich über andere herrschen, sofern er nicht Herr seiner selbst ist? Ist es Stärke, den Trieben Folge zu leisten – oder zeigt sich wahre innere Stärke nicht vielmehr darin, diese zu beherrschen? Wenn der Starke immer nur mehr Macht verlangt, mehr Einfluss sucht, mehr Geltung entfalten will, gelangt er auf diese Weise an ein Ziel? Ist er irgendwann mit sich und der Welt zufrieden? Beflügelt unsere Wanderung durchs Leben unersättliche Gier oder die

Sehnsucht nach einem Ort, an dem wir ausruhen können – nämlich wenn wir seelisch mit uns selbst und mit der Welt Frieden geschlossen haben? Hat den erfolgssüchtigen Menschen nicht vielmehr das Streben nach Besitz längst in Besitz genommen? Ist tatsächlich derjenige Mensch von bewundernswerter Stärke, der sich von einer befriedigten Leidenschaft zur nächsten Lust treiben lässt? Ist der Gesetzlose, der sich keinerlei Zwang unterwirft, glücklich – oder wird er bloß, einem Sklaven gleich, von den eigenen Begierden beherrscht? Dann wäre der vermeintlich Freie der Unfreie, der geringste Knecht.

Kallikles glaubt, in die Enge getrieben zu sein. Das stimmt. Was ist zu tun? Soll er seinen Irrtum eingestehen? Nein, Kallikles spricht ein Machtwort, das Stärke demonstrieren soll, aber bloß Schwäche enthüllt. Er versucht sich zu rechtfertigen und bedient sich all der Verhaltensmuster, die nur zu deutlich die Ohnmacht und Unwissenheit des sich ereifernden Redners erweisen. Da Kallikles' Behauptungen und Vorhaltungen ins Leere gehen, wird er unsachlich und persönlich beleidigend. Sokrates aber bleibt unbeeindruckt und verweist auf den Gegenstand der Untersuchung. Beschimpfungen tragen wenig zur Klärung des Sachproblems bei, das es verdiene, ernst genommen zu werden. Das Ziel des menschlichen Handelns ist das Gute. Allein dies, und nicht flüchtiger Genuss noch eine vorübergehende Leidenschaft, macht den Menschen dauerhaft glücklich: „Um des Guten willen muss man alles Übrige und so auch das Angenehme tun, nicht aber das Gute wegen des Angenehmen." Was bleibt Kallikles noch zu sagen? Dass er nicht mehr weiter weiß – und damit hat der Sophist zum ersten Mal ein wahres Wort, wenn auch resignierend, ausgesprochen. Sokrates erhält nun Gelegenheit, das, was ihm bedeutsam erscheint, auszuführen. Dem rechtschaffen lebenden Menschen ist Beständigkeit eigen. Er richtet sich auf das Beste aus. Seine Seele ist bestmöglich geordnet – und die Vernunft führend. So zügelt er die Begierden, um sich am Bleibenden zu orientieren. Besonnen widmet er sich dem Zuträglichen und Gebührlichen. Wer so lebt, handelt gerecht in dieser Welt und fromm gegen die Götter: „Es ist nicht des Besonnenen Art, zu suchen oder zu fliehen, was sich nicht gebührt. So wird notwendig der besonnene Mann, sofern er auch gerecht und tapfer und fromm ist, der vollkommen gute Mann sein. Der Gute aber wird schön und wohl in allem leben, wie er lebt. Wer aber wohl lebt, wird auch zufrieden und glückselig sein. Der Böse hingegen lebt elend. Und dieser Elende wäre der Zügellose, welchen du, Kallikles, lobtest." Der wahre Nutzen der Philosophie zeigt sich in ihrem Einfluss auf die Lebensführung: „Dies scheint mir das Ziel zu sein, auf welches man hinsehen muss bei der Führung des Lebens. So soll man alles in eigenen und gemeinschaftlichen Angelegenheiten in der Weise verrichten, dass immer Gerechtigkeit und Besonnenheit dem gegenwärtig bleibe, der glückselig werden will. Wer zügellos lebt und bestrebt ist, die Begierden zu befriedigen, führt das Leben eines Räubers."

Wer über eine wohlgeordnete Seele verfügt, lebt mit seinen Mitmenschen und den Göttern in Gemeinschaft. Die Welt kann als Ganzes nur durch Bande der Freundschaft im Gleichmaß gehalten werden. Zwietracht und Streit führen zum Verfall. Nicht die Machtausdehnung ist wichtig, sondern die sittliche Leistung. Ein guter Staatsmann ist, wem es gelingt, das Wohl aller zu befördern. Das ist nur möglich, sofern sich dieser selbst am Guten ausrichtet und sich nicht den eigenen Begierden hingibt. Was ist eigentlich dieses ominöse „Gute"? Der Sophist fragt nicht nach, offenbar ist es ihm durchaus einleuchtend. In Platons Ideenlehre – wie noch zu zeigen sein wird – ist die „Idee des Guten" die höchste, die Gesamtheit des Seienden durchdringende und durchwaltende, den Kosmos ordnende Idee, die auch die Seele des Menschen und die menschliche Lebenswelt in rechter Weise zueinander fügen soll. Aber auch für Sokrates, der die Ideenlehre weder vorgedacht noch konzipiert hat, ist das „Gute" ein alltäglich gebrauchter Begriff. Es ist das, was die Menschen verbindet und durch die Vernunft erkannt wird, dass sie nämlich einander zugehörig sind und wissen, dass glücklich zu leben nur möglich ist, wenn man gut — auf das Gute hin und vom Guten geleitet — lebt. Er weiß, dass es den Menschen möglich ist, sich zu bilden und sich auf den Weg der Erkenntnis zu begeben, dem Guten zugewandt. Tun sie das nicht, werden sie für immer unglücklich bleiben. Für Sokrates ist das so unmittelbar gewiss und selbstverständlich wie die Einsicht in die Grenzen des menschlichen Wissens. Im Dialog „Gorgias" folgert er zum Ende, in jeder Hinsicht zähle allein, dass ein Mensch danach streben müsse, nicht gut zu scheinen, sondern gut zu sein.

Was Sokrates aber über die philosophische Art zu leben lehrte, stand in krassem Widerspruch zu dem, was — nicht nur — die Menschen seiner Zeit für richtig und geboten hielten. Insofern war es vorhersehbar, dass man ihm den Prozess machen würde. Platon lässt das Schicksal des Sokrates in vielen Dialogen anklingen: „Wenn ich aber wegen Mangel an schmeichlerischer Redekunst sterben müsste, so würdest du sehen, das weiß ich gewiss, wie sehr leicht ich den Tod ertrüge. Denn das Sterben selbst fürchtet ja wohl niemand, der nicht ganz und gar unverständig ist und unmännlich, das Unrechttun aber fürchtet man."

Sokrates glaubte, dass der Mensch von sich aus das Gute tun möchte. Schlecht handelt er nicht absichtsvoll, sondern nur aus Unwissenheit. Um glücklich zu leben, muss der Mensch das entsprechende Wissen erwerben, um nicht nur das Gute zu wollen, sondern auch wissentlich gut zu handeln. Sokrates versuchte allen Menschen, denen er begegnete, in den Werkstätten und auf dem Marktplatz, zum Guten zu verhelfen. Die Sophisten wollten auch, dass die Menschen glücklich leben. Ihren Weg, ihre Mittel dahin aber beurteilte Sokrates als in hohem Maße verderblich. Darum musste er entschieden gegen sie vorgehen, allein um des Wohls der Menschen willen, die nur, wenn sie in der Wahrheit lebten, auch wahrhaft gut, gerecht und glücklich sein konnten.

399 v. Chr. stand Sokrates, siebzig Jahre alt, in Athen vor Gericht. Seine Ankläger waren Meletos, ein mittelmäßiger Dichter, der auf sich aufmerksam machen wollte, was ihm auch gelang – allerdings nicht so, wie er es sich erträumt hatte –, Lykon, eine von der Geschichte vergessene Gestalt, vermutlich ein Politiker, und Anytos, der Wortführer der gemäßigten Demokraten, der dem Philosophen zumindest nicht unsympathisch war. Die Anklage lautete: Asebie und Verführung der Jugend. Der Vorwurf der Asebie zumindest war problematisch: Ketzerei bzw. Gotteslästerung. Die Götter sollte man ehren, und zwar durch kultische Handlungen, glauben musste man nicht an sie. Allein die Rituale waren pflichtgemäß zu vollziehen. Die Anschuldigung besagte, dass der Beklagte den kultischen Pflichten nicht nachkam, die Götterwelt schmähte und sich hierfür zu rechtfertigen hatte, aber der beschuldigte Sokrates verhielt sich als Siebzigjähriger wie zuvor. Er lebte und lehrte in aller Öffentlichkeit. Die Mächtigen der Stadt wussten, was er sagte und tat – es war immer dasselbe. Nicht die unterstellte Asebie machte den Athenern Sorge. Die Klage war inhaltlich dürftig begründet, verwies der Ankläger doch vor allem auf Aristophanes' Verspottung des Sokrates in den „Wolken". Nur blieb den Athenern freilich verborgen, dass Sokrates nicht zu den Sophisten zählte, deren Einfluss übrigens in jener Zeit schwand, obschon sie zuvor durchaus erfolgreich gewirkt hatten. Nun sah man sie nur selten noch mit großem Gefolge lehren. Außerdem waren die meisten von ihnen Ausländer, die man ausweisen ließ, wenn sie zur Plage wurden. Sokrates aber war Bürger von Athen. Es ist nicht zu beurteilen, ob die Anklageschrift eine Folge der subtilen Machenschaften der Sophisten war, ein schändliches Resultat ihrer Einflussnahme auf die Bürgerschaft. Platon war davon überzeugt. Historisch verbürgt ist, dass die Sophisten mit ihren Unterweisungen das Schicksal der athenischen Polis zumindest nicht positiv zu beeinflussen wussten. Hätten die

Sophisten die Bürger Tugend gelehrt, die „arete", was Tüchtigkeit, Tauglichkeit, charakterliche Festigkeit und seelische Vollkommenheit meint, jedoch gar nichts gemein hat mit dem heutigen Tugendbegriff und dessen Beigeschmack spießbürgerlicher Engherzigkeit, dann hätten die Athener die philosophische Größe des Sokrates erkannt und gewusst, dass er niemals dem Vaterland Schaden zugefügte hätte.

Ein Beweggrund der Anklage war Sokrates' Lehrtätigkeit. Sokrates unterwies die Jugend, und zwar nicht gegen Geld, und viele folgten ihm. Für den Athener war Politik Bürgerpflicht. Sokrates war diesen Pflichten nachgekommen und erklärte ausdrücklich, warum er sich von den öffentlichen Angelegenheiten im Alter fernhielt. Für die Ankläger war Sokrates ein gefährlicher Gegner des Staates, der die Jugend mit philosophischen Mitteln von politischer Tätigkeit abhielt. So klagten die Athener einen der ihren an. In „Des Sokrates Apologie" formulierte Platon, brillant stilisiert, die Verteidigungsrede seines Lehrers als Verdikt über die Republik von Athen.

Der Angeklagte Sokrates sagte, dass er jetzt, wie zu jeder anderen Zeit auch, nichts als die Wahrheit rede und sich jeglicher Täuschung und Lüge enthalte. Viele Menschen habe er befragt, wie ihm vom Gott des delphischen Orakels aufgetragen worden sei, und ihr Wissen überprüft, stets mit dem gleichen Ergebnis: „Es mag wohl eben keiner von uns beiden etwas Tüchtiges oder Sonderliches wissen; allein dieser doch meint zu wissen, ohne tatsächlich zu wissen, ich aber weiß, dass ich eben nichts weiß, und so meine ich auch nicht zu wissen. Ich scheine also um dieses wenige doch weiser zu sein als er, dass ich, was ich nicht weiß, auch nicht glaube zu wissen." So erregte Sokrates Widerspruch bei denen, die ihm nicht folgen konnten oder wollten. Er zeigte ihnen Grenzen auf, die sie selbst nicht zu erkennen vermochten. Sokrates' philosophische Haltung war kühn. Seine Erkenntnisweise nahm vom sicheren Wissen um das eigene Nichtwissen ihren Ausgang. Das aber war vielen seiner Mitbürger verdächtig. Der

Vorwurf der Gottlosigkeit wurde deswegen konstruiert. Hätten die Ankläger Sokrates erkannt und wegen seiner Lehrtätigkeit angeklagt, so hätten sie sich selbst als Unwissende offenbart: „Denn die Wahrheit, denke ich, möchten sie nicht sagen wollen. Sie werden sich nämlich zeigen als solche, die zwar vorgeben, etwas zu wissen, tatsächlich aber nichts wissen. Weil sie nun, denke ich, ehrgeizig, heftig und viele sind, welche einverstanden miteinander sind und anscheinend von mir reden: Auf diese Weise haben sie schon lange und gewaltig mit Verleumdungen euch die Ohren angefüllt."

Sokrates fürchtete den Tod nicht. Wie die Athener auch urteilten, er würde sich selbst treu bleiben: „Denn nichts anderes tue ich, als dass ich umhergehe, um Jung und Alt unter euch zu überreden, ja nicht für den Leib und für das Vermögen so sehr zu sorgen als für die Seele. Denn es ist wichtig, dass diese aufs Beste gedeihe, um zu zeigen, wie nicht aus dem Reichtum die Tugend entsteht, sondern aus der Tugend der Reichtum und alle anderen menschlichen Güter."

Nicht die Verurteilung zum Tod hielt Sokrates für ein Übel. Falsch wäre es, verhielte er sich anders, als er glaubte, sich verhalten zu müssen. Sein einziger Maßstab blieb die Wahrheit und Aufrichtigkeit – gegen die Götter, den Staat von Athen, seine Mitmenschen und sich selbst gegenüber. Sokrates erwähnte vor Gericht sein Daimonion, die innere Stimme, die ihn davor bewahrt hätte, sich ganz den Geschäften der Polis zu widmen. Freilich hätten Frau und Kinder es durchaus zu schätzen gewusst, wenn Sokrates an sie gedacht hätte, statt sich auf das Daimonion zu berufen und, sich selbst treu bleibend, in den Tod zu gehen. Für Sokrates gab es keine Alternative: „Notwendig muss, wer in der Tat für die Gerechtigkeit streiten will, wenn er sich auch nur für kurze Zeit erhalten soll, ein zurückgezogenes Leben führen, nicht ein öffentliches."

Sokrates sagte, er sei niemandes Lehrer gewesen, habe kein Geld verlangt und es wohl zugelassen, wenn man ihm bei seinen

Unterredungen zuhörte. Darin sah er nichts Verwerfliches. Für das, was seine Hörerschaft anstellte, sei er jedoch nicht verantwortlich zu machen. Warum suchten junge Menschen die Nähe des Sokrates? „Das habt ihr gehört, Athener, ich habe euch die ganze Wahrheit gesagt, dass sie nämlich diejenigen gern befragen wollen, welche sich dünken, weise zu sein und es nicht sind." Worin besteht die Aufgabe des Richters im Prozess? „Denn nicht dazu ist der Richter gesetzt, das Recht zu verschenken, sondern es zu beurteilen. Er hat geschworen, nicht sich gefällig zu erweisen, gegen wen es ihm beliebt, sondern Recht zu sprechen nach den Gesetzen." Mit knapper Stimmenmehrheit wurde Sokrates letztlich verurteilt.

Was das Ziel des Lebens ist, nicht nur seines eigenen, sondern das jedes Menschen, formulierte er wie folgt: „Und wenn ich wiederum sage, dass ja eben dies das größte Gut für den Menschen ist, täglich über die Tugend sich zu unterhalten und über die anderen Gegenstände, über welche ihr mich reden und mich selbst und andere prüfen hört, ein Leben ohne Selbsterforschung aber gar nicht verdient gelebt zu werden, das werdet ihr mir noch weniger glauben, wenn ich es sage. Aber gewiss verhält sich dies so, nur euch davon zu überzeugen ist nicht leicht." Den Gefallen, um sein Leben zu flehen, zu jammern, tat er seinen Richtern nicht. Nicht dem Tod zu entgehen, sei schwer, vermittels des Geldes oder des Redens wäre das wohl möglich. Weit schwerer sei es, zu jeder Zeit der Schlechtigkeit zu entgehen, die schneller als der Tod laufe: „Jetzt also gehe ich hin und bin von euch der Strafe des Todes schuldig erklärt; die, die mich verurteilt haben, aber sind von der Wahrheit schuldig erklärt der Unwürdigkeit und Ungerechtigkeit." Zum Schluss sagte er: „An meinen Söhnen, wenn sie erwachsen sind, nehmt eure Rache, ihr Männer, und quält sie ebenso, wie ich euch gequält habe, wenn ihr der Überzeugung seid, dass sie sich um Reichtum oder um sonst irgendetwas sorgen, was nicht wichtig ist. So sagt ihnen wie ich euch, dass sie sich nicht um das kümmern, wofür sie Sorge tragen sollten, und dass sie sich einbilden, etwas zu sein, obwohl sie doch nichts wert sind." Mit ihrem Richtspruch hatten die Athener Bürger ein Urteil über sich selbst gesprochen. Athen hatte den gerechtesten aller Menschen zum Tode verurteilt.

Philosoph ist nur, Sokrates zufolge, wer praktisch umsetzt, was er theoretisch lehrt. Ein Mensch, der vorgibt, auf dem Weg der Erkenntnis zu sein und Weisheiten kundtut, nicht aber das beherzigt, was er selbst verkündet, ist unweise, vielleicht ein vereinsamter Denker im Elfenbeinturm, ein akademischer Stubengelehrter oder ein launischer Intellektueller von sophistischer Art: „Ich halte diese für nichts anderes als für Unweise und Unbeherrschte. Denn ich glaube, dass alle im Bereich des Möglichen das tun, was sie als das Vorteilhafteste ansehen. So halte ich eben dafür, dass die, welche nicht richtig handeln, weder weise noch besonnen sind."

Sokrates wäre es ein Leichtes gewesen, devot mit den Richtern umzugehen, wie es in Athen üblich war, und so den Prozess zu seinen Gunsten zu beeinflussen. Früher hatte sich Sokrates ungehorsam gezeigt, wenn Unrecht herrschte. Aber als es um ihn selbst ging, nahm er den Prozess auf sich, da er so sich selbst, seinen Freunden, dem Staat und der Philosophie am besten diente, indem er das Seine vertrat und unbestechlich bis zuletzt blieb. Im Gespräch mit einem Weggefährten äußerte Sokrates: „Du wunderst dich, wenn es dem Gott besser zu sein scheint, dass ich schon das Leben beende? Weißt du denn nicht, dass ich bis zu dieser Zeit keinem Menschen zugab, dass er besser oder angenehmer lebe als ich? Denn ich glaube, dass die am besten leben, welche sich anstrengen, möglichst gut zu werden, dass die am angenehmsten leben, welche am meisten fühlen, dass sie besser werden. Ich habe bis zu dieser Stunde gemerkt, dass es mir so ergeht." Nur für seine Richter sei es schimpflich, dass er sterbe, weil sie ihm Unrecht antäten. Er aber könne gelassen gehen: „Denn ich bin überzeugt, dass mir immer das Zeugnis ausgestellt werden wird, dass ich niemals einem Menschen Unrecht getan habe, noch dass ich jemanden schlechter gemacht habe, dass ich im Gegenteil meine Zuhörer immer zu bessern versuchte." Sokrates konnte also nicht anders handeln.

Das „Schwarze Schiff" war, wie jedes Jahr im athenischen „Blumenmonat", nach Delos abgereist. Dort feierte die athenische Delegation den Einzug der Gottheit, die in Lykien in den Wintermonaten abwesend war. In dieser Zeit war die See rau und stürmisch, also verzögerte sich die Heimkehr des heiligen Schiffes einige Male. Vor der Wiederkehr war es verboten, die Hinrichtung zu vollziehen. Sokrates blieb Zeit. Er hätte sie zur Flucht nutzen können. Die Athener hätten das wohl nicht einmal verhindert. Sokrates aber verbrachte seine letzten Tage im philosophischen Gespräch mit den Seinen. In Platons Schilderung wird der Tod zu einem Akt der Befreiung der Seele aus dem Leib. So legte er Sokrates folgende Worte in den Mund: „Solange wir noch den Leib haben und unsere Seele mit diesem Übel der Sterblichen im Gemenge ist, werden wir nie befriedigend erreichen können, wonach uns verlangt; und dieses, sagen wir doch, sei das Wahre." Sokrates besaß ein besonnenes Gemüt. Solche Worte hätte er – ein ehrlicher, geradliniger und kantiger Mann, der einfach zu reden pflegte und die Menschen, denen er begegnete, einer Stimme ihres Gewissens gleich, an sich selbst erinnerte – kaum gebraucht. Aber Platon veranschaulichte damit eindrucksvoll die abgeklärte Heiterkeit und Seelenruhe des Verurteilten. Gelassen ging Sokrates in den Tod, frei von Angst und Furcht, einer Klippe gleich, an der sich die Wogen ständig brechen, von Gischt umspült, wie ein Fels in der Brandung, charakterfest, beherrscht und ausdauernd, der weiß, dass sich auch die aufgewühlteste See zuletzt glättet. Sokrates starb, wie er lebte – der Wahrheit und sich selbst treu bis in den Tod. Er philosophierte, bis das Gift des Schierlingsbechers zu wirken begann. John Stuart Mill, ein liberaler englischer Philosoph des 19. Jahrhunderts, empfahl, jeden Tag daran zu denken, dass ein Mensch wie Sokrates gelebt hat. Sein Erbe verpflichtet – und sich zu vergegenwärtigen, wie

Sokrates war, ist vielleicht eine ewig gültige Ermunterung zum Philosophieren und führt zu der Einsicht, dass die Wahrheit nicht schmerzlich, sondern eine befreiende Wohltat ist, verbunden mit der Erkenntnis, dass wir mit Sokrates philosophierend frei werden von trügerischen Hoffnungen und Illusionen. Erst dann gelingt es uns in rechter Weise, das Gute zu erkennen und wahrhaft gut und glücklich zu leben.

## Platons Leben

Platon wurde 427 v. Chr geboren. Der Sohn aus bestem Hause erhielt eine strenge, aber wohlwollend-fürsorgliche Erziehung, galt als blitzgescheit, hoch begabt, beflissen und aufmerksam und war von früher Kindheit an vertraut mit den großen Dichtungen des alten Hellas. Bis ins hohe Alter blieb er, athletisch gebaut, als Ringkämpfer aktiv. Männer wie Platon hätten, dem Wunsch der Mächtigen entsprechend, Athen regieren sollen. Platon war sehr wohl ein politischer Kopf. Aber er verachtete das Regime, das seinen über die Maßen bewunderten Lehrer zum Tode verurteilt hatte.

Nach der Begegnung mit Sokrates verbrannte der zwanzigjährige Aristokratensohn seine Verse, Lieder und Tragödien. Er gab nun Zeugnis von Sokrates' Gesprächen. Was er notierte, war die schriftliche Selbstvergewisserung seiner eigenen Entwicklung. Durch Sokrates erfuhr der Jüngling auf existenzielle Weise, dass es seine Bestimmung war zu philosophieren. Es drängte Platon aufzuschreiben, was er erlebte. Sokrates lehrte kein Wissen, das schriftlich fixiert werden konnte. Dennoch veränderte dieser Philosoph Platon von Grund auf. Er half ihm, seinen eigenen Weg in Philosophie und Leben zu finden. Hiervon wollte Platon berichten. Seine frühen Dialoge zeigen das sokratische Philosophieren mit spielerischer Leichtigkeit. Selbst dem alten Platon, der längst zum eigenständigen Philosophen von überzeitlichem

Rang geworden war, blieb stets die Gestalt des Sokrates gegenwärtig. Was Platon selbst erkannte, legte er Sokrates in den Mund und bewies so dem Mann, der ihm die eigene Berufung zur Philosophie bewusst gemacht hatte, bis zuletzt seine Ehrerbietung.

Nach dem Tod des Sokrates 399 v. Chr. reiste Platon nach Megara und verbrachte dort einige Zeit mit Eukleides und seinen Schülern. Mit den Sokrates-Schülern Xenophon und Antisthenes verband ihn wenig. Er war ein vornehmer Mensch, der, anders als sein Lehrer, auf philosophische Gespräche mit den einfachen Bürgern verzichtete. Platon besaß ein leidenschaftliches Gemüt. Spürte er bei sich selbst aufwallende Gefühlsregungen, zügelte er sich, so gut es ging. Einem, der der Trunksucht verfiel, riet Platon, sich im Spiegel zu betrachten; nur bei dionysischen Festlichkeiten sei es erlaubt, ungeniert dem Wein zuzusprechen.

Platon besuchte auch Unteritalien und studierte dort bei den Pythagoräern Philolaos und Eurytos. Antiken Gerüchten zufolge gelangte er bis nach Ägypten. Freundschaft schloss Platon später mit dem Pythagoräer Archytas von Tarent, dem er vor allem musiktheoretische Kenntnisse verdankte.

Nach der Rückkehr in die Heimat gründete Platon 387 v. Chr. die Akademie, einen philosophischen, den pythagoräischen Zirkeln nachgebildeten Konvent, gewissermaßen die erste Universität des Abendlandes, die erst der oströmische Kaiser Justinian in Christi Namen im sechsten Jahrhundert schließen ließ. Platon war der Leiter dieser Akademie, die den Status eines Kultvereins zur Verehrung Apolls und der Musen besaß. Verpflichtende asketische Regeln bestanden gleichermaßen für Lehrer und Schüler, wenig Schlaf, fleischlose Kost und sexuelle Abstinenz – zur Förderung der Konzentration und Stärkung der Erkenntniskräfte. Wer das Philosophieren mit Platon lernen wollte, musste mit der Arithmetik und der Geometrie vertraut sein, nicht um ethische Maßstäbe exakt zu errechnen, wohl aber um zu lernen, wie man anders als die verhassten, sich in nebulöse Mutmaßungen versteigenden Sophisten, akribisch und genau arbeitet. Philosophie ließ sich nicht wie ein Handwerk erlernen. „Philosoph", also ein Liebhaber der Weisheit zu sein, war schwerlich ein klassischer Beruf, wohl aber eine anspruchsvolle Tätigkeit, ziellosem Tun und Treiben entgegengesetzt, eine den ganzen Menschen formende, seine Persönlichkeit prägende und seine Lebensart erfüllende Haltung.

Platon verfügte über Humor und Witz. Im Frühdialog „Ion" wird der Titelheld, der ein eifriger, begabter Rezitator homerischer Verse ist, von Sokrates befragt, ob seine lebhafte Vortragskunst auf Einsicht beruhe. Offenkundig weiß Ion gar nicht, wovon er spricht. Sokrates weist Ion nach, dass er wohl eine göttliche Natur besitzen müsse, denn die Muse bediene sich seiner als Stimme, und er, der schön redende Ion, verfüge ja über keinerlei Wissen. Also sind wohl höhere Mächte im Spiel. Ion bedankt sich artig bei Sokrates, gibt sich selbstbewusst, nicht ahnend, dass er sich auf diese Weise wie ein Tor beträgt, der auf seine Narrheit auch noch stolz ist. Bei der Lektüre vieler platonischer Dialoge mag der Leser schmunzeln. Auch zu Platons Zeiten wusste man sich darüber zu amüsieren.

Frauen blieb Platon zeitlebens fern. Er glaubte wie sein Lehrer, dass tiefe geistige Freundschaft nur unter Männern möglich sei, die der Eros, vereinigt mit der Leidenschaft zur Bildung, untereinander verband. Platon liebte Knaben. Die Ehe war, wie im alten Hellas üblich, eine prosaische Notwendigkeit, eine herzlose soziale Beziehung, die nur um der Fortpflanzung willen geschlossen wurde. Frauen gehörten, wie Kinder und Sklaven, zum Besitztum. Niemals galten sie als gleichberechtigte Partner und waren geradezu gefährlich, sofern sie verführerisch die Aufmerksamkeit des sich bildenden Mannes vom Wesentlichen ablenkten. Aber auch eine lustvoll-exzessiv gelebte Päderastie, die erst Aristoteles Jahrzehnte später in der „Nikomachischen Ethik" als Unart kennzeichnen wird, war geistiger Entwicklung abträglich. Platon wusste das nur zu gut, darum forderte er von seinen Schülern asketische Disziplin. Gleichwohl gestaltete er kunstvolle Mythen über die Liebe und feierte den Eros im Dialog „Das Gastmahl". Dort illustriert Platon mit einer mythischen Erzählung die immense Leidenschaftlichkeit, die den Menschen erfasst. Wie bei allen Mythen erwartet Platon nicht, dass diese geglaubt, aber dass sie als gegeben akzeptiert werden. Ursprünglich, so besagt dieser Mythos, war jeder Mensch von runder Gestalt, sehr kräftig und außerordentlich machtvoll. Die Götter sorgten sich, dass diese Geschöpfe den Himmel erstürmten. Lange wurde auf dem Olymp im Rat der Götter konferiert. Zeus schließlich schnitt den Menschen in zwei Hälften. Der Menschen Übermut war dahin. Die gewaltsam voneinander Getrennten suchten sich von nun an verzweifelt und umklammerten sich, wenn sie sich begegneten, mit großer Innigkeit, dass sie im selbstvergessenen Rausch eines unfassbaren Glückes der Wiedervereinigung Hungers starben. Das aber war nicht der Götter Absicht. Also gab Zeus den Menschen das Geschlecht. Fanden sich die getrennten Hälften, so konnten sie sich aneinander erfreuen, sich vereinen und erquickt an ihr Tagewerk gehen. Seit jener Zeit sucht ein jeder Mensch seine andere, die so genannte „bessere" Hälfte seiner selbst.

Der Mensch ist, wie Platon zeigt, auf sich allein gestellt, ein in jeder Hinsicht mangelhaftes Lebewesen. Er bedarf geradezu existenziell des Mitmenschen. Das gilt auch für den Philosophen. Erst in Gemeinschaft findet der Mensch sein wahres Glück. Um dieses erfahren zu können, bedarf es gewisser Voraussetzungen, etwa des Bewusstseins, dass ihm „etwas" fehlt – nämlich das Wesentliche, durch das er erst vollkommen wird. Im Menschen besteht die Sehnsucht nach Einheit, nach Verbundenheit nicht mit irgendjemandem, sondern mit dem Menschen, der zu ihm gehört. Der Philosoph wird das Schöne in menschlicher Gestalt aufsuchen und sich mit diesem zu vereinen suchen, um das, was er an Weisheit in seiner Seele trägt, mit Lust zu erwecken, beflügelt durch die Macht des Eros. Er erfreut sich vorzüglich an der Seele des anderen und beginnt, enthusiastisch-euphorisch gestimmt, diesen Menschen zu unterweisen, wie man leben solle und wonach zu streben sei. Durch die Berührung des Schönen entfaltet der Philosoph – seit langem darauf wartend, geistig fruchtbar zu wirken – seine besondere Gabe und denkt beständig, sich innerlich verzehrend, an die verwandte Seele, mag sie nah, mag sie fern sein. Mit dem Schönen entsteht eine intensive Gemeinschaft, und das gemeinsam Errungene ist ein dauerhafter Schatz, nämlich der unermessliche Reichtum der aneinander und miteinander philosophisch Gebildeten, die die erlesenen Früchte der Liebe zur Weisheit genießen.

Ein solcher geistiger Eros verband Platon mit dem Syrakuser Dion, einem Zögling des Philosophen, dem er als Mentor und Freund zur Seite stand. Kennen gelernt hatte Platon den jungen Sizilier auf seiner ersten Reise zum Tyrannen Dionysios I., einem von Sophisten unterwiesenen Machthaber. Der Philosoph war bestrebt, politische Wirksamkeit zu entfalten. In Platons „siebtem Brief" heißt es: „Wie ich mir dies nun anschaute: die Menschen, die die Angelegenheiten der Stadt besorgten, und die Gesetze und Gewohnheiten – je mehr ich durchschaute und zugleich an Alter zunahm, desto schwieriger kam es mir vor, eine Stadt richtig zu verwalten." Nur zu lehren, genügte ihm nicht. Er gab vor Ort Ratschläge zur Verbesserung des Staates. Dionysios aber hatte kein Verständnis für Platons politische Ideen. Vermutlich hatte er einen Sophisten erwartet und nicht jemanden, der die sizilische Lebensart kritisierte. Denn Platon sah mit Abscheu Völlerei, ausschweifendes Genussleben und Maßlosigkeit jeder Art. In Dion fand der Philosoph einen interessierten Schüler. Der Tyrann Dionysios I. witterte Verrat und Aufruhr, stritt sich mit Platon und sagte: „Deine Worte schmecken nach Altersschwäche." Platon also verstehe nichts vom politischen Geschäft, worauf dieser, der Legende zufolge, dem erbosten Gewaltherrscher erwiderte: „Und deine nach Tyrannenlaune." Dionysios I. wollte den Philosophen angeblich hinrichten lassen, wurde aber von Dion umgestimmt. Stattdessen wurde Platon einem spartanischen Gesandten übergeben, der ihn als Sklaven verkaufte. Auf Umwegen gelangte der Philosoph, mit der Unterstützung eines ihm gewogenen Händlers aus Kyrene, in die Heimat zurück. Dort schrieb und philosophierte er viele Jahre hindurch, verfasste meisterhafte Dialoge und sehnte sich immer wieder danach, philosophisch Erkanntes praktisch umzusetzen. In Athen stieß er in dieser Hinsicht auf keinerlei Resonanz.

Dionysios I. starb im Krieg mit Karthago. Ihm folgte Dionysios II., ein trunksüchtiger Genussmensch, nicht Dion, wie Platon gehofft hatte. Aber der neue Herrscher schien philosophischen Ideen gegenüber durchaus aufgeschlossen zu sein. Durch Dions Vermittlung reiste Platon 366 v. Chr. erneut nach Sizilien. Skeptisch gestimmt, da sich des Herrschers vordergründiges Interesse nicht festigte, aber auch zuversichtlich, weil sich Dionysios II. durch Dions Fürsprache und Unterstützung positiv entwickelte, empfahl er, die politische Ordnung auf Gesetze, nicht auf Menschen zu gründen. Aber der junge Herrscher enttäuschte Platon wie zuvor dessen Vater. Politisch entzweite er sich mit Platons Lieblingsschüler Dion und schickte diesen in die Verbannung nach Hellas. Noch ein drittes Mal, mit siebenundsechzig Jahren, begab sich Platon nach Sizilien. Der Tyrann hatte ihn um Unterstützung gebeten. Platon hoffte, den Herrscher mit Dion aussöhnen zu können. Er fühlte sich dazu verpflichtet, den um Rat Bittenden zur Seite zu stehen. Platon wurde zugetragen, dass sich Dionysios II. ernsthaft bemühte, ein philosophisches Leben zu führen. Den Rat, die Bürger miteinander zu versöhnen und das Gemeinwesen zu ordnen, hörte der Tyrann wohl an, versprach, Gerechtigkeit zu üben, lauschte aufmerksam Platons Empfehlungen für die persönliche Lebensführung, aber die „Philosophenprobe" bestand er gleichwohl nicht: „Er geht den Aufgaben nach, die er hat. Doch neben allem hält er sich stets an die Philosophie und an die tägliche Lebensweise, die am meisten seine Lernfähigkeit, sein Gedächtnis und sein Vermögen, bei nüchterner Besinnung zu denken, fördert. Die ihr entgegengesetzte verabscheut der Philosoph für immer. Die Menschen aber, die jedoch in Wirklichkeit nicht philosophisch sind, sondern nur mit Scheinwissen eingefärbt sind wie die Körper, die die Sonne verbrannt hat, wenn diese sehen, wie viel es da zu lernen gibt und wie groß die Mühe ist und wie auch die tägliche Lebensweise geordnet sein muss, damit sie zu dem Vorhaben passt, dann gewinnen sie die Ansicht, das sei schwierig und für sie gar unmöglich. Sie bringen es nicht fertig, dabeizubleiben." Wer Philosoph werden wollte, musste sich ganz und gar der Philosophie verschreiben, der Zögling in der Akademie ebenso wie ein Staatsmann. Mit halbem Herzen kann niemand wahrhaft Philosoph sein. Wer sich einredete, er habe genug über Philosophie gehört, gab nach Platons Überzeugung auf diese Weise von seiner Unfähigkeit Zeugnis. Nur wer den steinigen Weg mühsamer Erkenntnis nicht scheut, seine ganze Kraft sammelt und glaubt, nur so und nicht anders leben zu können, also den „wunderbaren Weg" der Philosophie beschreiten will, beweist die Eignung zum Philosophen. Dionysios II. pflichtete Platon wohl mit vielen Worten bei, frönte aber weiter seinen Leidenschaften. So erlebte Platon als politischer Ratgeber die Ohnmacht des Philosophen, denn bei einem Machthaber, der seine Empfehlungen zwar anhörte, aber nicht beherzigte, konnte auch er nichts ausrichten.

Dion wollte Platons politische Ideen umsetzen, zumindest teilweise. Mit karthagischer Unterstützung kehrte er triumphal in seine Heimat zurück, spaltete das Reich Dionysios II. und versuchte, ein Königtum zu installieren, eine Riege von Gesetzeswächtern zu bestimmen und eine machtlose Volksversammlung einzurichten. Die Bündnispartner begannen Dion zu misstrauen und ließen Platons Freund, der selbst tyrannische Neigungen zeigte, durch Söldner ermorden. Platon trauerte sehr um Dion. Er glaubte, dass dieser die philosophische Erweckung, die sich nicht in Worte fassen lässt, erlebt und die Eignung zum Staatsmann besessen hatte. Zum Philosophen, schreibt Platon, werde man durch seelische Verbundenheit, „aus häufiger gemeinsamer Bemühung um die Sache und aus dem gemeinsamen Leben", bis plötzlich „ein Feuer, das von einem übergesprungenen Funken entfacht wird", entsteht, welches, einmal entzündet, sich aus sich selbst erhält. In Dion sah Platon dieses Feuer kräftig lodern.

Platon beschreibt in dem Brief, in dem er über seine Erlebnisse auf Sizilien berichtet, vier Stufen der Erkenntnis. Auf die Benennung, die namentliche Bezeichnung, folgt die Erklärung, dann das Abbild und hiernach das Wissen, das die letzte Stufe bildet. Dem Wissen am nächsten, aber doch von diesem verschieden, ist der Gegenstand selbst, das wahrhaft Seiende. Der erkennende Mensch kann sich dem Seienden nähern, es aber niemals ganz erreichen. Mit jedem Schritt in Richtung Wahrheit vermag er das, was er erkennt, immer deutlicher in Worte zu kleiden. Nur wenige Menschen gelangen so weit. Die meisten suchen nicht nach dem Wahren, ihnen genügt bereits ein Abbild oder das Abbild eines Abbildes, eine bloße Meinung. Menschlicher Zwist um bloße Begriffe entspinnt sich auf der niedrigsten Stufe der Erkenntnis. Wer als Philosoph leben will, muss seelisch von guter Art sein: „Wer der Sache nicht artverwandt ist, den kann weder Lernfähigkeit noch gutes Gedächtnis jemals dazu machen." Nur wer sich ernsthaft mit wichtigen Fragen beschäftigt und redlich nach Wahrheit strebt, kann den Weg zur Philosophie beschreiten. Ein Mann wie Dionysios II. wollte von Platons Philosophie nur das nutzen, was dazu dienen konnte, seine Machtposition zu behaupten und zu stärken. Am Ende des siebten platonischen Briefs lesen wir: „Ein frommer Mann, der besonnen und verständig ist, wird sich über Gottlose nicht völlig täuschen lassen, was die Seele solcher Menschen angeht. Doch es ist vielleicht nicht erstaunlich, wenn es ihm geht wie einem guten Steuermann, dem ein aufziehendes Unwetter zwar nicht völlig entgeht, dem aber die außergewöhnliche und unvorhersehbare Stärke des Unwetters entgehen kann, die ihn daher mit Gewalt verschlingt. Denn dass Dionysios und die Seinen schlechte Menschen waren, die ihn später zugrunde richteten, ist ihm nicht völlig entgangen. Welches

Maß an Unbelehrbarkeit, Gemeinheit und Begehrlichkeit sie besaßen, das war ihm entgangen." So lesen wir in Platons Ausführungen. Was hatte der alte Philosoph gelernt? Wer versucht, sich philosophisch in der Welt zu orientieren, liegt stets mit unphilosophischen Gegnern im Streit und darf diese niemals unterschätzen.

Im letzten Werk des alten Platon, in den „Gesetzen", lesen wir: „Etwas Schönes ist die Wahrheit und etwas Dauerhaftes; es scheint allerdings nicht leicht, ihr Glauben zu verschaffen." Als Philosoph erzieherisch zu wirken, mochte im Einzelfall gelingen, aber eine Polis, einen Staat, ein Volk mit philosophischem Geist zu erfüllen, das war zu Platons Zeiten ebenso aussichtslos wie heute. Gleichwohl entbindet dies den Philosophen nicht von der Pflicht, als Mensch unter Menschen philosophisch-bildend tätig zu sein – so schwer, so belastend und so ernüchternd dies sich auch immer gestalten mag. Wer sich von der Welt zurückzieht, ist nicht von philosophischer Wesensart. Platon bekannte, Diogenes Laertius zufolge: „Die Wahrheit ist lieblicher als jeder Ohrenschmaus." Aber nur wenige wollten sie anhören oder sich ernsthaft bemühen, diese zu ergründen. Platon hatte das bitter erfahren müssen. Im Alter vermied er Menschenansammlungen, aber nicht den Kontakt zu seinen Mitmenschen. So blieb er seiner Überzeugung treu, dass Philosophie nur im menschlichen Miteinander ihre Bestimmung erfüllen kann. Sein Traum vom Philosophenstaat hat sich jedoch nie erfüllt.

Platon vertraute auf die Bildung des Individuums, das auch im Widerspruch zu seiner Zeit ein philosophisches Leben, beispielhaft für seine Mitmenschen, führen konnte, so wie er selbst. Dions gewaltsamer Tod erfüllte ihn mit Verbitterung. Sein Glaube an die Bildungsfähigkeit des Menschen war erschüttert. Er hatte einsehen müssen, dass Begabung, Arbeit und Forschung nicht genügten. Vielen Talentierten fehlte die Anlage, die Empfänglichkeit für das Höchste, was schließlich jenseits der Sprache liegt, und oft vermochten sie nicht zu halten, was sich Platon von ihnen versprochen hatte. In seinen Werken hatte der Philosoph die Wahrheitssuche des Menschen beschrieben, in wissenschaftlicher Forschung und im Streit, nicht in geistvollen Spielereien, sondern in der handfesten Spannung der Bemühung um Erkenntnis wider alle Mächte, gegen sophistische Arroganz, gegen politische Machthaber aller Art, wider die eitle Ignoranz selbstzufriedener Bürger und – manchmal auch – wider die Trägheit des eigenen Herzens. Platon verkörperte die philosophische Unbeugsamkeit des Forschers, dem Philosophie nicht enzyklopädische Stofffülle war, sondern die Grundlage der Lebensführung bilden sollte. Platons Dialoge behandeln das Drama des philosophischen Menschen, der er selbst war. Er berichtete von seinen Auseinandersetzungen, um Gutes zu bewirken, nämlich dass sich die Menschen bildeten – wenn nicht alle, so doch jeder Einzelne, der sich von ihm zum Philosophieren anstiften ließ. Am Ende seines Lebens beherrschte die methodische Strenge wissenschaftlicher Lehrschriften die letzten Abhandlungen und löste den Dialog als Mittel der Darstellung philosophischer Inhalte endgültig ab.

Der greise Philosoph verbrachte seine letzten Lebensjahre vereinsamt. Seiner Vaterstadt hinterließ Platon mit den „Gesetzen" ein philosophisches Vermächtnis, eine große Mahnung, sittlich zu leben, um des Heils der Seele jedes Menschen wie der ganzen Polis willen. In den „Gesetzen" wird Mäßigkeit als Tugend empfohlen. Nicht eine Fülle an Gütern soll man den Kindern hinterlassen, vielmehr Ehrfurcht und Achtung, indem man sie zu anständigen Menschen erzieht, nicht durch Zurechtweisung, sondern durch liebevolle Zuwendung und schlichte Redlichkeit des Herzens, vorbildliche Lebensführung, Selbstbeherrschung, Güte und Wohlwollen. In diesem Werk spricht ein „Athener", und wir dürfen annehmen, dass dieser große Anonymus die Stimme der Vernunft repräsentiert, zwei Titanen des Geistes, Sokrates und Platon, in einer Gestalt vereinend. Von der dialogischen Gesprächsführung hatte er sich endgültig verabschiedet. Platon hatte keine Zeit mehr, Fragen zu stellen. Es war wichtig zu lehren. Im Schlussabschnitt der „Gesetze" heißt es: „Mir scheint, meine Freunde, dass für uns, wie es im Sprichwort heißt, noch alle Möglichkeiten offen sind; und wenn wir bereit sind, unser ganzes Staatswesen aufs Spiel zu setzen und, wie man so sagt, entweder dreimal die Sechs oder drei Einsen zu werfen, so müssen wir es tun; ich aber will es mit euch wagen, indem ich euch meine Ansichten über die Ausbildung und Erziehung mitteile und erläutere. Allerdings ist dieses Wagnis nicht gering und auch mit keinem anderen zu vergleichen. Dir aber, Kleinias, lege ich die Sache ans Herz." Die Philosophie war und bleibt ein nicht geringes Wagnis – für jeden, der sich auf sie einlässt. Sie verändert jedes Menschen Leben. Es sei Zeit zu philosophieren, sagt der alte Platon, sehr wohl wissend, wie wenig Zeit zu leben ihm selbst noch vergönnt war. Dem „Kleinias" vertraut der „Athener" diese wichtige Aufgabe an, stellvertretend für alle, die ihm philosophierend nachfolgten. Ob dieser Versuch gelingt, liegt an allen, denen mit „Kleinias" der kostbare Schatz des „Atheners" in Obhut gegeben wurde. Platon starb wenig später, 347 v. Chr., mit achtzig Jahren und wurde in aller Stille beigesetzt. Das war ganz in seinem Sinne. Athen nahm keinerlei Notiz von Platons Tode.

## Philosophieren mit Platon

Platon war ein Meister der szenischen Darstellung. Wenn wir die Dialoge seiner jungen Jahre lesen, begegnet uns große dramatische Kunst und das Philosophieren in seiner ursprünglichen Form. Philosophieren mit Platon heißt, Menschen zu begegnen, die miteinander im Gespräch sind, und einer herausragenden Gestalt nahe zu kommen, jenem Sokrates nämlich, dem Platon unendlich viel verdankte. Wir spüren sogleich, dass es auf diesen Sokrates ankommt, auf seine charismatische Gestalt, auf seine Worte, mehr noch – auf die Fragen, die er stellt, wenn Menschen sich in Athen zum Gespräch treffen, um miteinander in geistiger Spontaneität über die Dinge des Lebens nachzudenken. Sie teilen sich mit, zwanglos und frei. Doch verlieren sie sich nicht in der Beliebigkeit eines bloßen Meinungsaustauschs. Philosophieren ist eine gemeinschaftliche Bemühung – und Platon weiß sehr wohl, dass all diejenigen, die sich selbst gern reden hören und in der Pose erscheinen (ob ihnen die Gestalt des vermeintlich Wissenden, des prahlerisch-selbstgefällig die Geschicke des Staates lenkenden eitlen Politikers oder eines anderen Typus gefällt), recht eigentlich schlecht dastehen, wenn sie einem Philosophen begegnen und mit diesem zu kommunizieren beginnen. Dann verstricken sie sich in Widersprüche. Wir schauen als Leser noch zweieinhalbtausend Jahre später interessiert zu, wie herrische Machtmenschen wie Kallikles in Platons Dialogen sich offenbaren. Das Gespräch, so lernen wir, ist der Weg zur Wahrheit. Wer sich auf eine Unterredung einlässt, ist verloren, wenn ihm die Wahrheit nicht das Wichtigste überhaupt ist. Ein Mann wie Kallikles gibt vor zu reden, zu diskutieren, beharrt aber in Wirklichkeit darauf, das eigene Recht zu behaupten, und das Gespräch wird widersinnig. Alle Menschen, die nicht die Wahrheit im Sinn haben, verweigern die offene Diskussion oder trachten gar danach, sie zu verbieten. Andere verstellen sich und lassen sich scheinbar darauf ein – und Platon zeigt, wie lange Reden gehalten werden, wie man nacheinander oder auch aneinander vorbeizureden weiß, wie man sich widerspricht und wie mancher gar nicht versteht, was ein aufrichtiges Gespräch bedeutet. Bei langen Monologen wird leicht vergessen, was gesagt wird. Auch weicht der Redner der gestellten Frage aus. Er schert sich nicht darum, welches Thema behandelt werden soll. Darum empfiehlt Platon, darin ganz Schüler des Sokrates, das Gespräch statt eines rhetorischen Schaulaufens. Erwidert einer mit Empörung, ob er denn im freien Athen nicht frei reden dürfe, entgegnet ihm der Philosoph mit milder Ironie, selbstverständlich sei das gestattet – so wie er sich dann erlaube, einfach nicht zuzuhören. Voraussetzung eines wirklichen Gesprächs ist das Hören, das Zuhörenkönnen. Leidenschaftlich geht es oft zu. Ernst verwandelt sich in Heiterkeit. Zuweilen herrscht eine aggressive Stimmung. Gelegentlich ist eine bedrohlich erscheinende Enge deutlich spürbar. Philosophierend sollen Verkrustungen aufgebrochen, Erstarrungen überwunden werden. Auch die Manieren im Gespräch sind bedeutsam. Die philosophische Dimension eines Gesprächs veranschaulicht bereits die Art des Umgangs miteinander. Wohlwollen und freimütige Einfachheit sind wesentlich im Gespräch. Niemals erscheint der Philosoph gehässig oder boshaft, fern sind ihm Pedanterie und das falsche Pathos des Moralisten, denn sein Ernst ist so groß, dass die sich ernsthaft gebende Engherzigkeit der anderen dagegen rasch unernst wird.

Platons Dialoge wirken allein durch eine sprachliche Leichtigkeit bezwingend verführerisch, als ob es gar keiner Anstrengung bedürfe, diesen tiefsinnigen Gedanken zu folgen und sie bei sich zu bedenken. Urplötzlich nämlich wähnt sich der Leser mitten im Strom des Geschehens, inmitten des athenischen Marktplatzes, wenn Sokrates mit seinen Schülern sich, von scheinbar alltäglichen Problemen angeregt, zu philosophischen Gesprächen ermuntern lässt. Der junge Platon wohnt diesen als treuer Chronist bei. Er begleitet jenen Sokrates, der nicht Nachfolger haben wollte, sondern Menschen, die sich selbst erforschten und nicht ihm, sondern der Wahrheit folgten. Irgendwo inmitten der Teilnehmer des Gesprächs, ganz unscheinbar, wird sein Schattenriss kenntlich. Platon hört und erlebt Sokrates. Was er weitergeben kann und auch glaubt weitergeben zu müssen, ist nicht allein die Philosophie des Sokrates. Denn dieser Sokrates wollte nicht ein Lehrgebäude errichten, nicht Philosophie lehren, sondern zum Philosophieren anstiften. Diesen Impuls trägt Platon weiter.

Von der Ironie ist der Leser rasch bezaubert. Philosophieren heißt also nicht nur rationale Übungen verrichten. Eine wahrhaft philosophische Sensibilität ist erforderlich, um die indirekte Mitteilung zu erspüren. Der Ironiker will ja nicht täuschen, aber die

Wahrheit wird sich nur dem erschließen, der sie recht versteht. Es scheint manchmal, als wollte Platon sagen: Wer missverstehen will, soll nicht verstehen können. Die Ironie bewahrt davor, etwas scheinbar Plausibles, Einleuchtendes und Vollendetes für absolut gültig zu nehmen. Sie weist auf die Widersprüche in Behauptungen hin, aber sie macht nicht lächerlich. Verspotten will nur ein Sophist, der dem Ernsthaften höhnisch und dem Närrischen bedeutungsvoll begegnet. Ein solcher Mensch richtet sich gegen den Ernst an sich. Nichts ist ihm heilig. Die philosophische Ironie Platons jedoch ist getragen von einer tiefgründigen Ernsthaftigkeit und Gewissheit. Rationale Eindeutigkeit unterläuft die Ironie mit Leichtigkeit. Verhält sich ein Sachverhalt tatsächlich so, wie er uns erscheint? Der Leser, zum Philosophieren angeregt von der dialogischen Untersuchung, ist belebt und erheitert, erfrischt von der geistvollen Ironie und betrachtet die Szenerie. Was geschieht wirklich? Wer ist im Recht? Der Sophist zielt auf den Applaus, seine Ironie ist irreführend und aggressiv. Worauf möchte er verweisen? Platons Sokrates hingegen ist ein zweideutiger Ironiker. Die festgefügten Ansichten der Gesprächspartner bringt er in die Schwebe. Nicht die düstere Erbitterung des Dogmatikers und nicht das höhnische Gelächter des Sophisten führen zur Wahrheit. Die Ironie beraubt die vorgeführten Gedanken ihres scheinbaren Gewichtes. Niemals wird sie zum Selbstzweck. Platon will nicht erheitern um einer stumpfen Fröhlichkeit willen. Vielmehr spürt der Leser in der Ironie den tiefen Ernst der Wahrheit, an den sich der Philosoph gebunden weiß, und auf diese Weise angeregt, wendet sich der Leser, betört von dem ästhetisch stilvollen, feinsinnig ausgeklügelten Dialog mit Sokrates, dem Philosophieren zu.

Ein weiteres Moment der platonischen Dialoge ist bedeutsam. Platon philosophiert nicht in eigenem Namen. Benötigt er die Maske des Sokrates? Verbirgt er sich gar hinter dieser? Platon bedient sich der Autorität des verehrten Lehrers und lässt Sokrates sprechen. Dieser ist der Repräsentant der Philosophie schlechthin. Was Sokrates sagt, hat Gewicht. Aber innerhalb der Dialoge tritt auch Sokrates oft zurück. Andere führen das Wort. Die Verkünder der Mythen treten auf. Geschichten werden mitgeteilt, Geschichten, die über sich selbst hinausweisen. Alle „eikotes mythoi", treffend übersetzt mit „plausible Geschichten", wollen den Menschen gleichsam an die Hand nehmen – und natürlich lassen sich viele von der Philosophie Ergriffene mitreißen, bezaubern, betören. Diese Dichtungen vermitteln einen Wahrheitsgehalt, der sich in der symbolischen Form viel wirkungsvoller entfaltet als auf dem Weg einer nüchternen Argumentation mit Rede und Gegenrede. Wir erinnern uns aber, dass Platon die Dichter aus dem idealen Staat verbannt wissen wollte. Widerspricht er sich nicht, wenn er selbst Mythen philosophisch nutzt? Die Dichter mochten solche Bilder kreieren und spiegelten sich nur selbst darin. Der Philosoph aber verwendet diese, weil er die Wahrheit, die sie vermitteln, so auf bestmögliche Weise den Menschen nahe zu bringen weiß. Platon kennt die Grenzen vernünftiger Argumentation und weiß, dass menschliches Verstehen nicht mit dieser endet. Darum erzählt er Mythen, Geschichten, fantasievoll gestaltete Bilder. Hiermit weist er auf einen philosophischen Gehalt hin, der zuweilen sogar jenseits der Sprache liegt. Wer die Philosophie absolut rationalisieren will, wird sie verfehlen. Mit den Mythen gelingt es Platon bis heute, die Menschen auf eine andere Weise für die Philosophie zu interessieren und sich mit diesen Bildern, die nicht auf sich, auch nicht auf den Philosophen, der sie erdachte, verweisen, der Wahrheit zu nähern – auf eine Weise, für die die philosophischen Kontrahenten überhaupt kein Gespür hatten.

Auch die philosophische Tradition kehrt in Platons Dialogen wieder. Die Gedankenwelten der Vorsokratiker, die kosmologischen Theorien der Milesier Thales, Anaximander und Anaximenes genauso wie die Lehren des Anaxagoras und Empedokles und all der anderen bedeutsamen Begründer des Philosophierens finden sich, ebenso der Pythagoräismus, astronomische und musiktheoretische Lehrmeinungen und die Maximen der Sophistik. Mit all dem hat Platon sich beschäftigt, auf diesen Grundlagen ruht seine Philosophie, die vieles integriert und doch ganz anderer Art ist. Platon hat den Vorsokratikern vorgeworfen, dass sie Märchen erzählen würden, als hätten sie Kinder vor sich. Sie behaupten, begründen aber nicht. Die Vorsokratiker wissen eindrucksvoll Lehren darzubieten, aber ob die Menschen die Ausführungen verstehen oder nicht, das lässt sie kalt. Platon greift die Auffassungen der Tradition auf, befragt sie und eignet sie sich an, löst die Gedanken der alten Philosophen damit aber aus der starren Systematik. Was die Vorsokratiker lehrten, verwendet Platon auf seine Weise. Das Verwertbare gliedert er in sein Philosophieren ein, aber er sieht in diesen Werken nicht eine geoffenbarte Wahrheit, nur eine Betrachtungsweise, die auf diese Wahrheit hinweisen, sie selbst aber nicht erfassen kann. Platon pflegt einen freien, philosophischen Umgang mit den Vorsokratikern; was ihm wesentlich und wichtig erscheint, verwendet er ungeniert. Aber all das, was unzulänglich ist, nimmt er nicht bedenkenlos hin. Alles, was vor ihm über die Welt gesagt wurde, lässt Platon als Versuch gelten, aber nicht als endgültige Wahrheit.

Platon war nie ein systematischer Philosoph, der seine Werke planerisch vorab erstellte und in weiter Voraussicht Dialoge erdachte. Es ist möglich, und es ist zuweilen versucht worden, eine Linie der Entwicklung aufzuzeigen, darzulegen, wie sich Platons Philosophieren wandelte und welche Beweggründe dafür es gegeben haben mochte. Aber vielleicht war dieser Werdegang seinen nachgeborenen Interpreten einleuchtender als dem Denker selbst. Wusste der Dreißigjährige, was ihn im hohen Alter beschäftigen würde? Platon ahnte dies wohl so wenig wie jeder andere Philosoph.

Nüchtern betrachtet hätte Platon auch anders philosophieren können, mit der verlässlichen professoralen Steifheit, ohne jeglichen Schmuck und Zierrat. Platon verwendet glanzvolle Formulierungen nicht, um die eigene Könnerschaft zu belegen oder vor dem Leser zu brillieren, sondern weil all dies der Philosophie, der Suche nach Wahrheit, dient, der er alles andere unterordnet. Nichts in diesen Texten ist gleichgültig oder gar unwichtig. Man kann sie unter ästhetischen Gesichtspunkten lesen, aber damit wird man ihnen nicht gerecht. Man mag sie auch rational sich vergegenwärtigen und wird sie doch verfehlen. Platons Denken ist ein lebendiges Denken, das sich nicht rundet, einem unauflösbaren Gewebe gleichend, indem das Entscheidende, das wirklich Wichtige in der Philosophie, nicht greifbar wird wie ein Gegenstand. Es entfaltet sich allmählich dem Menschen, der philosophierend seiner selbst mit Platon gewiss wird und sich selbst verstehen lernt.

Am Spiel des Scheins hat er, wie sein Lehrer Sokrates, kein Gefallen, und es ist gut sokratisch, wenn er diejenigen, die ihre Mitmenschen zum Narren halten wollen und sich klug dünken, als ziemlich unklug, ja töricht erscheinen lässt auf eine leichtschwebende, ironische Weise, die von einem tiefen Ernst getragen ist, von dem redlichen, unermüdlichen Bemühen um Wahrheit und Wahrhaftigkeit. Die platonischen Dialoge der Frühzeit sind stark an das Erlebnis der Gestalt des Sokrates geknüpft und werden ganz von dessen machtvoller Persönlichkeit beherrscht. Der Leser spürt sofort, wer das Wesentliche zu sagen hat und wer sich bloß wichtig tut. Platons Philosophieren vollzieht sich lange Zeit in der dialogischen Bewegung ohne einen letzten Abschluss. So treten die Fragestellungen auf, die Themen der Logik und Politik, der Ethik und des Kosmos aufgreifen, alles, was Menschen bewegt in ihrem täglichen Leben, was sie interessieren könnte, was wichtig, was zeitlos ist. Platon fragt, was die behandelten Themen im Ganzen bedeuten. Er richtet seinen und unseren Blick auf das Wesentliche. In Nichtigkeiten verliert er sich niemals. Erst in den Alterswerken tritt das dialogische Prinzip zurück. Platon versucht positives Wissen zu vermitteln. Sein Philosophieren hat eine neue Form gefunden, ohne an sprachlichem Glanz einzubüßen. Ganz gleich, an welcher Stelle man beginnt,

Platon zu lesen, ob man als Leser eintaucht in eine Auseinandersetzung mit sophistischer Überheblichkeit oder in einen filigranen Diskurs über die Probleme des Seins, ob wir den Fragen nach Leben und Sterben des Menschen nachgehen, über das Gute nachsinnen oder uns die Theorien über den Kosmos anschauen – wir lesen Platon und spüren sofort: Was er sagte, wie er dachte, wie er philosophierte, geht uns an, denn er bewirkt den Sinn für das Wesentliche. Philosophieren mit Platon bedeutet nicht, Lösungen zu erhalten, die wir sofort umsetzen könnten, aber er vermittelt die Kraft, in philosophischen Fragen nach Lösungen zu suchen und diese im Konkreten zu finden. Sein tiefer Ernst ist unmittelbar gegenwärtig – und wir spüren die Redlichkeit seines Denkens, wie er versucht, auf diese Weise den rechten Weg zu bahnen. Im Ringen mit ihren Gegnern kommt die Philosophie zu sich selbst.

### Platons Ideenlehre

Für die Sophisten war der Mensch der Schöpfer der Wahrheit und aller Wertmaßstäbe. Die menschliche Seele glich, ihrer Überzeugung nach, einer unbeschriebenen Wachstafel. Ein geschickter Erzieher konnte somit jeden Menschen nach dem eigenen Bilde formen. Für die Sophisten war „Tugend" – und das bedeutete für sie Lebenstüchtigkeit – selbstverständlich lehrbar. Platon glaubte auch an die Möglichkeit sinnvoller Belehrung. Aber wie Sokrates hatte er den Weg der Sophisten als verderblich beschrieben. Platon gründete die Akademie, weil er darauf vertraute, seine Schüler zum eigenständigen Philosophieren anleiten zu können.

Platon erweiterte die Lehre des Sokrates um die „Ideenlehre". Das griechische Wort „idea" lässt sich mit Begriffen wie Gestalt, Form, Urbild und Wesen übersetzen. Eine Idee ist also nicht, wie im heutigen Sprachgebrauch üblich, ein guter Einfall. Platon beschreibt die Idee als unveränderliches, ewig bestehendes Urbild, das einförmig und von nichts anderem als sich selbst abhängig ist. Was der Mensch in der Welt entdeckt, sind nur veränderbare Abbilder sinnlich nicht wahrnehmbarer Ideen. Wir sehen einen Baum, nicht die Idee eines Baumes. Dieser einzelne Baum ist ein Besonderes, das teilhat an der Idee des Baumes, die uns nicht gegenständlich vor Augen ist, gleichwohl aber existiert. Mit den Sinnen wahrnehmbar sind bloß Erscheinungen. Insofern spricht Platon den Ideen einen höheren Grad an Realität zu. Die Dinge haben an den Ideen teil. Eine schöne Skulptur etwa partizipiert an der Idee der Schönheit. Aber die höchste Schönheit besitzt nur die Idee selbst. Das Schöne verweist auf dieses Höhere, wie die Idee der Schönheit wiederum selbst auf das ihr und allem Über-geordnete deutet, auf die Idee des Guten. In der sichtbaren Welt kann der Mensch die Ideen nicht sinnlich wahrnehmen noch er-kennen. Gleichwohl ist ihm ihre Existenz bewusst. Allein durch die Reflexion erschließt sich dem Menschen die Ideenwelt, die jenseits der von ihm augenblicklich sinnlich erfahrbaren Wirk-lichkeit, in der er lebt, besteht. Platon beschreibt diesen Vorgang als „anamnesis", das heißt: „Wiedererinnerung". Die Kenntnis der Ideen schlummert im Menschen wie ein verborgenes Wissen, das verschleiert ist von Unwissenheit. Erst durch philosophische Bildung gelingt es dem Menschen, dieses Wissen in sich zu we-cken. Wenn der Mensch sich erinnert, was seine Seele, die Platon als unsterblich begreift, vor ihrer Verbindung mit seinem ver-gänglichen Leib geschaut hat, wird es ihm gelingen, sein Leben „tugendhaft" zu gestalten und sittlich gut zu leben.

Was die menschliche Seele ist, sagt Platon nicht. Stattdessen erzählt er im „Phaidros", einem literarischen Meisterwerk, einen selbst erdachten Mythos, den „Flug zum überhimmlischen Ort". Die ungeborenen Seelen nehmen an diesem Flug zum Reich der Ideen teil, auf Einladung von Zeus, im Gefolge derer, die auch erst durch die Schau der Ideen zu Göttern werden. Nicht einmal ein Gott kann über die Ideen verfügen. Auch die Götter sind der

Ideenwelt nachgeordnet. Auf diesem Flug werden, wie Platon berichtet, bereits gegensätzliche seelische Kräfte symbolisch in Gestalt von Pferden deutlich, die den zweispännigen Seelenwagen ziehen. Eines strebt zum Göttlichen und ist von edler Art. Das andere Ross widerstrebt diesem. Der Lenker des Seelenwagens soll die Pferde in rechter Weise zügeln und führen. Jede Seele kann am Anfang dem Weg der Götter folgen, aber sie ist auch beständig gefährdet. Sie droht vernunftlos dem Bösen zu verfallen und nach unten gerissen zu werden, statt im Gefolge von Zeus den „überhimmlischen Ort" zu erreichen und die Ideen zu schauen. Platon beschreibt die Reise der Götter an den „überhimmlischen Ort":

„Das farblose, gestaltlose, stofflose, wahrhaft seiende Wesen, das nur der Seele Führer, die Vernunft, zum Beschauer hat und welches das Geschlecht der wahrhaften Wissenschaft ist, nimmt jenen Ort ein. Da nun Gottes Verstand sich von unvermischter Vernunft und Wissenschaft nährt, wie auch der jeder Seele, die, was ihr gebührt, aufnehmen soll – so freuen die Götter sich, das wahrhaft Seiende wieder einmal zu erblicken, und nähren sich an der Beschauung des Wahren und lassen es sich wohl sein, bis der Umschwung sie wieder zurückgebracht hat. In diesem Umlauf nun erblicken sie die Gerechtigkeit selbst, die Besonnenheit und die Wissenschaft, nicht die, welche eine Entstehung hat, noch welche wieder eine andere ist für jedes andere von den Dingen, die wir reale Gegenstände nennen, sondern die in dem, was wahrhaft ist, befindliche wahrhafte Wissenschaft. Und so erblickt die Seele das wahrhaft Seiende. Wenn sie sich daran erquickt hat, taucht sie wieder in das Innere des Himmels und kehrt nach Hause zurück. Ist sie dort angekommen, so stellt der Führer die Rosse zur Krippe, wirft ihnen Ambrosia vor und tränkt sie dazu mit Nektar."

Wer im Reich der Ideen die Wahrheit schaut, wird erfüllt von einem tiefen Glück der Erkenntnis. Das gilt für die Götter, die erst göttlich wurden durch die Schau des Göttlichen, indem sie nämlich das wahre Sein erblickten, die Ideen von Schönheit und

Gerechtigkeit und die Idee des Guten. Die Seelen künftiger Menschen sehen von diesem Reich der Ideen weitaus weniger als die Götter. Alle wollen die Ideen schauen und drängen nach vorne. Ihre Seelenwagen schwanken hin und her, die Pferde sind unruhig und kaum zu zähmen: „Die Übrigen allesamt folgen zwar auch, dem droben nachstrebend, unvermögend aber werden sie im unteren Raume mit herumgetrieben, nur einander tretend und stoßend, indem jede der anderen zuvorzukommen sucht. Getümmel entsteht nun, Streit und Angstschweiß, wobei durch Schuld schlechter Führer viele verstümmelt werden, vielen vieles Gefieder beschädigt. Alle aber gehen nach viel erlittenen Beschwerden ohne Anschauung des Seienden davon. Und so halten sie sich an scheinbare Nahrung." Einige Seelen, die nichts von der Wahrheit gesehen haben, denen ein Unfall widerfährt, die von Vergessenheit und Trägheit erfüllt sind, fallen zur Erde und werden nicht mit einer tierischen Natur verbunden.

Die Seele aber, die am meisten geschaut hat, bleibt unversehrt und wird zu eines Philosophen Seele, oder sie wird den Liebhaber des Schönen als irdische Wohnstätte nehmen. Die Seelen der nächsten Stufe, die weniger von den Ideen gewahr wurden, werden zu Königen, Feldherrn und tapferen Kriegern, gefolgt von den Staatsmännern und tüchtigen Kaufleuten. Die vierte Klasse bilden Athleten und Ärzte, diesen nachgeordnet sind die Wahrsager. Erst dann folgen die Dichter, ihnen wiederum die einfachen Landmänner und Handwerker. Auf der vorletzten Stufe befinden sich die Sophisten, am unteren Ende der Hierarchie der Seelen stehen die Tyrannen.

Nun liegt es am Menschen selbst, wie er sich in der Welt verhält. Danach entscheidet sich, wie er künftig leben wird. Der Gerechte erhält ein besseres Los, der Ungerechte ein schlechteres. Allein die philosophische Seele erlangt vor der Frist, frühestens nach dreimal eintausend Jahren, in der sie stets dasselbe Leben gewählt hat, ihre Flügel zurück und kann sich auf unversehrten Schwingen entfernen. Die anderen, die unphilosophisch Lebenden, müssen zehntausend Jahre warten und ihre Strafe abbüßen, ehe sie in die Welt zurückkehren. Wiederum einige verbringen ihre Zeit würdig, bis auch sie das zweite Leben beginnen und ihr Los gewählt haben. Die menschliche Seele bestimmt ihr eigenes Geschick.

Im „Phaidros" wird die philosophische Lebensweise, die als einzige „befiedert" ist, Flügel besitzt, nämlich jene des Denkens, von Platon als göttlich beschrieben. Sie befähigt dazu, das Eine zu gewärtigen, das den Erscheinungen zu Grunde liegt, von dem diese Abbilder sind, und dies gelingt durch „Wiedererinnerung" an die einst geschaute Idee. Er schreibt weiter: „Und dieses ist Erinnerung an jenes, was einst unsere Seele gesehen, Gott nachwandelnd und das übersehend, was wir jetzt für das Wirkliche halten, und jetzt sehen wir zu dem wahrhaft Seienden hin unser Haupt emporgerichtet." Das, was viele Menschen für wirklich halten, nämlich die Welt der Erscheinungen, ist vergänglich. An ihr soll sich der Mensch nicht orientieren. Wer sie für das Wirkliche, das Entscheidende hält, verfällt in den Irrtum der Sophisten, die sich an Endliches heften und verlieren, statt sich auf das Eigentliche, auf das Wahre zu besinnen. Platon fährt fort: „Daher auch wird mit Recht nur des Philosophen Seele befiedert: Denn sie ist immer mit der Erinnerung so viel wie möglich bei jenen Dingen, bei denen Gott sich befindet und eben deshalb göttlich ist. Solche Erinnerungen also recht gebrauchend, vollkommen immer geweiht, kann ein Mann allein wahrhaft vollkommen werden. Indem er nun menschlicher Bestrebungen sich enthält und mit dem Göttlichen umgeht, wird er von den Leuten wohl gescholten als ein Verwirrter; dass er aber enthusiasmiert ist, merken die Leute nicht."

In den Schlusspassagen der mythischen Erzählungen im „Phaidros" veranschaulicht Platon, dass der Weg der Philosophie die einzig mögliche Befreiung aus den Bedingtheiten dieser Welt ist. Die Menschen, die den Weg der Erkenntnis nicht gehen, werden sich nicht „wiedererinnern" an das einst Geschaute und auch nicht glücklich werden.

Der Mensch hat die Möglichkeit, sich an dem einzig Beständigen, an den Ideen, zu orientieren, an jenen Gesetzmäßigkeiten, die auch für Götter gelten – denn diese selbst wurden erst durch die Schau des Göttlichen zu Göttern, und den Göttern soll der Philosoph nacheifern. Die Seele des Menschen ist nach Platons Überzeugung durchaus beschrieben, und der Mensch ist imstande, diese Schrift lesen zu lernen. Wer sich „wiedererinnert", wird ganz anders leben als zuvor, anders auch als viele Menschen um ihn herum, die ihn nicht verstehen und für verwirrt halten werden, weil er sich nicht am Scheinhaften, sondern an den Ideen ausrichtet, die jene anderen, irregeführt und beständig sich täuschend, auch einmal gesehen haben, aber sich nun nicht mehr an diese erinnern. Die Verständnislosigkeit seiner Mitmenschen braucht ihn nicht zu irritieren. Er ist auf dem richtigen Weg. Philosophieren in Platons Sinne ist also Anstiftung zur „Wiedererinnerung". Der Philosoph kann den Schüler nicht „gut" und „tugendhaft" machen, aber er kann dem, der die Ideen schon gesehen hat, helfen, sich an diese „wiederzuerinnern" und entsprechend zu leben.

## Philosophieren in Platons Akademie

Es ist, als kehrte man aus dem farbenprächtig schillernden Philosophenhimmel in die graue Wirklichkeit des Alltags zurück, wenn man die kunstvolle Prosa des „Phaidros" mit der schmucklosen Darstellung der platonischen Lehrmethode im Jahre zuvor verfassten Dialog „Menon" vergleicht. Die Lehre von den Ideen, die das System unbegrenzt gültiger, objektiver Wahrheit repräsentiert, bildet das Fundament der platonischen Philosophie. Nun gilt es, den individuellen Vollzug, den Weg der Erkenntnis darzulegen und die Aufgabe des Philosophen als Lehrer an der Akademie zu beschreiben.

Ausgangspunkt ist wiederum die Gestalt des Sokrates. Platon illustriert erneut, dass wissenschaftliche Forschung mit der Einsicht in das eigene Nichtwissen beginnt. Menon, der hier als Sokrates' Gesprächspartner auftritt, gibt vor, es sei möglich, „Tugend" zu lehren, und er verstehe sich auch auf diese Kunst. Die begriffliche Zergliederung der „Tugend" scheitert allerdings. Menon ist verunsichert und vergleicht den Philosophen mit dem bereits erwähnten „Zitterrochen", der alle Zeitgenossen, die ihm begegnen, in Verwirrung versetzt. Platon, in der Maske des Sokrates, erwidert, auch er sei unwissend, also sei es das Beste, gemeinsam die Wahrheit zu ergründen – und das heißt offenbar: Der Mensch muss sich „wiedererinnern", an die Ideen, die seine Seele einst geschaut hat. Leicht könnte ein jeder behaupten, es gebe ein System vermeintlich objektiver Wahrheit, und stellte damit diese Lehre in das eigene, in jedermanns Belieben.

Platon demonstriert seine Absicht anhand eines geometrischen Satzes. Es wäre ein Leichtes, wenn der mit Geometrie bestens vertraute Lehrer seine Kenntnisse unwissenden Schülern einfach vortrüge. Vielleicht verstünden sie ihn, vielleicht auch nicht – diese Vorgehensweise wäre eine unplatonische Lehrmethode. Platon vertraut darauf, dass die Kenntnis dieser objektiven Wahrheit jedem Menschen von vornherein bekannt ist. Das Wissen um diese ewig bestehende, gleichbleibende Gesetzmäßigkeit muss nur geweckt werden. Also führt der Lehrende, eigentlich ein Assistent bei der Beweisführung, den Schüler durch zielgerichtetes Fragen. An das, was die Seele gesehen hat, bevor sie mit dem Leib verbunden wurde, muss sie sich nur erinnern: „Denn da die Seele alles innegehabt hat, so hindert nichts, dass, wer nur an ein Einziges erinnert wird, was bei den Menschen lernen heißt, alles Übrige selbst auffinde, wenn er nur tapfer ist und nicht ermüdet im Suchen. Denn das Suchen und Lernen ist demnach ganz und gar Erinnerung." Platon zufolge ist der Philosoph verpflichtet, auf diese bleibende Wahrheit zu verweisen und so dem Menschen zu helfen, aus sich selbst heraus, kraft seines eigenen Verstandes, nicht eine subjektive „Wahrheit" zu erfinden, sondern die objektive Wahrheit selbständig zu finden, das heißt – zu erkennen.

Dazu ruft Menon einen gelehrigen jungen Sklaven herbei. Ein gleichseitiges Viereck wird in den Sand gezeichnet. Einen elementaren Satz der Geometrie, dass die Seite des verdoppelten Quadrates die Diagonale ist, von Sokrates' Fragen behutsam geführt, kann der Sklave anschaulich beweisen. Ganz auf sich gestellt hätte der Sklave die Lösung dieses geometrischen Problems nicht gemeistert, aber dank des Lehrers, der ihn sorgfältig, beständig ermunternd, aber nur fragend, niemals selbst antwortend, auf den richtigen Weg bringt, gelingt die Beweisführung. Die Fragen legen das verborgene Wissen frei. Durch die logische Schlussweise erweist sich der geometrische Satz als wahr. Der gelungene geometrische Beweis im „Menon" vermittelt dem Sklaven, der sich zunächst als unwissend zu erkennen gegeben hat und niemals geglaubt hätte, diese Aufgabe lösen zu können, ein wunderbares Erfolgserlebnis, das den Zauber der Wissenschaft, die jede Form der sophistischen Lehrmethoden als oberflächlich entzaubern kann, und die tief innerlich beglückende Lust an der Erkenntnis ausmacht. Die Kenntnis der Geometrie muss der Sklave also bereits besessen haben. Wie anhand des gewählten geometrischen Lehrbeispiels deutlich werden soll, vermag der Mensch in allen Bereichen des Wissens die Wahrheit zu erkennen. Der Philosoph fungiert nicht als der viel geschmähte, allwissende Lehrer, der andere an seinem Wissen teilhaben lässt, indem er „Weisheiten" verkündet. Er ist gemeinsam mit dem Schüler ganz auf die Sache, nämlich auf den Beweis, konzentriert. Es gilt nicht zu überreden, sondern zu demonstrieren, was gültige, für jedermann einsichtige Wahrheit ist, die tatsächlich in jedem Menschen verborgen schlummert. Dieses Wissen muss nur ins Bewusstsein zurückgerufen, „wiedererinnert" werden. Vorab muss der „Zitterrochen" seine Aufgabe erfüllen und die auf bloße Meinungen gegründete Selbstgewissheit des Menschen erschüttern. Erst der Mensch, der unsicher und in Verwirrung geraten ist, wird von der Sehnsucht nach Wissen erfasst und begibt sich auf den Weg der Erkenntnis. Der Philosoph erfindet also nicht die

Ideen, aber er lehrt, diese zu entdecken und so die objektive Ordnung der Welt zu begreifen. Das geometrische Beispiel hat die Anwesenden überzeugt.

Nun ließe sich einwenden: Was für die Geometrie gültig ist, mag im Felde der Ethik, in Fragen der Lebensführung, untauglich sein. Platon wendet sich der Frage zu, ob „Tugend" lehrbar sei. Der Begriff „Tugend" umfasst die Tüchtigkeit des handelnden, im Leben stehenden Bürgers. Athens große Staatsmänner besaßen diese „Tugend", konnten sie aber offenbar nicht vermitteln, denn ihre Söhne waren ganz anders geartet als sie selbst. Platon zufolge wussten sie nicht, was „Tugend" ist, verfügten aber über zutreffende „doxa", richtige Meinungen, und handelten intuitiv richtig, wie vom Feldherrn Themistokles und anderen berühmten Persönlichkeiten Attikas berichtet wird. Zum politischen Handeln kann die „doxa" ausreichen.

Eine geläufige Übersetzung dieses Begriffs ist „Meinung". Das ist zutreffend, beschreibt aber die Weite der Bedeutung dieses von Platon oftmals verwendeten Ausdrucks nur teilweise. Die „doxa" befindet sich zwischen Sein und Nichtsein, ist dunkler als die Erkenntnis, heller als die Unwissenheit, weder wahr noch falsch. Manche „doxa" ist aktuell zutreffend. Deswegen ist sie noch nicht Kennzeichen von Wahrheit. Sie kommt nur der Wahrheit nahe. Eine andere „doxa" ist falsch und damit der Ausdruck reiner Unwissenheit, so irrtümlich, dass es töricht wäre, ihr blindlings handelnd zu folgen. Sie muß kritisch verifiziert oder verworfen werden, damit sich der Mensch auf den Weg zur richtigen „doxa" begibt. Die „doxa", als eine Mitte zwischen Göttlichem und Menschlichem, ist nichts Bleibendes. Sie muss immer neu vollzogen werden, vergleichbar mit dem Eros, dessen Ziel die Verbindung von Idee und Körper ist. Wie die Liebe lebt die „doxa" in beständiger Wiederholung und Erneuerung. Erst dadurch wird sie dauerhaft, denn die „doxa" ist flüchtig; soeben gebildet, entschwindet sie wieder. Für das Handeln ist die „doxa", als Verbindung von Gedachtem und Wahrgenommenen, im handwerklichen Sinne gebrauchsfähig. Als Mitte zwischen Falschheit und Wahrheit ist sie unbeweisbar. Denn alles Wahrnehmen unterliegt der Gefahr des Irrtums. Der mögliche Irrtum kann nicht verifiziert werden. Ohne eine Idee aber gäbe es auch keine „doxa".

Als Wissenschaft bliebe sie fest gegründet und dauerhaft. Bloßes Meinen, das sich in wechselnden Ansichten und flüchtigen Annahmen ausdrückt, ist schwankend und unzuverlässig. Hat die „doxa" ihre Funktion erfüllt, wird sie wertlos. Gültigkeit besitzt sie nur für kurze Zeit. Die „doxa" lässt sich aber durch wissenschaftliche Prüfung mit Platons Untersuchungsmethode, die auch beim geometrischen Beweis angewendet wurde, in Wissen verwandeln. Diese Vorgehensweise wird Dialektik genannt. Auch dieser Begriff bedarf einer kurzen Erläuterung. Platon lehrt Dialektik in der Akademie. Diese besitzt den Status einer Wissenschaft, gewissermaßen ihre Krönung und ihr Abschluss, die Arbeit erfordert, gelernt sein will mit Hilfe eines Regelwerks, das nur dem Philosophierenden überlassen sein soll. Nur er weiß es in rechter Weise zu nutzen. Die Dialektik ist also ein integraler Bestandteil philosophischer Erkenntnisbemühung und kein Selbstzweck. Wird sie zur „eristischen Dialektik", die die Sophisten betreiben, stiftet diese Technik des Widerspruchs – nicht um der Erkenntnis der Wahrheit willen, sondern aus Lust an Spiel, Trug und Täuschung – bloße Verwirrung. Platons Dialektik dient allein der Wahrheit. Es ist die sokratische Kunst, die richtigen Fragen zu stellen.

Die dialektische Verwandlung der „doxa" zu Wissen ermöglicht dem Politiker, andere Menschen zu Politikern heranzubilden, indem der Politiker nämlich in philosophischem Sinne erzieherisch tätig wird und zu redlicher Erkenntnis anleitet. Wissen ist möglich, sofern der Mensch seinen Verstand in rechter Weise zu nutzen versteht. Also muss es auch ein politisches Wissen geben, das die Erziehung zum politischen Handeln ermöglicht. Wer Politiker bilden möchte, muss selbst philosophisch leben und mit der Kunst der „Wiedererinnerung" vertraut sein. Ein geeigneter Erzieher tritt im „Menon" nicht auf, ist aber in Platon selbst gegenwärtig, in dem Philosophen, der mit dem Weg der Erkenntnis vertraut ist und seine Schüler zu führen versteht, dass sie selbständig philosophieren lernen und auf jede nur mögliche Weise ein tüchtiges, „tugendhaftes" Leben führen.

Die Atmosphäre an Platons Akademie wird von Zeitzeugen als offener geistiger Diskurs beschrieben, in der auch durchaus Kritik an Platon erlaubt, von diesem selbst sogar gewünscht war, sofern sie nicht persönlichen Differenzen entsprang, sondern Zeichen des gemeinsamen Bemühens um die Sache war. In der Akademie fand sich immer Zeit zum philosophischen Gespräch. Dieses lässt sich durch nichts ersetzen.

Die Verkennung der Funktion eines bloßen Mittels wird von Platon am Ende des Dialogs „Phaidros" wiederum in einem eindrucksvollen selbst erdachten Mythos erzählt. Theuth, der Schöpfer aller Künste, der Messkunst wie der Sternenkunde, der Erfinder der Brettspiele und der Buchstaben, suchte den über Ägypten herrschenden König Thamus auf und pries die Buchstaben als etwas Wunderbares, das alle Ägypter zu verständigen, weisen Menschen machen werde. Der König erwiderte:

„O kunstreichster Theuth, einer versteht, was zu den Künsten gehört, ans Licht zu gebären; ein anderer zu beurteilen, wie viel Schaden und Vorteil sie denen bringen, die sie gebrauchen werden. So hast auch du jetzt als Vater der Buchstaben aus Liebe das Gegenteil dessen gesagt, was sie bewirken. Denn diese Erfindung wird der Lernenden Seelen vielmehr Vergessenheit einflößen aus Vernachlässigung des Gedächtnisses, weil sie im Vertrauen auf die Schrift sich nur von außen vermittels fremder Zeichen, nicht aber innerlich sich selbst und unmittelbar erinnern werden. Nicht also für das Gedächtnis, sondern nur für die Erinnerung hast du ein Mittel erfunden. Und von der Weisheit bringst du deinen Lehrlingen nur den Schein bei, nicht die Sache selbst. Denn indem sie nun vieles gehört haben ohne Unterricht, werden sie sich auch vielwissend zu sein dünken, obwohl sie doch unwissend größtenteils sind und schwer zu behandeln, nachdem sie dünkelweise geworden sind statt weise."

Platon zeigt, dass alle Medien, derer sich der Mensch bedienen kann, letztlich nur Werkzeuge sind, die Inhalte vermitteln. Die Erweckung, das Aufleuchten des Funkens der Erkenntnis im philosophischen Gespräch und die Wiedererinnerung als eigenständige Leistung lassen sich nicht ersetzen, auch nicht durch intensive Lektüre philosophischer Schriften. Erkenntnis geht einher mit einer spürbaren inneren Wandlung. Wer viel liest, mag darunter auch vieles Kluge sein, wird lediglich ein Vielwisser. Nur weil ein Mensch sich über die Idee des Guten mitzuteilen weiß, heißt dies noch nicht, dass er den harten Weg der Erkenntnis erfolgreich absolviert hat. Auch diese Einstellung erklärt, warum Platon das philosophische Gespräch, die Offenheit des Diskurses, bevorzugte und schriftlich Dargelegtes skeptisch betrachtete.

Eine Vorstufe zur Philosophie sind die „mathemata", darunter Arithmetik, Geometrie und Dialektik. Platon bildete in diesen Disziplinen keine Fachleute aus. Er wusste, wie sein Lehrer Sokrates, dass die Lehrgegenstände, insbesondere die Geometrie, eine eigene Faszination besitzen. Aber sie ist, ebenso wie die Dialektik, nur ein unerlässliches Hilfsmittel, ein Werkzeug, aber nicht mehr. Wird die Geometrie zum Selbstzweck, hat sie ihre Bestimmung verfehlt. Ihre Exaktheit dient dazu, den falschen Zauber der oftmals ungenau und nebulös argumentierenden Sophistik zu bannen und zu geordnetem Denken zu verhelfen.

Platon bildete nicht Geometer und Dialektiker aus, sondern Persönlichkeiten, tüchtige Staatsmänner, die die Polis führen sollten, kraft des in ihnen verborgenen und durch den Lehrer geweckten Wissens, als Philosophen, die sich am Guten orientieren. Die im „Menon" dargelegte Methode enthält das Programm der Akademie Platons. Über ihrem Eingang stand der Spruch: „Hier darf niemand ohne Kenntnis der Geometrie eintreten." Platon zeigte, wie wichtig die Geometrie als Voraussetzung zum Philosophieren ist; in der Akademie aber ging es darum, philosophieren zu lernen — mithilfe der Geometrie. Aber es galt auch zu erkennen, dass ein Hilfsmittel stets ein Hilfsmittel bleibt und als solches benutzt werden sollte, um zur Erkenntnis der Wahrheit zu gelangen und ein philosophisches Leben zu führen, zu dem eigenen und aller Menschen Wohl.

Wie Sokrates glaubte Platon, dass die Menschen das Gute wollen. Allein aus Unwissenheit, schlimmer noch, aus vermeintlichem Wissen, also faktischem Nichtwissen, gingen sie oft fehl. Jedem Menschen, dem Künstler wie dem Handwerker, dem Sophisten, selbst dem Tyrannen, dem Schlechtesten unter den Menschen, ist es möglich, sich auf den schwierigen Weg der Philosophie zu begeben. Ziel des Handelns ist stets das Gute. An diesem Guten, an der höchsten aller Ideen, nämlich der „Idee des Guten", soll der Mensch sein Leben ausrichten.

## Das Höhlengleichnis und die Idee des Guten

Im „Staat" bemerkt Platons Sokrates-Gestalt, es sei Aufgabe der Philosophie, zu ergründen, auf welche Weise man leben solle. Diese für den Menschen so außerordentlich relevante Frage ist intellektuell redlich, also nicht in sophistischem Übermut, sondern mit dem gebührenden Ernst zu behandeln.

Viele bereits in den frühen Dialogen diskutierten Probleme werden in diesem Werk erneut aufgegriffen, wie in einer Sinfonie zueinander gefügt und orchestriert. Ausgangspunkt der Erörterung ist wiederum der Streit mit den Sophisten — neu ist die schärfere Betonung der Frage, welches das Ziel dieser Auseinandersetzung eigentlich sei. Der bloße Richtungsstreit zwischen den Philosophen, repräsentiert durch Sokrates und seine Schüler, einerseits und den Sophisten andererseits, die eine andere Auffassung über Art und Inhalt der Lehre vertreten, ist nebenrangig. Das verborgene Zentrum des „Staates" ist die Frage nach dem

Guten. Dies verbindet sich mit der Frage, wie es dem Menschen gelingen kann, gut und glücklich zu leben. Freilich widmet sich Platon in vielen Passagen seines Werkes der politischen Ordnung, stellt die Grundzüge der unterschiedlichen Verfassungsformen der antiken Welt dar, äußert detaillierte Anweisungen zur Einrichtung des besten Staates und entwickelt eine Fülle geschichtsphilosophischer, metaphyischer, musik- und erkenntnistheoretischer Gedanken.

Etwa in der Mitte des Werkes, im siebten Buch, findet sich ein Kristallisationspunkt des „Staates" wie der gesamten platonischen Philosophie: das „Höhlengleichnis". Der Auftakt desselben verdeutlicht, welches Problem Platon offenbar am meisten bewegt, nämlich die Frage der „Bildung" und „Unbildung" des Menschen.

So wird deutlich, dass Platons „Staat" neben politischen Erwägungen eine gehaltvolle Theorie der Bildung des Menschen bietet, eingebettet in den Rahmen der Staatsphilosophie, eng verbunden mit dieser und zugleich konzentriert auf das, was die bestimmende Größe sein soll, für den Staat, für die Seele des Menschen und darüber hinaus für das Weltgefüge: die „Idee des Guten".

Platon begreift „Bildung" als Weg des Menschen zu sich selbst. Diese „Bildung" ist eine Formung des gesamten Menschen, seines Charakters, seiner Lebensweise. Wenn der Philosoph seinem philosophischen Bildungsbegriff antagonistisch nicht die „Halbbildung", sondern die „Unbildung" gegenüberstellt, so lässt dies erkennen, dass er alle Bemühungen, vernunftlos und somit unphilosophisch seine Tage zu verbringen, einheitlich als „Unbildung" wertet, eine Lebenshaltung, die der Bestimmung des Menschen – als Individuum wie als Gemeinschaftswesen – nicht gerecht wird. „Bildung" im platonischen Sinne lässt sich nicht Lehrsätzen gleich vermitteln. Sie wird allmählich erworben. Diese „Bildung" ist kein Wissen, das dem Menschen dazu verhilft, sich bestimmten Gegebenheiten, seien sie nun politischer, ökonomischer oder gesellschaftlicher Art, flexibel anzupassen. „Bildung" im platonischen Sinne bezeichnet einen individuellen Reifeprozess, der auch aus altvertrauten Gewohnheiten herausführt. Wer sich philosophisch bildet, muss bereit sein für eine neue Art zu leben. Zugleich entfernt er sich dadurch von seinen Mitmenschen. Er handelt geistig autonom. Erst auf dem Pfad der Vernunft findet der Mensch sein Glück. Wer zum Philosophen wird, tut etwas für sich selbst und für seine Mitmenschen, auch wenn diese das gar nicht bemerken.

Betrachten wir nunmehr das „Höhlengleichnis". Gefesselt sitzen Menschen nebeneinander in einer unterirdischen Höhle und schauen in dieselbe Richtung. Sie können sich nicht bewegen, weder mit ihren Gliedmaßen noch mit ihrem Kopf. Dies ist ihnen aber nicht bewusst, sie sind daran gewöhnt, von Kindheit an. Die Fesseln sind ein Teil ihrer Erziehung. Es ist, als seien sie so sehr mit ihnen verwachsen, dass sie diese gar nicht spüren.

Die Menschen in der Höhle befinden sich nicht in völliger Dunkelheit. Ein Feuer brennt hinter ihnen, und auch von oben fällt Licht in die Höhle. Zwischen dem Feuer und den Gefesselten befindet sich ein Weg. An diesem steht eine Mauer. Längs dieser Mauer werden allerlei Gegenstände vorübergetragen – und es zeigt sich, dass die Gefesselten, diese wunderlichen, uns ganz ähnlichen Menschen, nichts anderes sehen als Schatten an der Wand: „Denn zuerst, meinst du wohl, dass dergleichen Menschen von sich selbst und voneinander etwas anderes zu sehen bekommen als die Schatten, welche das Feuer auf die ihnen gegenüberstehende Wand der Höhle wirft?" Der Gesprächspartner entgegnet freilich: „Wie sollten sie, wenn sie gezwungen sind, zeitlebens den Kopf unbeweglich zu halten!" Die Menschen sehen aber nichts als Schatten und halten das, was sie sehen, dennoch für wahr. Sie benennen die Schatten. Platon fährt fort: „Auf keine Weise also können diese irgendetwas anderes für das Wahre halten als die Schatten jener Kunstwerke? – Ganz unmöglich."

Die Situation des Menschen, der sich in einem Zustand der Unwissenheit befindet und dennoch zu wissen glaubt, ist zeitlos und sehr treffend beschrieben. Blind vertraut er dem, was ihm vorgeführt wird, hält die Schatten für die Wahrheit und wäre über die Maßen erstaunt, wenn ihm jemand seinen Zustand beschriebe. Diese Schatten repräsentieren für Platon jede Form unphilosophischer Lebensweise. Ein Mensch, der traditionsgebunden lebt und sich nicht fragt, warum er so lebt, jemand, der sich ohne viel Nachdenken dem fügt, was andere von ihm fordern, ganz gleich, welchen Herren er bereitwillig zu dienen bereit ist, zahllose Menschen, die das Fragen verlernt und bloß hinzunehmen gelernt haben, was ihnen vorgesetzt wird – all diese Menschen sind typische Bewohner dieser Höhle, Menschen also, die uns ganz ähnlich sind. Damit verdeutlicht Platon ganz unbemerkt eine anthropologische Konstante, nämlich die Trägheit des Menschen, in der, wie Immanuel Kant zweitausend Jahre später im Zeitalter der Aufklärung sagt, „selbstverschuldeten Unmündigkeit" zu verharren. Das bedeutet, dass der Mensch, weil er gleichgültig, faul oder teilnahmslos ist, versäumt, sich des eigenen Verstandes zu bedienen.

Der Mensch ist bei Platon nicht dazu bestimmt, für immer und ewig in einer Höhle zu bleiben und wahrgenommene Trugbilder für wahr zu nehmen. So ist es dem Menschen nicht möglich, sittlich gut zu handeln. Er kennt gar nicht das Gute, sondern nur das, was er für gut hält. Auch alle anderen, die wie er in der Höhle gefesselt sind, richten sich an den Schatten, an der farbenprächtig schillernden Welt des illusionären Scheins aus, betrachten diese als Wirklichkeit und glauben, dass sie wissen, was Wahrheit ist.

Nun berichtet Platon von der Entfesselung. Die Philosophiegeschichte hat die Lösung von den Banden lange Zeit beschäftigt. Denn der Philosoph beschreibt nicht, wie der Mensch von seinen Fesseln befreit wird. Von einer Erlösergestalt, die den Menschen gewaltsam aus den Banden herauslöst, ist nicht die Rede. Platon lässt dies bewusst offen. Ein Mensch also wird entfesselt, vermutlich aus eigener Kraft. Vielleicht beginnt dieser Prozess mit dem Staunen, das Platon als Anfang aller Philosophie beschrieben hat. Die Skepsis führt zu existentiell bedrängenden Fragen. Wer nämlich zu fragen beginnt, zweifelt bereits. Manche Frage ist einfach zu stellen und doch außerordentlich schwer zu beantworten: „Wie soll man leben?" Dieses „man" ist jeder Mensch. Zuerst bin ich es also selbst, der sich seiner selbst bewusst ist und zu zweifeln beginnt: Lebe ich wirklich so, wie ich leben möchte? Oder verbringe ich meine Tage nur wie alle anderen auch? Ein leichtes Unbehagen keimt auf, verbunden mit der Frage „Warum?", die vermeintlich unbedingt Gültiges, von allen Akzeptiertes befragt und allein durch das bloße Fragen erschüttert.

Mit einem Mal versteht der Fragende, dass das, was ihn fesselt, was seine Kräfte lähmt, gar nicht existent ist in Gestalt eines unüberwindlichen Systems. Es sind nur altvertraute Gewohnheiten, tradierte Regeln, Vorurteile, eine unreflektierte Lebensweise, alles, was zunächst selbstverständlich erscheint, aber offenbar gar nicht so selbstverständlich ist. Im Moment des Erstaunens begreift sich der Mensch als frei und schaut sich um.

Was er nun wahrnimmt, sieht er zum ersten Mal: Seine Mitmenschen sitzen gefesselt in einer Höhle – und er selbst ist einer von ihnen. Allein durch diese Erkenntnis aber spürt er, dass er anders ist als sie. Bis eben noch war er den Menschen neben ihm gleich. Plötzlich ist er ihnen fremd geworden. Was soll er nun tun? Er könnte sich wieder auf seinem alten Platz niederlassen und weiter leben wie zuvor. Aber etwas in ihm sträubt sich dagegen. Vielleicht erscheint ihm der Zustand, in dem er sich eben noch befand, nunmehr als gar nicht so erstrebenswert. Die anderen bemerken gar nichts. Sie verharren, stumpfsinnig und träge, im gewohnten Alltagstrott. Allenfalls nehmen sie kopfschüttelnd zur Kenntnis, dass sich der Entfesselte allmählich von ihnen und ihrer Lebensweise distanziert – wenn den anderen seine Loslösung überhaupt bewusst wird. Platon schreibt, der Entfesselte sei gezwungen aufzustehen. Der Prozess der Entfesselung ist also schon ganz am Anfang unumkehrbar. Wer, metaphorisch gesprochen, vom Baum der Erkenntnis gekostet hat, wird immer sehen, dass er nackt ist. Der Erkennende ist durch sich selbst gezwungen aufzustehen. Seine Neugierde, sein Staunen und sein Drang nach Wissen zwingen ihn dazu. Auch als er noch gefesselt war, interessierte er sich durchaus für das Dargebotene und glaubte – so lernend, wie alle lernen –, Wissen zu erwerben.

Nun entdeckt der Entfesselte das, was die anderen noch nicht kennen. Es liegt jenseits ihrer Vorstellungskraft. Er steht auf und geht umher, sieht gegen das Licht, das er noch nie gesehen hat. In dieses Licht zu schauen, tut weh. Der Prozess der Erkenntnis beginnt mit Qualen. Er ist anderes gewöhnt. Seine bisherige Sicht der Dinge war schmerzlos. Der Entfesselte ist geblendet und kann die Gegenstände noch nicht ganz wahrnehmen, von denen er zuvor nichts sah als ihre Schatten. Immerhin begreift er schon, dass all das, was er zuvor für die Wahrheit hielt, nur eine Reihe von Abbildern war. Der Erkennende leidet. Alles, was er in seinem Leben für bedeutungsvoll gehalten hatte, das Streben nach Erfolg und Anerkennung in der Höhle, scheint mit einem Mal belanglos zu sein. Aber das, was alle tun, muss doch zwangsläufig richtig sein, überlegt der Entfesselte zunächst – und erkennt langsam seinen Irrtum. Er ist verwirrt und sträubt sich gegen seine neuen Einsichten, die ihm allmählich bewusst werden. Als sei er in einem bösen Traum gefangen, sehnt sich der Entfesselte in den Zustand der Unschuld zurück. Der Prozess der Erkenntnis schreitet jedoch voran. Er schaut direkt in das Licht, unter großen Qualen. Am liebsten würde er zurückkehren, seinen Platz unter den Gefesselten wieder einnehmen. So wünscht er sich, alles möge sein wie zuvor, in scheinbar bester Ordnung. Aber insgeheim weiß er, dass er sich schon verändert hat, dass er schon anders geworden ist. Er sieht mehr als die anderen, auf eine neue, diesen gänzlich unbekannte Weise.

Platon beschreibt das nächste Stadium der Erkenntnis als

äußerst leidvoll. Mit Gewalt zerrt einer den Entfesselten – wer dieser „eine" ist, erfährt der Leser nicht, so liegen die Deutungsmöglichkeiten im Ermessen des Interpreten – den unwegsamen, steilen Aufgang nach oben, zieht ihn mit Macht, bis der Entfesselte das Licht der Sonne erblickt hat. Zunächst sieht er gar nichts mehr, irritiert und geblendet. Aber langsam gewöhnt er sich auch an diesen neuen Zustand und beginnt zu erkennen, dass die Schatten an der Wand tatsächlich nicht mehr sind als Schatten. Am Ende des Erkenntnisweges schaut der Entfesselte die Sonne selbst, welche die Idee des Guten symbolisiert. Platon schreibt: „Und dann wird er schon herausbringen von ihr, dass sie es ist, die alle Zeiten und Jahre schafft und alles ordnet in dem sichtbaren Raume und auch von dem, was sie dort sahen, gewissermaßen die Ursache ist." Selbst noch das Licht für die Abbilder, die Schatten, spendet diese Idee des Guten.

Eine radikale Veränderung hat sich vollzogen. Nichts ist für den Entfesselten so, wie es einst war. Er glaubte, dass er gebildet war, aber das, was er für Wissen hielt, ist belanglos. Seine „Bildung" war „Unbildung". Er war Regeln gefolgt, die anscheinend gültig und richtig waren. Nun zeigen sich sie ihm bloß als Konventionen, Fesseln, Vorurteile, die ihn banden und die seine Mitmenschen noch immer fesseln. Er erkennt den Unterschied zwischen der Wahrheit und dem, was für wahr gehalten wird. So preist sich der Entfesselte glücklich, nicht von Lügen, Irrtümern und Schatten getäuscht zu werden und sich täuschen zu lassen, sondern ein philosophisches Leben zu führen, reich an Erkenntnis, im Bewusstsein, dass Schatten an der Wand nichts anderes sind als Schatten. Töricht ist es, diese Schatten für die Wahrheit zu halten. Der Entfesselte erkennt, welche Regeln in der Höhle bestehen: „Und wenn sie dort unter sich Ehre, Lob und Belohnungen für den bestimmt hatten, der das Vorüberziehende am schärfsten sah und sich am besten behielt, was zuerst zu kommen pflegte und was zuletzt und was zugleich, und daher also am besten vorhersagen konnte, was nun erscheinen würde, glaubst du, es werde ihn danach noch groß verlangen und er werde die bei jenen Geehrten und Machthabenden beneiden?"

Die Menschen in der Höhle verfolgen die Abfolge der Schatten aufmerksam. Wer die Schatten am besten zu deuten weiß, steht hoch in ihrer Gunst. Er wird besonders anerkannt, weil er die Regeln beherrscht, sich darzustellen und zu gefallen weiß. Flüchtiger Ruhm ist ihm gewiss. Wer die Schatten zu deuten versteht und mitspielt, sich als biegsam erweist, anpassungsfähig, opportunistisch, sich all dem bereitwillig fügt, was von ihm erwartet wird, ist gewissermaßen der König der Gefesselten. Er hält sich für weise, klug und mächtig, er ist selbstbewusst, als läge ihm die ganze Welt zu Füßen. Doch er ist unendlich arm dran. Denn er begreift nicht einmal, wie wenig er weiß. Nichts als Schatten sieht er – und hält diese für die Wahrheit. Mögen andere auch dem obersten Schattendeuter seine Stellung neiden, sie sind allesamt unwissend. Der Entfesselte betrachtet sie mit Verwunderung und gänzlich neidlos.

Wer das Licht der Wahrheit gesehen hat, kann nicht länger das Spiel der anderen auf dem Jahrmarkt der Eitelkeiten mitspielen. Er wird zum Spielverderber, weil er die Schatten erkennt als das, was sie sind – nämlich Trugbilder. Der Entfesselte wird ohne Scheu jede Täuschung eine Täuschung nennen. Statt in der Kunst der Schattendeutung um Nichtiges zu wetteifern, wird er lieber, so Platon, einem Landmann das Feld als Tagelöhner bestellen. Selbst wenn er sich auf seinen alten Platz setzen und versuchen würde, die Schatten zu sehen, hätte er beträchtliche Schwierigkeiten. Es braucht Zeit, sich an das Licht der Sonne zu gewöhnen, und es ist unmöglich, wieder zurückzukehren und sich an die Regeln der Höhle aufs Neue zu gewöhnen. Die Erkenntnis der Wahrheit verändert den Menschen von Grund auf. Der Entfesselte, auf neue Weise sehend geworden, durchschaut das Beziehungsgeflecht, die scheinbaren Gesetzmäßigkeiten der menschlichen Tugendkomödie und weiß zu unterscheiden, was im Leben wirklich wichtig und was nichtig ist. Gut leben wird nur, wer sich an der Idee des Guten orientiert.

Seine Mitmenschen werden ihn verhöhnen und sagen – wie Kallikles in Platons „Gorgias" zu Sokrates –, dass es sich wohl nicht lohne, den Weg der Erkenntnis zu beschreiten, und es geradezu töricht sei, wenn man sich hernach nicht mehr in der Welt, wie sie ist, zurechtfinde. Mehr noch, jeder, der aufzubrechen versuche, müsse daran gehindert und zur Not getötet werden. Vermutlich weil der Zweifel für die Welt in der Höhle eine Gefahr bedeutet, nämlich die Infragestellung gültiger Regeln, die ein bestehendes Herrschaftssystem stabilisieren, aber nicht der Vernunft entsprechen. Dieser Widerspruch des Erkennenden, möglicherweise auch nur seine Verwunderung, macht ihn zu einer unerwünschten Person, so dass die anderen ihn, wenn sie seiner habhaft würden, umzubringen versuchten. So war es Platons Lehrer Sokrates ergangen. Der Entfesselte, der Philosoph, ist nach Ansicht der Menschen in Platons Höhle ein Ketzer. Sein Denken ist gefährlich. Wer die Macht der Schattendeuter bewahren will, muss ihn und seinesgleichen beseitigen. Also wäre es wohl, schon aus Gründen des Selbsterhalts, ratsam, von einer Rückkehr in die Höhle abzusehen. Die Konsequenz daraus, so scheint es, wäre ein Leben in Isolation und Einsamkeit. Der Entfesselte würde wohl lieber in kontemplativer Betrachtung verharren und sich von der Höhle fernhalten. Aber ist das wirklich seine Bestimmung?

## Die Aufgabe des Philosophen

Platon liefert eine Deutung des „Höhlengleichnisses" unmittelbar nach der Erzählung dieses eindrucksvollen Bildes. Den Aufstieg aus der Höhle beschreibt er als „Aufschwung der Seele" in die Sphären der Erkenntnis zur „Idee des Guten": „Gott mag wissen, ob mein Glaube richtig ist; was ich wenigstens sehe, das sehe ich so, dass zuletzt unter allem Erkennbaren und nur mit Mühe die Idee des Guten erblickt wird, wenn man sie aber erblickt hat, sie auch gleich dafür anerkannt wird, dass sie für alle die Ursache alles Richtigen und Schönen ist, im Sichtbaren das Licht und die Sonne, von der dieses abhängt, erzeugend, im Erkennbaren aber sie allein als Herrscherin Wahrheit und Vernunft hervorbringend, und dass also diese sehen muss, wer vernünftig handeln will, es sei nun in eigenen oder in öffentlichen Angelegenheiten."

Platons Weg der Erkenntnis geht einher mit einer notwendigen Folgerung. Das als richtig Erkannte verändert den Erkennenden. Dementsprechend handelt er. Der Philosoph weiß, dass das Glück des Menschen abhängig ist von seinem Verhalten. Orientiert er sich an der Idee des Guten, an der Vernunft, so lebt er gerecht und genießt das wahrhaft gute Leben. Der Philosoph soll in die Höhle zurückkehren. Die Vernunftlosen, die zu wissen glauben, leben leichtfertig im Bann der Schatten, innerlich desorientiert und verwirrt. Sie folgen aus Gewohnheit, gehorchen Befehlen und fügen sich in einen Rhythmus des Lebens, der nicht ihr eigener, selbst bestimmter Rhythmus ist. Der Entfesselte und der Gefesselte leben gleichsam in verschiedenen Welten. Sie gebrauchen dieselben Worte, aber sie sprechen nicht dieselbe Sprache. Der Entfesselte aber kann die Denkvorgänge des Gefesselten nachvollziehen. Umgekehrt aber ist der Philosoph dem Nichtphilosophen eine wunderliche Gestalt. Der Philosoph hat die Fesseln gelöst und sieht sie bei anderen. Dem Nichtphilosophen sind die Fesseln nicht bewusst. Er glaubt, Herr zu sein, und ist doch Knecht. Der Philosoph kennt die Regeln in der Höhle, aber passt sich ihnen nicht an und erfährt die Spannung zwischen „göttlichen Anschauungen" und „menschlichem Elend" hautnah. Rechenschaft muss er ablegen, wie Sokrates vor Gericht, und über Gerechtigkeit mit denen streiten, die gar nicht wissen, was Gerechtigkeit ist – eine paradoxe, merkwürdige und überaus befremdliche Situation.

Platon beschreibt die Konsequenzen für die Bildung des Menschen als „periagoge", als Umlenkung der Seele. Sehen kann jeder Mensch. Aufgabe des Philosophen ist es jedoch, die Aufmerksamkeit auf das Wesentliche zu lenken und die Täuschungen bewusst kenntlich zu machen, um sich auf die Wahrheit besinnen zu können. Aus dem Gesagten ergibt sich eine politische Folgerung. Es stellt sich nämlich die Frage: Wer soll den Staat regieren? Für Platon sind dies freilich nicht die gegenwärtig Machthabenden, weder die Unwissenden, die sich für wissend halten, noch die, die fortwährend mit Wissenschaften beschäftigt sind: „Die einen, weil sie nicht einen Zweck im Leben haben, auf welchen zielend sie alles täten, was sie tun für sich und öffentlich; die anderen, weil sie gutwillig gar nicht Geschäfte werden betreiben wollen, in der Meinung, dass sie noch immer auf den Inseln der Seligen leben und also abwesend sind."

Die Unwissenden kennen die Idee des Guten nicht. Sie lassen sich beliebig von Launen des Augenblicks leiten, schweifen umher und kreisen haltlos um sich selbst. Nie um eine Antwort verlegen, wüssten sie vielleicht auch auf die Frage, was zu tun sei, beliebig oft Auskunft zu geben – und das, was sie sagen, wäre eben beliebig. Die anderen aber, die Akademiker, Forscher und Wissenschaftler, allesamt kluge Leute, die diffizile Probleme erörtern können, sind ebenfalls ungeeignet. Sie haben sich einer Wissenschaft verschrieben, die weder ihren Mitmenschen zu Gute kommt noch ihnen hilft, das eigene Leben zu meistern. Im Studierzimmer an den Schreibtisch gefesselt, der Forschung ergeben, Probleme zerstreut ergrübelnd, die nur sie selbst für wichtig nehmen, ist ihnen etwas nur scheinbar Sinnvolles zum Lebensinhalt geworden, das aber ebenso nichtig ist wie die besinnungslose Genusssucht eines Unwissenden.

Die Philosophen aber würden am liebsten außerhalb der Höhle verharren. Verdenken kann man es ihnen kaum, da sie die Welt mit ihren Eitelkeiten, Intrigen und Machenschaften, mit ihren Mechanismen von Täuschung und Lüge nicht ertragen würden. Doch die Aufgabe der Philosophen verbindet sich mit den erworbenen Erkenntnissen. Sie müssen die Verantwortung für das Gemeinwesen übernehmen, denn sie sind nicht nur Individuen, sondern zugleich Glieder dieser staatlichen Gemeinschaft. Auch geschieht ihnen kein Unrecht. Vielmehr würden sie dem gerecht, was sie zu tun vermögen, wenn sie als Philosophen den Staat führten. Wer wäre besser dazu geeignet als derjenige, der die Idee des Guten geschaut hat und ganz von ihr erfüllt ist? Für den Staat ist es optimal, wenn nicht die machtbesessenen Menschen einflussreiche Positionen einnehmen, sondern Menschen, denen diese Macht vielleicht unheimlich ist, die gar nicht hohe Ämter bekleiden wollen. Niemand ist besser geeignet, Macht auszuüben, als derjenige, der gar nicht nach Macht strebt. Platon schreibt: „Ihr Philosophen müsst also nun wieder herabsteigen, jeder in seiner Ordnung, zu der Wohnung der Übrigen und euch mit ihnen gewöhnen, das Dunkle zu schauen. Denn gewöhnt ihr euch hinein, so werdet ihr tausendmal besser als die dortigen sehen und jedes Schattenbild erkennen, was es ist und wovon, weil ihr das Schöne, Gute und Gerechte selbst in der Wahrheit gesehen habt. Und so wird uns und euch der Staat wachend verwaltet werden und nicht träumend, wie jetzt die meisten von solchen verwaltet werden, welche Schattengefechte miteinander treiben und sich entzweien um die Obergewalt, als ob sie ein gar großes Gut wäre. Das Wahre daran ist aber dieses: Der Staat, in welchem die zur Regierung Berufenen am wenigsten Lust haben zu regieren, wird notwendig am besten und ruhigsten verwaltet werden, der aber entgegengesetzte Regenten bekommen hat, auch entgegengesetzt."

In einem solchen Staat, so Platon, wird nicht derjenige glücklich genannt, welcher an materiellen Gütern reich ist. Nur Vernunft, nur Tüchtigkeit und Tugend machen den wahren, lebendigen und unverlierbaren Reichtum des Menschen aus. So können also allein Philosophen den Staat gut regieren, gut, weil sie mit der Idee des Guten vertraut sind, und nicht, weil sie zu wissen glauben, dass irgendetwas gut ist. Dieser Staat ist der beste von allen. Darum sollen die Philosophen Könige werden – aber der Staat, der Menschen zu Philosophen bildet, muss selbst schon philosophisch geleitet sein. Denn wenn Männer wie Kallikles den Staat regieren, so ist sehr zweifelhaft, dass sie die Notwendigkeit des philosophischen Bildungswegs erkennen würden.

Platon hoffte als Ausbilder von Philosophen wirken zu können, die einst Staatsmänner würden. Wer mit Führungsaufgaben betraut werden sollte, musste höchsten Ansprüchen genügen. Das „Höhlengleichnis" schließt mit dem Bildungsprogramm, das alles beinhaltet, was auch an Platons Akademie gelehrt wurde: Arithmetik, Geometrie und Stereometrie, Astronomie, Musik, Harmonielehre und schließlich Dialektik.

## Unordnung und Ordnung

Platon missbilligte die athenische Demokratie und verabscheute jede Art von Tyrannei. Beide Staatsformen liefen seines Erachtens dem stärksten Moment des Philosophierens schroff zuwider, der Sehnsucht und dem Streben nach Einheit der Polis, die auf beste Weise eingerichtet sein sollte, analog dem „Kosmos", dem wohlgeordneten Gefüge des Weltalls, entsprechend der vernunftbestimmten Seele des Menschen. Die Demokratie mutet an, als wäre sie nach dem Besuch in einer „Trödelbude von Staatsverfassungen" eingerichtet worden. In ihr wird beliebig zusammengestellt, was als zeitgemäß erscheint.

In der Demokratie entscheidet das Mehrheitsprinzip; die Polis ist in sich gespalten, im Kriegsfall darf jeder tun, was ihm gefällt, statt dass die Bürger des Staates sich als unverbrüchliche Einheit erwiesen. Regieren kann auch eine Allianz der Versager. Wer nicht als Richter zugelassen wird, mag sich zum Staatsmann wählen lassen. Verurteilte werden milde behandelt und stolzieren selbstgefällig umher. Niemand betreibt eine ernsthafte Politik im demokratischen Staat, der Gleiche und Ungleiche ausgewogen behandelt, nämlich nach dem Prinzip der arithmetischen Gleichheit, die absolut nach Stimmen entschiedet, nicht gerecht und damit schlecht ist, im Gegensatz zur geometrischen Gleichheit, die proportional nach den immateriellen Verdiensten gestaltet ist. Resultat der demokratischen Herrschaftsform sind ungebildete Jünglinge, die Vergnügungen aller Art, aber nicht die ernste Bildung betreiben, denen alles, auch das Wohl des Staates, zum Spiel wird. Schmeichelei gilt als Tugend, Ausgelassenheit als charakterliche Reife, Unordnung als Aufgeklärtheit, Prasserei als vornehme Lebensart und Respektlosigkeit als beherzter Optimismus. Der demokratische Mensch sucht Reiz und Amüsement, nimmt an Festivitäten und Orgien teil, treibt dann wieder Sport und hält eine Zeit lang Diät, lebt bedenkenlos-apathisch in den Tag hinein, tut so, als triebe er wissenschaftliche Studien. Im Politischen lässt er sich zu vermeintlich staatsmännischer Pose, moralisierender Empörung und großen Reden beliebigen Inhalts hinreißen, handelt nach Lust und Laune, getrieben von Eifersucht und Geltungsbedürfnis. Er vereinigt alle Gemütsstimmungen und Sitten in sich, eine schillernde Gestalt, wegen seiner Lebensweise beneidet, fern jeglicher Ordnung und Notwendigkeit, die sein Dasein leiten könnte, wähnt er sich anmutig und frei, verhält sich, wie es ihm gefällt, betreibt das Wichtigste, als sei das Leben nichts als ein kindischer Spaß. Dies ist Ausdruck einer Verfassung, in der anarchische Freiheit, schiere Gesetzlosigkeit also, regiert und paradoxerweise ein Mensch, dessen Seele nicht in rechter Weise geordnet ist, als Repräsentant des scheinbar geordneten Staates fungiert. Platon beschreibt den Zustand der allzeit gefährdeten und von Verfall bedrohten Demokratie eindringlich: „Der Lehrer zittert vor seinen Zuhörern und schmeichelt ihnen; die Zuhörer aber machen sich nichts aus den Lehrern. Überhaupt stellen sich die Jüngeren den Älteren gleich und setzen sich in Worten und Taten mit ihnen auseinander. Die Alten aber begeben sich unter die Jugend und suchen es ihr gleich zu tun an Fülle des Witzes und lustiger Einfälle, damit es nämlich nicht das Ansehen hat, als seien sie mürrisch oder herrschsüchtig." Für Platon verband sich die Staatsform Demokratie mit anarchischem Aufruhr, Herrschaft der Ignoranz, substanzloser Haltlosigkeit, ausschweifender Zügellosigkeit, Verweichlichung und beständigem Sittenverfall.

Die schlechteste aller Staatsformen, die Tyrannis, entsteht durch den Missbrauch der Freiheit. Regellose Liberalität schlägt in eiserne Knechtschaft um, und der Wortführer des Volkes, ein Agitator und Demagoge, schwingt sich zum Tyrannen auf. Er weiß Anklagen, Rechtsstreitigkeiten und Konflikte aller Art im Staat für sich zu nutzen. So stellt er sich als Retter dar, errichtet ein Regime des Terrors, verkehrt Recht in Unrecht und herrscht, indem er, wie Platon sagt, „sich einheimischen Blutes nicht enthält". Der tyrannische Mensch ist beherrscht von Ruchlosigkeit und heftigen, wilden Begierden und Süchten ergeben. Niemandem ist er Freund, herrschsüchtig, unfähig, souverän und frei zu sein, verhält er sich treulos gegenüber allen, der Familie, der Polis und sich selbst. Wenn der Triumph nicht mehr möglich ist, zertrümmert er, einem wachenden Träumer gleichend, in der besinnungslosen Raserei alles, was noch besteht. Der Tyrann ist ein wahrhaftiger Albtraum, ein Mensch, der als Ungerechtester von allen das größte Unheil anrichtet und nicht einmal weiß, dass er, indem er durch sein brutales, rücksichtsloses und bestialisches Tun anderen schweres Leid bereitet, sich selbst ins Unglück des Unrechttuenden stürzt: „So ist in Wahrheit, und wenn es einer auch nicht glaubt, der rechte Tyrann auch ein rechter Sklave vermöge der ärgsten Schmeichelei und Knechtschaft und als ein Schmeichler der schlechtesten Menschen. Und keineswegs etwa erfüllt er seine Begierden, sondern fast an allem fehlt es ihm, und der Wahrheit nach erscheint er arm, wenn einer die ganze Seele versteht ins Auge zu fassen. Und sein ganzes Leben lang ist er immer in Furcht und voll Krampf und Schmerzen, wenn er in gleichem Zustande ist wie der Staat, über den er gebietet."

Der wirkliche Politiker aber muss ein Mensch sein, der Politik als Dienst auffasst und sein Amt als Bürde trägt. Viel lieber widmete er sich der Wissenschaft. Aber er lässt sich in die Pflicht nehmen, um dem Ganzen zu dienen. Dieser Politiker ist ausgeglichen und im Einklang mit sich selbst. Das Streben nach Harmonie und innerer Einheit soll auch den Staat erfüllen. Ein Gleichnis dieser Wohlordnung fand Platon im Weltgefüge, das in mathematischen Proportionen darstellbar und an der Idee des Guten orientiert ist. Dieser Struktur sollte auch das Gemeinwesen genügen. Platon war kritischer Realist. Er kannte die menschlichen Schwächen, glaubte aber beharrlich an die Möglichkeit der Erkenntnis und die Wendung zum Guten. Nur die im Einklang mit sich selbst befindliche menschliche Seele entspricht der Harmonie der Sphären des Kosmos. Im „Timaios" schreibt Platon: „Nun sind die Gedanken und Umläufe des Alls dem Göttlichen in uns verwandte Bewegungen. Diesen muss jeder folgen, die in unserem Kopfe verdorbenen Umläufe dadurch wieder in Ordnung bringen, dass er Harmonien und Umläufe des Alls erkennen lernt. Und so muss er dem Wahrgenommenen das Wahrnehmende seiner ursprünglichen Natur gemäß ähnlich machen, durch diese Verähnlichung aber das Ziel jenes Lebens erreicht haben, welches den Menschen von den Göttern als bestes für die gegenwärtige und die künftige Zeit ausgesetzt wurde." Platons Erlebnis des Schönen ist die wissenschaftliche Freude, die Lust am Denken, an der Entdeckung eines begriffenen oder zumindest vermuteten Zusammenhangs. Mit ihr sollte die Bildung des Menschen, der so über das Begrenzte und seine Schwachheit hinauswachsen und sich an der Idee des Guten neu ausrichten konnte, anfangen. Den mangelhaften Gegenständen der Welt der Erscheinungen stellte Platon die makellosen geometrisch-mathematischen reinen Formen gegenüber: die Bahn des Gestirnes, das materielle Abbild, den vollkommenen, definierbaren Kreis und die Idee. So stellte sich der Philosoph den lebensverändernden Prozess der Erkenntnis vor: Eine tiefe innere Freude erfasst den Wissenschaftler, wenn die höchste Idee durch die Erscheinung des Schönen spürbar ist und nicht als etwas von außen durch die sinnliche Wahrnehmung Vermitteltes erscheint. Der Mensch erfährt gleichsam, wie diese Schau ihn an etwas, das tief im

Innersten seiner Seele schlummert, erinnert und dieses Etwas nun wie eine verborgene Saite in ihm zum Klingen gebracht wird.

Die Erkenntnis der mathematischen Proportionen des Weltgefüges bewegte den alten Platon sehr, so dass ihm der „Kosmos" selbst nicht nur als wunderbar, sondern auch als beseelt erschien, und zwar durch jedes Menschen und jedes Lebewesen Seele, die in ihm heimisch und geborgen sind, wie die Abschlussworte des „Timaios" zeigen: „Indem diese unsere Welt sterbliche und unsterbliche Lebewesen erhielt und derart mit ihnen erfüllt ward, ist sie ein sichtbares Lebewesen, das die sichtbaren Lebewesen umgibt, als Abbild des nur denkbaren Lebewesens, ein wahrnehmbarer Gott, der größte und beste, schönste und vollkommenste geworden – dieser unser einziger, einzigartiger Himmel."

So wohlgeordnet das Firmament dem alten Platon erschien, so mächtig herrschte die Torheit in der Welt der Menschen und in vielen Seelen, die nicht wussten, wie am besten zu leben sei. Wer den Begierden folgt, heftet sich an das Vergängliche. Platon beschreibt im „Timaios" erneut die philosophische Lebensweise: „Wer sich dagegen um Erweiterung seiner Kenntnisse und wahre Einsichten ernstlich bemüht hat, diese Bereiche seiner selbst vorzüglich ausgebildet hat, der muss mit unbedingter Notwendigkeit, wenn er die Wahrheit berührt, unsterbliche und göttliche Gedanken haben, und, soweit es der menschlichen Natur möglich ist, der Unsterblichkeit teilhaftig zu werden, kann er es daran in keiner Weise fehlen lassen, und *muss*, da er ständig das Göttliche in sich pflegt und den ihm innewohnenden Schutzgeist in hohen Ehren hält, überaus glückselig sein."

Der Glücklichste aber ist für Platon der königlich Gesinnte, ein Mensch, der mit sich selbst und mit den Mitmenschen befreundet, innerlich frei und niemandem untertan, Herr seiner selbst, authentisch, aufrichtig und charakterfest ist – und das kann einzig und allein ein Philosoph sein. Platon empfiehlt, ein ausgewogenes Leben zu wählen und sich vor dem Übermaß zu hüten, denn nur so wird der Mensch glückselig sein – und Gleiches gilt auch für das Gemeinwesen. In der Wahl ist der Mensch frei. Niemand bestimmt über ihn: „Nicht euch wird der Dämon erlosen, sondern ihr werdet den Dämon wählen. Wer aber zuerst gelost hat, wähle zuerst die Lebensbahn, in welcher er dann notwendig verharren wird. Die Tugend ist herrenlos, von welcher, je nachdem jeglicher sie ehrt oder gering schätzt, er auch mehr oder minder haben wird. Die Schuld ist des Wählenden; Gott ist schuldlos."

Platon, ein Meister der Sprache, hatte das richtige Los gewählt – und sich für die Philosophie entschieden. Tiefen Respekt bezeugen ihm große Denker jeder Epoche. Sein bedeutendster Schüler, Aristoteles, bezeichnete Platon als den „einzigen oder ersten der Sterblichen, der durch sein eigenes Leben und die Methode seiner Rede deutlich machte, wie der tugendhafte zugleich ein glücklicher Mensch wird". Dem Lehrer hätten die anerkennenden Worte in ihrer schlichten Aufrichtigkeit gewiss zugesagt.

# III. ARISTOTELES UND DER HELLENISMUS

Das Philosophieren erhielt in Platons Akademie eine neue Form: Die systematische Unterweisung und Forschung umfasste zahlreiche Lehrgegenstände. In der Akademie wurde ein breit gefächertes Wissen vermittelt. Von vielen Philosophen der alten Welt, die zu Platons Zeiten und danach lebten und lehrten, ist uns nur wenig bekannt. Einige der größten Philosophen des Altertums – zu ihnen gehört zweifellos Theophrast, der Schüler und Weggefährte des Aristoteles – sind fast vergessen. Wenige Schriften von diesen Denkern blieben erhalten, Berichte über ihr Leben und Schaffen fehlen fast gänzlich. Zum Glück aber sind zahlreiche Werke von Aristoteles selbst überliefert, jenem nüchternen, außerordentlich fleißigen Denker, der die Philosophie des Abendlandes kaum weniger prägte als sein berühmter Lehrer Platon. Er ist neben Sokrates und Platon die dritte maßgebliche Gestalt des griechischen Denkens jener Zeit.

## Aristoteles' Leben

Aristoteles lernte, die Welt mit den Augen Platons zu sehen. Siebzehnjährig trat er, geboren im Jahr 384 v. Chr. als Sohn des Arztes Nikomachos in Stagira, in die Akademie ein. Aristoteles studierte die „mathemata" sorgfältig und begann selbst zu dozieren. Er war über alle Maßen begabt. Platon erkannte die herausragenden Fähigkeiten seines Meisterschülers. Aristoteles arbeitete akribisch und scheute sich nicht, dem verehrten Lehrmeister Platon ein ums andere Mal um der gemeinsamen Sache willen zu widersprechen. Der alte Platon sagte angeblich: „Aristoteles hat gegen mich ausgeschlagen, wie es junge Füllen gegen die eigene Mutter tun."

Aristoteles fühlte sich zur Wissenschaft berufen. Das Streben nach Erkenntnis gab seinem Leben Sinn. Materielle Güter waren nicht wichtig. Der junge Aristoteles bekannte: „Also muss man entweder Philosophie treiben oder dem Leben den Abschied geben und weggehen, da alles andere Nichtigkeiten und Possen sind." Ein Mensch, der sich um äußerlichen Glanz, aber nicht um das Heil der eigenen Seele kümmert, gleicht einem kraftlosen Pferd mit einem goldenen Gebiss, das kostbares Geschirr trägt, aber zur Arbeit auf dem Feld nicht taugt. Vernunftbegabte Lebewesen sollen philosophieren. Denn allein die Philosophie als Wissenschaft der Wahrheit verschafft inneren Frieden und macht wahrhaft glücklich. Anders als Platon glaubte Aristoteles, dass Wissenschaft nicht zur Einsamkeit führte, sondern Lehrende und Lernende durch ein festes Band verknüpfte und ihr Leben auf unvergleichliche Weise wechselseitig bereicherte.

Aristoteles variiert in einer frühen, nur fragmentarisch überlieferten Schrift das platonische Höhlengleichnis. Bei ihm wird das Gleichnis über Bildung und Unbildung des Menschen zu einer eindrucksvollen Darstellung der philosophischen Lebensweise, die ihren Höhepunkt in der Erkenntnis des göttlichen Weltgefüges findet: „Wenn es Menschen gäbe, die immer unter der Erde gewohnt hätten, in guten, prächtigen Behausungen, die geschmückt wären mit Bildwerken und Gemälden und ausgestattet mit allem Überfluss derer, die man für glücklich hält; diese Menschen wären jedoch niemals auf die Erde heraufgekommen und hätten nur durch Hörensagen vom Dasein einer höheren, göttlichen Macht vernommen, und sie kämen jetzt irgend einmal durch die geöffneten Schlünde der Erde aus ihren verborgenen Winkeln heraus und herauf an die Orte, die wir bewohnen; wenn sie dann plötzlich die Erde und die Meere und den Himmel sähen und die Größe der Wolken und die Gewalt der Winde erkennten, und sie erblickten die Sonne und erkennten ihre Größe und Schönheit und ihre machtvolle Wirkung, dass sie den Tag hervorbringt, wenn sie ihr Licht über den Himmel ausströmt, und sie sähen dann wieder, wenn Nacht die Lande umdunkelt, den ganzen Himmel mit Sternbildern mannigfach geziert und den Wechsel des bald wachsenden, bald alternden Mondlichts und all dieser himmlischen Körper Aufgänge und Untergänge und ihre in alle Ewigkeit festen, unveränderlichen Bahnen: wahrhaftig, bei diesem Anblick würden sie glauben, dass es Götter gibt und dass diese gewaltigen Werke von Göttern herrühren."

Diese Menschen lebten stumpfsinnig in einer Welt des schönen Scheins. Aristoteles führt sie aus dem Untergrund ans Licht. Erschüttert und innerlich aufgewühlt von dem, was sie nun sehen, verändern sie sich so sehr, dass sie aufs Neue das Staunen lernen. Vieles, was sie bis dahin für wichtig nahmen, erkennen sie als unwichtig. Wer die Welt wissenschaftlich ergründet, ist so sehr von der neuen Sicht fasziniert, dass er von nun an sein ganzes Leben im Dienst der Forschung verbringen möchte – so wie Aristoteles.

Als Platon starb, hatte Aristoteles zwanzig Jahre an der Akademie zugebracht. Platons Neffe Speusipp trat die Nachfolge an. Jedermann wusste, dass dieser Aristoteles nicht ebenbürtig war. Gleichwohl sollte der ältere, erfahrene Speusipp nicht übergangen werden. Er vertrat, wie der alte Platon, die Auffassung, pythagoräisches Denken müsse weiterhin vertieft werden. Ethische Fragestellungen und die Ordnung der Natur interessierten Speusipp weniger. Die Mathematisierung der Philosophie wies Aristoteles entschlossen zurück. Die Lehrenden an Platons Akademie bedienten sich der Mathematik, im heutigen Sinne verstanden als Arithmetik und Geometrie, wenn sie philosophierten. Aristoteles aber glaubte, dass die Mathematik den Platonikern bereits zum einzigen Gegenstand der Philosophie geworden war.

Aristoteles übte Kritik an der platonischen Ideenlehre. Durch sie würde das Problem der Bewegung, das „werktätige Prinzip", das aus den Ideen die Abbilder, die irdischen Gegenstände, hervorgehen lasse, nicht erklärt. In der „Metaphysik" heißt es: „Bei den vielen Schwierigkeiten, zu denen die Ideenlehre führt, tritt das besonders als unstatthaft hervor, dass man zwar gewisse Wesenheiten annimmt neben denen im Weltall, diese aber den sinnlich wahrnehmbaren gleichmacht, mit dem einzigen Unterschied, dass die einen ewig seien, die andern vergänglich. Denn sie reden von Menschen an-sich, Pferden an-sich, Gesundheit an-sich und fügen eben nichts weiter als dies *an-sich* hinzu, ganz so wie diejenigen, welche zwar Götter annehmen, aber von Menschengestalt, denn jene setzten nichts anderes als ewige Menschen, und ebenso setzten diese in den Ideen nichts anderes als ewige sinnlich wahrnehmbare Dinge." Solche Auffassungen waren für viele Platoniker unannehmbar.

Dem Dissens folgte der Austritt Aristoteles' aus der Akademie. Er verließ Athen, blieb aber vielen seiner Mitphilosophen freundschaftlich verbunden. Aristoteles wurde von Hermeias von Atarneus gebeten, in Assos, nahe Troja, eine philosophische Schule zu gründen. Etliche Platoniker begleiteten ihn. Dort lehrte er knapp zwei Jahre. Aristoteles heiratete Hermeias' Nichte Pythia. Nach dem Tod des Hermeias musste er 345 v. Chr. die Stadt verlassen. Aristoteles ging nach Mytilene, ehe ihn der makedonische König Philipp 342 v. Chr. zum Erzieher seines Sohnes Alexander bestellte.

Aristoteles unterwies Alexander einige Jahre. Nach Philipps Tod förderte der junge König die naturkundlichen Studien seines Lehrers. Politik treiben wollte Aristoteles nicht. Aber er hätte es sehr wohl begrüßt, wenn Alexander der Große seine Ratschläge nicht nur angehört, sondern auch beherzigt hätte. In der Schrift „Über das Königtum" heißt es: „Philosophie zu treiben ist für einen König nicht nur nicht notwendig, sondern sogar hinderlich; dagegen soll er auf wirkliche Philosophen hören und ihnen folgen."

Speusipp starb wenige Jahre später. Aristoteles kehrte 335 v. Chr. nach Athen zurück. Statt seiner wählte die Akademie Xenokrates zum nächsten Oberhaupt der Schule. Nun gründete Aristoteles die Schule der Peripatetiker, der „Umherwandelnden" – Lehrer und Schüler waren gemeinsam unterwegs bei ihren philosophischen Spaziergängen. Im Gespräch miteinander über die Dinge des Lebens vertieft, wandelten sie auf und ab. Aristoteles scharte bald viele Schüler um sich. Er veröffentlichte zahlreiche Abhandlungen, die sich durch Gründlichkeit, Akkuratesse und methodische Exaktheit auszeichneten. Wer bei Aristoteles das Philosophieren lernte, verstand bald präzise zu argumentieren.

Verglichen mit der literarischen Eleganz eines Platon muten die aristotelischen Schriften an wie die Traktate eines fleißigen Professors, solide recherchiert, enzyklopädisch und ein wenig langweilig. Dabei besaß Aristoteles einen trockenen Humor, den wir auch in seinen Abhandlungen entdecken können. In der „Nikomachischen Ethik" etwa beschreibt er, wie sich die „hexis" eines Menschen, die charakterliche Gesinnung, das Gleichbleibende seiner Art zu leben, allmählich ausbildet. Die natürliche Anlage wird durch Erfahrung, Übung und Gewohnheit verfeinert und entwickelt. Erst tugendhaftes Leben lässt den Menschen tugendhaft werden. Er handelt dann in gutem Sinne wie selbstverständlich tugendhaft, nämlich aus der inneren Haltung heraus, die ihm in Fleisch und Blut übergegangen ist. Einfach gesagt macht Übung den Meister. Bei der unbelebten Natur richtet Gewöhnung nichts aus. So berichtet Aristoteles launig, man könne einen Stein noch so oft in die Luft werfen, das Fliegen werde dieser niemals erlernen.

Aristoteles verdanken wir auch die Grundlagen der klassischen Logik. Alles Philosophieren ist an den „Satz vom zu vermeidenden Widerspruch" gebunden. Er besagt, dass unmöglich dasselbe zugleich sei und nicht sei. Aristoteles kritisierte die relativistische Weltbetrachtung der Sophisten und unterschied zwischen dem, was objektiv wahr ist, und dem, was nur jemandem als wahr erscheint. Zur Logik des Aristoteles gehören die „Kategorien". Der griechische Begriff „kategoria" bedeutet „Aussage". Die Kategorien – Substanz, Qualität, Quantität, Relation, Ort, Zeit, Tun, Lage, Haben und Leiden – bezeichnen die möglichen Seinsweisen von Gegenständen. Man bedient sich ihrer, um ein Objekt zu klassifizieren.

Neben den Kategorien führt Aristoteles die syllogistische Logik ein. „Syllogistike" heißt „Kunst des Schließens". Der erste Syllogismus ist leicht zu erklären. Aus zwei Sätzen, den Prämissen, wird der dritte Satz, die Konklusion, gefolgert. Der in den beiden Prämissen enthaltene Begriff ist der Mittelbegriff. Nehmen wir an, der erste Satz besagt: „Alle Menschen sind sterblich." Und der zweite Satz: „Sokrates ist ein Mensch." So lautet die notwendige Folgerung in der Konklusion: „Sokrates ist sterblich." Sinnvolle Aussagen ergeben sich nur, wenn die Prämissen wahr sind. Die logische Schlussweise kann in ihrer formalen Gültigkeit auch missbraucht werden, sofern nämlich unwahre Aussagen miteinander verknüpft werden. Aristoteles forderte freilich, nur wahre Prämissen zu verwenden.

Unter den zahlreichen Abhandlungen des Philosophen finden sich auch Streitschriften gegen die Eleaten, die Pythagoräer und die Sophisten. Aristoteles publizierte bedeutende Bücher zur Rhetorik und Poetik. Er verfasste eine breit angelegte Tierkunde, die auch Kuriosa wie das Buch „Von den mythologischen Tieren" mit einschloss, erstellte eine Sammlung von einhundertachtundfünfzig Staatsverfassungen, berichtete über olympische Sieger und dichtete. Die Philosophie unterschied Aristoteles in einen theoretischen und praktischen Teil. Der theoretische Bereich – dem griechischen Begriff „theorein" entsprechend mit „betrachtend" zu übersetzen – umfasst Physik, Metaphysik und Logik, der praktische Bereich Ethik und Politik. Ein Verstoß gegen die Prinzipien der Logik ist in allen Bereichen der Philosophie unzulässig.

Aristoteles war von schmaler Gestalt, stets elegant gekleidet, verabscheute asketische Selbstzucht genauso wie das üppige Genussleben. Manche Menschen, pflegte er zu sagen, lebten, als stürben sie nie, andere, als stürben sie morgen. Aristoteles galt als ein ernsthafter, gründlicher Wissenschaftler, anthropologischer Realist und großherziger Menschenfreund. Einem Bettler ließ er ein Almosen zukommen. Das löste Verwunderung aus. Billigte Aristoteles etwa müßiges Nichtstun? „Mein Mitleid galt nicht seinem Verhalten, sondern dem Menschen." Als man ihn in aller Öffentlichkeit rüde beschimpfte, ging Aristoteles einfach weiter. Statt sich zu rechtfertigen sagte er: „Wenn ich abwesend bin, mag er mir auch Geißelhiebe verabreichen." Ein mitteilsamer Zeitgenosse traf Aristoteles und redete schier endlos. Am Ende der Ausführungen fragte er: „Ich habe dich doch nicht etwa gelangweilt, oder?" Aristoteles beschied ihn: „Ich habe gar nicht auf dich geachtet."

Mit den politischen Verhältnissen in Athen war Aristoteles zeitlebens unzufrieden. Er scheute sich nicht, Kritik zu äußern: „Die Athener haben den Getreidebau und die Gesetze erfunden; allein das Getreide wussten sie zu verwerten, nicht aber die Gesetze."

323 v. Chr. starb Alexander der Große. Politische Unruhen waren die Folge. Die Anhänger der makedonischen Partei sahen sich erbitterter Verfolgung ausgesetzt. Aristoteles verließ ein Jahr später Athen. Sein Leben war bedroht. Der Legende nach soll Aristoteles bei seiner Abreise bemerkt haben, er wolle den Athenern nicht die Gelegenheit geben, sich ein zweites Mal an der Philosophie zu versündigen. Wenige Monate später erlag er im Alter von dreiundsechzig Jahren in Chalkis einem Magenleiden. Aristoteles bedachte alle seine Kinder und auch Herphyllis, mit der er nach dem Tod seiner Frau Pythia zusammenlebte, ohne sie geheiratet zu haben, großzügig.

Aristoteles' Interesse an der Wissenschaft war schulbildend und stilprägend. Während Platon alles Denken und Tun zur Einheit band, wusste Aristoteles in der Vielheit des Gegenständlichen ein einzelnes Objekt unter allen Aspekten zu untersuchen und begrifflich zu bestimmen. Gleichwohl bildet seine Philosophie kein streng systematisch gegliedertes Ganzes.

Alle Erkenntnis beginnt mit der Erfahrung, mit der Anschauung. So schreibt er: „Alle Menschen streben von Natur aus nach Wissen. Zeichen dafür ist ihre Liebe zu den Wahrnehmungen, die sie ohne einen Nutzen nur um ihretwillen lieben, und zwar, noch vor den anderen, besonders die der Augen. Denn auch ohne Handlungsabsicht und ohne zu irgendeiner bestimmten Tat zu schreiten, halten wir das Sehen für wünschenswert sozusagen vor allen anderen Dingen." Aber die Wissenschaft verlässt sich nicht auf solche Eindrücke. Wichtig ist die Begriffsbildung. Zwar ist auch die Anschauung des vorhandenen Materials wesentlich. Man muss der Dinge angesichtig werden, ob tatsächlich oder vor dem geistigen Auge. Was existiert, muss greifbar und vorstellbar sein. So bemühte sich Aristoteles als Forscher stets um Vollständigkeit. Nichts ließ er unbeachtet, so bedeutungslos es auch erscheinen mochte. Alles erweckte sein Interesse. Von Neugierde war er angetrieben. Mit Gründlichkeit ging er zu Werke.

Aristoteles wendete sich schier dem ganzen Universum zu. Das Besondere, all das, was er mit den Sinnen wahrnahm, betrachtete er zunächst, aber nicht nur wie ein außen stehender Beobachter. Sogleich begann er zu theoretisieren, von sinnlichen Eindrücken umflutet, aber niemals in diesen versinkend. Aristoteles wollte jeden Gegenstand in seiner Bestimmung begreifen. Sodann begann er, eine Theorie zu bilden, um den konkreten Gegenstand, um das, was dieses Objekt eigentlich ausmacht, zu definieren.

So verfuhr Aristoteles beständig, ob er nun über ein einzelnes Objekt oder den Kosmos nachdachte. Er definierte und konstruierte nicht nur, er betrachtete alle Gegenstände nacheinander und entwickelte darauf basierend eine Theorie, mit dem beginnend, was nahe lag. So handelte er alle Begriffsbestimmungen ab, in der „Physik" nicht anders als in der „Nikomachischen Ethik" oder der „Politik".

Aristoteles scheint nur über viele Besonderheiten und oft scheinbar verstreute Objekte zu philosophieren. Alles, was sich Menschen vorstellen, alles, was sie sehen, wird ihm zum Stoff, den es philosophisch darzustellen gilt. Zugleich aber findet Aristoteles in allem Besonderen den Weg in die Bildung des allgemeinen Begriffs. Darin liegt seine unscheinbar anmutende Größe, im Besonderen das Allgemeine zu erkennen und es in der Mannigfaltigkeit der Erscheinungen begrifflich bestimmen zu können, um damit auch das Wesen aller Besonderheiten zu erfassen.

Die Entwicklung einer Theorie vollzog sich bei Aristoteles immer anhand von Empirie und erklärender Nachbildung – es galt, alles, was die Erfahrung bietet, zu nutzen und in ihr das Verbindende, das Prinzip, das Allgemeine zu erkennen. Dies ist erst auf der Ebene der wissenschaftlichen Erkundung möglich. Der Erwerb von Wissen ist ein mühseliger Prozess, der nur zögerlich voranschreitet. Aber man darf nicht verzagen und auch nicht resignieren. Selbst jenes, was zunächst undeutlich erscheint und letztlich nur unter erheblichen Schwierigkeiten erkennbar wird, muss mit wissenschaftlicher Sorgfalt und größtmöglicher Präzision ergründet werden.

Aristoteles unterscheidet zwischen der theoretischen und der praktischen Philosophie. Praktisches Wissen bezieht sich auf Werke und menschliche Handlungen. Für das Herstellen von Werken wird ein Wissen vorausgesetzt, das als „techne" bezeichnet wird – ein besonderes Können. Für das Handeln, gleichermaßen für die Ausführung wie für die Beurteilung von Handlungen, ist ein praktisches Wissen, von Aristoteles „phronesis" genannt, erforderlich. Die „phronesis", die Klugheit, bezeichnet die Fähigkeit des Handelnden zur Einsicht in die allgemeinen Prinzipien und Gründe des Handelns. Zugleich werden mittels dieses praktischen Wissens die Prinzipien auf besondere Einzelfragen und Fälle angewendet unter der Maßgabe des höchsten Prinzips der praktischen Philosophie, des guten Lebens in der staatlichen Gemeinschaft. Im Tun verwirklicht sich der Mensch mit Hilfe der „phronesis" gemäß der ihm gegebenen Möglichkeiten und vermag die Glückseligkeit zu erlangen. Bevor wir uns aber ethischen Fragestellungen zuwenden, beschäftigen wir uns mit der aristotelischen Naturphilosophie.

## Naturphilosophische Betrachtungen

Ein unbefangener Betrachter würde die vielen Untersuchungen, die Aristoteles über Phänomene der Natur anstellte, aus heutiger Sicht dem Bereich spekulativer Naturphilosophie zurechnen, die sich von den Auffassungen der Vorsokratiker nur graduell unterscheidet. In der „Physik" widmet sich Aristoteles dem Seienden in der Natur, das sich verändert und erkennbar in Bewegung ist. In diesem Bereich der Wissenschaft soll der Mensch lernen, die Natur zu begreifen und die ihr innewohnenden Prinzipien zu erkennen. Alles, was physikalisch ist, versucht Aristoteles philosophisch und nicht experimentell zu klären. Er verfährt empirisch, aber auch theoretisch, sammelt und ordnet die Erscheinungen in der Welt und versucht von dem Besonderen auf das Allgemeine zu schließen. So nimmt er Phänomene in der Welt wahr. Diese empirischen Eindrücke werden geordnet. Von dem, was er wahrnimmt, beginnt er zu abstrahieren. Zunächst aber nimmt er sinnlich wahr. Er erkennt die Form eines Gegenstandes oder eines Lebewesens – zum Beispiel ein sehr großes graues Tier, mit Stoßzähnen und einer Greifnase, die der Mensch Rüssel nennt. Dieses Lebewesen repräsentiert eine bestimmte Gattung und weist viele unterschiedliche Merkmale auf. Was der Mensch gesehen hat, ist ein Besonderes, das er nun einem Allgemeinbegriff zuordnet – und so nennt er das sehr große graue Tier: Elefant. Hätte der Mensch dieses Lebewesen nicht zuerst gesehen, hätte er sich keinen Begriff von diesem Tier gebildet. Aristoteles geht wie ein denkender Empiriker vor. Er nimmt die Bestimmungen der Gegenstände auf, wie sie uns bekannt sind. Dann verknüpft er diese Beobachtungen in ihrer Gesamtheit mit einem Begriff, der die Synthese darstellt und jenseits des bloß der Erfahrung zugänglichen Materials liegt. Dies ist die Leistung des menschlichen Geistes.

Grundlegend für Naturphilosophie ist der Gedanke der Zweckmäßigkeit. So erklärte der Philosoph: „Gott und die Natur vollführen nichts ohne Zweck." So lässt sich das vielfältige Geschehen in dieser Welt auf Ursachen zurückführen. Das Prinzip der Kausalität gilt unumschränkt. Jedem Gegenstand, jedem Lebewesen wohnt eine Zweckbestimmung inne. Alles Seiende ist ursächlich bestimmt und soll etwas bewirken. Es entwickelt sich auf ein „telos", auf ein Ziel hin und ist somit teleologisch, das heißt: zielgerichtet. Innerhalb der organischen Natur entfaltet sich sogar eine innere Zweckdienlichkeit, die Bestimmung, die der Natur eigen ist. Diese wird von Aristoteles als „Entelechie" bezeichnet. Aus einem Keim oder einem Samen, der noch keine Ähnlichkeit mit dem Endprodukt hat, wächst letztlich, durch die in ihm wirkende Ursache, eine Pflanze oder ein Baum heran. So entwickelt sich auch aus einer unscheinbaren Raupe nach der Verpuppung ein wunderbar farbenprächtiger Schmetterling – für Aristoteles ist dies ein von diesem inneren Prinzip bestimmter Prozess des Lebens.

In der Kausalität werden vier Ursachen unterschieden. Die Stoffursache ist zu Grunde gelegte Substanz, das Material, das zur Verfügung steht. Aus diesem Stoff lässt sich über die Formursache ein Gebilde herstellen. Der Formursache entspricht etwa die Absicht des Bildhauers, der einen Steinbrocken nach seinen

Vorstellung gestalten möchte. Wem dieses Produkt dienen soll, ist anhand der Zweckursache zu bestimmen. So hat ein jegliches erzeugtes Werk eine Bestimmung. Die Wirkursache sagt etwas aus über den Prozess des Herstellens. Der Künstler muss sich bestimmter Mittel bedienen, um das in Aussicht genommene Werk zu gestalten. Er wirkt also im Rahmen seiner Möglichkeiten auf das Gestein ein und formt dieses gemäß seiner Vorstellung.

Im natürlichen Geschehen ist das Göttliche das leitende Prinzip, die erste Ursache. Tragen die übrigen Lebewesen ein Prinzip in sich, besitzen sie eine eigene „Entelechie", so gelten sie als beseelte Lebensformen. Die Natur hat ihre Mittel in sich selbst. Diese Mittel sind auch Zweck. Der Zweck in der Natur ist das ihr eigentümliche, das wahrhaft Vernünftige. Sie gestaltet sich aus dem, was bereits in ihr enthalten ist.

Aristoteles kennt eine hierarchische Ordnung des Seienden. Die unterste Stufe ist die anorganische Natur. Diese ist ohne Seele. Die nächste Ebene bilden die Pflanzen. Sie vermögen sich fortzupflanzen und betreiben die Photosynthese, den ihnen gemäßen Stoffwechsel. Über den Pflanzen ordnet Aristoteles die Tiere an. Die Seele dieser Lebewesen ist weiter ausgebildet als das innere Prinzip, das die Pflanzen bestimmt. Tiere reagieren auf Signale und können ihre Bewegungen steuern. Auch der Mensch vermag all dies zu tun. Die menschliche Seele kann sich darüber hinaus durch den Geist bilden, sich Wissen aneignen und ist nicht einfach den Trieben unterworfen. Der Mensch kann Willensentscheidungen treffen und absichtsvoll mit Vernunft handeln.

Auch die Planeten sind beseelt. Die Gestirnseelen sind formlos und rein. Sie bewegen sich endlos in kreisender Bewegung und sind zuständig für die kosmischen Abläufe der Sphären. Am Sternenhimmel gibt es nur kreisförmige Bewegungen, in der irdischen Natur aber nur lineare, zielgerichtete Veränderung und Entwicklung. Somit ist auch die Seele des Menschen Teil des großen Ganzen der Natur. Sie findet in diesem ihren Platz und ihre Bestimmung. Sie ist Trägerin des Geistes, aber zugleich bestimmt sie auch, wie der Mensch sich ernährt, wie er sich fortpflanzt, worauf sich seine Sinne richten und wie er seine Triebe kontrolliert oder auslebt. Die Lehre von der Seele ist aber keine Metaphysik der Seele: „Die Seele ist die Substanz als Form des physischen organischen Körpers. Dieser Körper hat der Möglichkeit nach das Leben." Der Körper erhält durch die Seele seine innere Zweckbestimmung: „Diese Wirksamkeit erscheint auf eine doppelte Weise: entweder wie die Wissenschaft oder wie die Anschauung. Die Seele ist entweder wachend oder schlafend. Das Wachen entspricht dem Anschauen, der Schlaf aber dem Besitzen." Aristoteles begreift die Seele als Prinzip der Bewegung, das auf dreifache Weise bestimmt wird, als ernährende, empfindende und denkende Seele – und hier wird wiederum die Stufenordnung des Seienden sichtbar: „Die ernährende Seele, wenn sie allein ist, kommt den Pflanzen als vegetative Seele zu. In den Tieren ist sie zugleich die empfindende Seele. Ernährend, empfindend und verständig ist die Seele des Menschen." Insbesondere das Denken ist die Bestimmung der menschlichen Seele. Das Denken ist schlechthin tätig und birgt die Möglichkeit der Erkenntnis, was der vegetativen und der tierischen Seele verwehrt bleibt.

## Metaphysik

Den Abhandlungen über die „Physik" folgten vierzehn Bücher, die der Herausgeber Andronikos von Rhodos als „meta ta physika" bezeichnete. Das heißt nichts anderes, als dass diese Abhandlungen „meta", also „nach" der Physik entstanden sind und über diese hinausreichen. In der „Metaphysik" werden die Fragestellungen der so genannten „Ersten Philosophie" diskutiert. Aristoteles widmet sich Problemen, die nicht mit der Sinneswahrnehmung erkundet und erfasst, sondern allein durch die menschliche Vernunft spekulativ erschlossen werden können. Aristoteles' „Metaphysik" gehört zu den einflussreichsten und bedeutendsten philosophischen Werken der abendländischen Geistesgeschichte.

Menschliches Streben kennt nach Aristoteles zwei maßgebliche Beweggründe – das Streben nach Glück, welches die Ethik erörtert, und das Streben nach Wissen. Der Mensch ist gemäß der aristotelischen Definition ein „zoon logon echon", ein vernunftbegabtes, sprechendes Lebewesen. Der Mensch wird seiner selbst am trefflichsten gerecht, wenn er die von der Natur verliehene Gabe der Vernunft zur vollen Entfaltung bringt. Dies gelingt ihm auf dem Weg der Erkenntnis. Der Mensch erwirbt ein Wissen, das gleichbedeutend ist mit der Erkenntnis der Wahrheit. Von dieser Wahrheit ist die Weisheit unterschieden.

Einzelne Wissenschaften erfassen eine partikulare Wahrheit. Die „Metaphysik" hingegen ist die Wissenschaft vom Allgemeinen. Ihr Anspruch ist umfassend. So wie der Biologe beispielsweise Spezialist für das Besondere, nämlich für sein Forschungsgebiet, ist, gilt der Philosoph als Spezialist für das Allgemeine. Dazu muss er gar nicht alle Gebiete der Wissenschaften fachlich beherrschen. Seine Sichtweise ist übergreifend. Das Interesse seiner Erkenntnis richtet sich auf das Allgemeine, auf die ersten Prinzipien.

Philosophen gelten zudem als weise. Aristoteles referiert gängige Ansichten aus seiner Zeit, die sich mit der Idealgestalt des Weisen verbinden. So wird diesem ein großes Wissen zugeschrieben. Er vermag, das Schwierige leicht zu erkennen und einzuordnen. In jeder Hinsicht ist er befähigter als andere. Sein Blick richtet sich auf das Nötige und Mögliche. Niemals verzettelt er sich. In der Fülle des Beliebigen behält der Weise die Übersicht.

Viele Wissenschaftler verfügen über spezielle Kenntnisse. Darum sind sie wissend, aber doch nicht weise. Auch der Weise ist wissend. Er besitzt die Einsicht in das Allgemeine. Seine Wissenschaft wird nicht als bloßes Mittel verstanden. Sie findet ihren

Zweck in sich selbst. Die Wissenschaft, die nicht für begrenzte Ziele nützlich ist und statt des Besonderen das Allgemeine betrachtet, ist Weisheit. Die Wissenschaft der Weisheit nennt Aristoteles Philosophie. Den partikularen Wissenschaften kommt eine dienende Aufgabe, der Philosophie eine gebietende Funktion zu. Dieser Anspruch ist keine Anmaßung, sondern eine unvermeidliche Notwendigkeit, die sich aus der Erkenntnis der Sache ergibt, da das Allgemeine naturgemäß dem Besonderen übergeordnet ist. Darum sollte derjenige, welcher den Blick für das Ganze besitzt, führend sein. Aristoteles schreibt: „Denn der Weise dürfe sich nicht befehlen lassen, sondern müsse befehlen, nicht er müsse einem anderen, sondern ihm müsse der weniger Weise gehorchen." Die Wissenschaft, die um ihrer selbst willen betrieben wird, richtet sich auf das im höchsten Sinne Wissbare, auf die Prinzipien des Seienden und die Erkenntnis der Kausalität. Daher ist die Philosophie allen Wissenschaften übergeordnet: „Daraus erhellt also, dass wir diese Art der Einsicht nicht um irgendeines anderweitigen Nutzens willen suchen, sondern wie wir den Menschen frei nennen, der um seiner selbst, nicht um eines andern willen ist, so ist auch diese Wissenschaft allein unter allen frei; denn sie allein ist um ihrer selbst willen."

Auf diese Weise begründet Aristoteles in der „Metaphysik" das Recht des Philosophen auf Führung. Dieses ist durch den Anspruch der Wissenschaft selbst gegeben. Wer sollte führen, wenn nicht der Beste und Weiseste von allen Menschen? Es wäre unvernünftig, wenn der Spezialist für das Partikuläre dem Spezialisten für das Allgemeine gleichberechtigt oder gar übergeordnet wäre. Einzig die Könnerschaft entscheidet über Führungsqualitäten.

In der „Metaphysik" entfaltet Aristoteles außerdem die Theorie des ersten Prinzips. Er erklärt, wie Bewegung zu Stande kommt. Für ihn steht am Anfang der Bewegung etwas, das selbst unbewegt ist. Aristoteles nennt dies „to proton kinoun akinetos". In der Philosophiegeschichte wurde und wird dieser Begriff vielfach missverständlich als „unbewegter Beweger" übersetzt. So wenig wie das gesamte griechisch-römische Denken kennt Aristoteles einen personalen Gott. Richtig müssen wir von einem „unbewegt Bewegenden" sprechen. Das erste Prinzip gilt absolut. Das „unbewegt Bewegende" ist immer während und trefflich. Die reine Tätigkeit des „unbewegt Bewegenden" ist vollkommene Freude. Aristoteles bezeichnet dieses Prinzip als „theos", als Gottheit, oder des besseren Verständnisses wegen als das Göttliche, das unteilbar, unbegrenzt vermögend und unveränderlich ist: „Offenbar ist die Lehre, dass alles ruhe, ebenso wenig wahr wie die andere, alles sei in Bewegung. Denn wenn alles ruht, so wäre immer dasselbe wahr und falsch, während sich dies doch offenbar als der Veränderung unterworfen zeigt; der Sprechende selbst war ja einst nicht und wird wiederum nicht sein. Ist dagegen alles in Bewegung, so würde nichts wahr sein; es wäre also alles falsch, wovon die Unmöglichkeit schon erwiesen ist. Ferner muss, was sich verändert, ein Seiendes sein; denn die Veränderung geht aus etwas zu etwas. Aber es ist auch nicht möglich, dass alles nur zu Zeiten in Ruhe oder Bewegung sei und nichts für immer; denn es gibt etwas, das immer das Bewegte bewegt, und das erste Bewegende ist selbst unbewegt."

Alles Seiende ist ursächlich bedingt. Jede Ursache ist verbunden mit dem Prinzip der Bewegung. Es entsteht eine Folge von Ursachen, die bis zum ersten Prinzip, das selbst nicht verursacht ist, zurückreicht: „Wenn nun etwas bewegt wird, so ist es möglich, dass es sich auch anders verhalte. Wenn also Ortsbewegung die erste wirkliche Tätigkeit insofern ist, als das Bewegte in Bewegung ist, so ist insofern auch möglich, dass es sich anders verhalte, nämlich dem Orte, wenn auch nicht der Wesenheit nach. Nun gibt es aber etwas, das, ohne bewegt zu werden, selbst bewegt und in wirklicher Tätigkeit existiert; bei diesem ist also auf keine Weise möglich, dass es sich anders verhalte. Denn Ortsbewegung ist die erste unter den Veränderungen, und unter ihr die Kreisbewegung; diese Bewegung aber wird von jenem »unbewegt Bewegenden«

hervorgebracht. Also ist es notwendig seiend, und inwiefern es notwendig ist, ist es auch gut und in diesem Sinne Prinzip. Von solchem Prinzip also ist der Himmel und die Natur abhängig."

Wie kann sich der Mensch diesem erkennend annähern? Dem Menschen gefällt, was er versteht und bewusst erlebt. Angenehm ist ihm die sinnliche Wahrnehmung. Das Denken kommt dem Göttlichen am nächsten. So wie sich das menschliche Denken auf das Beste richten kann und soll, wendet sich das höchste Denken folgerichtig dem Höchsten zu. Das Gedachte bezeichnet Aristoteles als in vollerem Sinne göttlich als das Denken. Indessen vermag die Vernunft zu ruhen und im Schlaf nicht oder im Wachzustand sogar absichtsvoll Schlechtes zu denken. Also wird auch derjenige, der das Übelste überhaupt denkt, denken. Da es möglich ist, Schlechtes zu denken, kann die reine Tätigkeit des Denkens selbst also nicht das Beste sein. Das Beste ist die Tätigkeit des Denkens, in der das Denken sich selbst Gegenstand wird. Aristoteles schreibt: „Sich selbst also denkt die Vernunft, sofern sie ja das Vorzüglichste ist, und das Denken ist Denken des Denkens." Das klingt recht schwierig, ist aber ganz einfach zu erklären: Das Denken reflektiert die eigene Denktätigkeit.

Die Metaphysik, die Wissenschaft also, die dem höchsten Ziel des Denkens gerecht wird, bezeichnet Aristoteles mit Recht als führende Wissenschaft vom Allgemeinen, als Philosophie, die zu erwerben Geduld, Ausdauer und Beharrlichkeit erfordert. Das mag, wie vieles Menschliche, nicht leicht sein, ist aber gleichwohl möglich und in höchstem Maße erstrebenswert, um das Glück der Erkenntnis erfahren zu können.

### Wie kann ein Mensch glücklich leben?

Der Mensch ist ein handelndes Lebewesen. Auf vielfältige Weise vermag er tätig zu sein. Mancher handelt planlos. Andere lassen sich leiten von Launen und Emotionen, vielleicht von Intuition und Erfahrung. Die meisten Menschen aber gehen absichtsvoll zu Werke. Sie planen und suchen geeignete Mittel und Wege, um ein bestimmtes Ziel zu erreichen. Das Resultat des Handelns bezeichnet Aristoteles als ein „Gut". Jede Form des menschlichen Handelns, jede Kunst, jede Lehre und jeder Entschluss versucht, ein solches „Gut" zu verwirklichen. In der Ethik wird untersucht, wonach der Mensch streben und auf welche Weise er handeln soll.

Der Mensch bemüht sich, eine Vielfalt von „Gütern" zu erwerben. Die Sorge um Materielles dient der Sicherung seiner Existenz. Ein ganz anderes „Gut" bringt beispielsweise ein Tischler hervor, der seine Handwerkskunst anwendet, um Mobiliar herzustellen.

Alle diese partikularen Ziele dienen mannigfaltigen Zwecken. Jedes Ziel ist nur eine unter vielen Möglichkeiten, die für den einzelnen Menschen sehr wohl wichtig, niemals aber das Wichtigste in seinem Leben überhaupt sein kann. Wird ein partikulares Ziel einem Menschen so außerordentlich wichtig, dass er sich beispielsweise ganz darauf konzentriert, seinen Reichtum zu mehren, fremde Länder zu bereisen oder politische Ämter anzustreben, so mag er für dieses Ziel leben. Aristoteles aber bezweifelt, dass er befriedigt und vollkommen glücklich sein wird. Erst das einigende Ziel verleiht auch den partikularen Zielen Sinn.

Die Menschen sind erfüllt von einer großen Sehnsucht. Sie umschließt das Streben nach allen begrenzten Zielen. Diese Sehnsucht richtet sich auf ein einziges Ziel, das mehr ist als ein beliebig gewähltes unter vielen anderen – und wer dieses Ziel, gewissermaßen das „Ziel der Ziele", nicht erkennt oder verfehlt, wird das eigene Leben oft als tragisch gescheitert verstehen. Das einigende Ziel verleiht dem Leben Sinn, Wert und Bedeutung.

Alle Menschen wollen nämlich glücklich leben. Das Glück ist aber nicht nur erstrebenswert, der Begriff selbst vieldeutig. Im Deutschen enthält dieser Ausdruck eine Fülle von Bedeutungen und Implikationen. Im Griechischen hingegen wird zwischen

„eudaimonia" und „tyche" unterschieden — „eudaimonia" bezeichnet jenes Glück, das man sich erarbeiten kann, „tyche" hingegen ist der Zufall, also das unvorhergesehen sich ergebende Glück eines flüchtigen Augenblicks. Die Ethik konzentriert sich auf die „eudaimonia", obgleich die „tyche" nicht gänzlich bedeutungslos, aber eben schwer kalkulierbar ist. Wer also glücklich sein möchte, muss gut leben. Für Aristoteles heißt das: sich am „Guten" ausrichten. Das Glück wird um seiner selbst willen erstrebt. Aristoteles schreibt zu Beginn der „Nikomachischen Ethik": „Wenn es nun ein Ziel des Handelns gibt, das wir seiner selbst wegen wollen, und das andere nur um seinetwillen, und wenn wir nicht alles wegen eines anderen uns zum Zwecke setzten — denn da ginge die Sache ins Unendliche fort, und das menschliche Begehren wäre eitel und leer —, so muss ein solches Ziel offenbar das Gute und das Beste sein."

Mit der Frage nach der Verwirklichung des Glückes beschäftigt sich die Ethik, die Aristoteles als Vorstufe der Staatskunst versteht. Ethik und Politik gehören zusammen. Nur mit anderen Menschen kann sich das Individuum vollkommen entfalten und glücklich leben. Ein vermeintliches Glück, das ohne oder gar wider andere Menschen realisiert wird, ist für Aristoteles unvorstellbar. Erst als Teil der Gemeinschaft entfaltet das Individuum seine volle Persönlichkeit. Ganz Mensch ist der Einzelne erst als Mitmensch. Wem es gelänge, zu aller Menschen, auch zu seinem eigenen Wohl, tätig zu sein und ihr Gedeihen zu befördern, könnte der Glücklichste von allen genannt werden: „Man darf freilich auch schon sehr zufrieden sein, wenn man auch nur einem Menschen zu seinem wahren Wohle verhilft, aber schöner und göttlicher ist es doch, wenn dies bei einem Volke oder einem Staate geschieht."

Über die abweichenden Auffassungen, was Glück bedeuten mag, können die Menschen leicht in Streit geraten. Jeder begehrt nicht nur des eigenen Glückes Schmied zu sein, sondern möchte auch den Begriff des Glückes selbst definieren. Er bestimmt ihn danach, was ihm scheinbar gut tut und glücklich macht. Als identisch mit dem „Glückselig-Sein" gilt vielen Menschen „Gut-Leben" und „Sich-gut-Gehaben". Mancher gibt sich den Leidenschaften hin. Ein anderer hält exzessiven Genuss für erstrebenswert. Viele glauben, dass Ruhm und Ehre glücklich machen. Sie streben nach Geltung und Einfluss, nach Macht und Stärke. Kranke sehen das Glück in der Gesundheit, Arme im Reichtum. Wer die eigene Unwissenheit spürt, blickt respektvoll zu den Weisen auf und hält diese für außerordentlich glücklich. Mancher Wissende mag neidvoll des Einfältigen Naivität betrachten.

Viele Menschen geben bereitwillig Auskunft, was Glück für sie bedeutet. Es lohnt sich aber nicht, alle diese Ansichten zu diskutieren. Denn manche sagen heute dieses, morgen jenes. Aristoteles glaubt, dass es wichtiger ist, zu ergründen, was die Menschen verbindet, als ihre Meinungen, die sie voneinander trennen und erbittert streiten lassen, aufzuführen und einzeln zu erörtern.

So strebt der Mensch nach Glück, um glücklich zu werden. Das mag wie eine Fügung von Wörtern klingen, die einen Sachverhalt doppelt wiedergibt. Es bedeutet aber nichts anderes, als dass der Mensch das Glück um seiner selbst, nicht um eines anderen „Gutes" willen erlangen möchte. Diesem selbstgenügsamen Streben ist alles nachgeordnet. Das Glück – der alte Begriff „Glückseligkeit" mag die schier unermessliche Wonne dieses Zustandes vielleicht noch treffender bezeichnen – stellt das in sich vollendete „Ziel der Ziele" dar, das nicht mehr als Mittel für anderes benötigt und nicht von anderen Zielen an Bedeutung übertroffen werden kann: „Die Glückseligkeit wollen wir immer wegen ihrer selbst, nie wegen eines anderen, während wir die Ehre, die Lust, den Verstand und jede Tugend zwar auch ihrer selbst wegen wollen, doch wollen wir sie auch um der Glückseligkeit willen in der Überzeugung, eben durch sie ihrer teilhaftig zu werden. Die Glückseligkeit dagegen will keiner wegen jener Güter und überhaupt um keines anderen willen."

Mithilfe der Vernunft, die allen Menschen gemein ist, vermag ein jeder einzusehen, was das glückliche Leben eigentlich ausmacht. Das Glück erlangt nicht, wer sich blindem Genussleben hingibt, wen ehrgeizige Ruhmsucht innerlich verödet, auch nicht, wer von rastlosem Arbeitseifer, Machtgier und hektischem Aktionismus wie besessen ist. Der Mensch, dessen Seele vernunftorientiert geleitet ist, begreift, dass nur derjenige gut leben kann, der tugendhaft und tüchtig ist und auf diese Weise, seine „arete", also seine Tauglichkeit oder Tüchtigkeit, voll entfaltend, das höchste Glück auf Erden zu genießen weiß. Ein solcher Mensch urteilt richtig, erspürt und erfasst das Gute in allem. Er erwirbt ein dauerhaftes Glück.

Allerdings mag der Mensch sich noch so sehr mühen, ein vernunftgemäßes, glückliches und erfülltes Leben zu führen – er wird sich letztlich niemals in vollem Umfange glücklich nennen, wenn etwa seine Kinder sich dreist betragen, schweres Leid ihn trifft oder bitteres Unrecht die Freuden der späten Jahre trübt. Erst am Ende des Lebens lässt sich ermessen, ob es tatsächlich reich an Glück gewesen ist: „Da aber vieles von der Laune des Glücks abhängt, Großes und Kleines, so leuchtet ein, dass die kleinen Glücks- wie Unglücksfälle für das Leben keinen Ausschlag geben; große und viele Ereignisse dagegen machen, wenn sie glücklich ausfallen, das Dasein noch glücklicher; fallen sie aber umgekehrt aus, so sind sie für das Lebensglück wie ein Druck und eine Trübung, da sie schmerzen und an mancher Tätigkeit hindern. Allein auch hier wird die sittliche Schönheit durchleuchten, wenn man viele Schläge des Schicksals gelassen erträgt, nicht aus Gefühllosigkeit, sondern aus edler und hoher Gesinnung."

Den Kern der aristotelischen Ethik bildet die Lehre von der richtigen Mitte. Aristoteles setzt statt eines allgemeinen, universell gültigen Maßstabes und normativer Regeln ein individuell differierendes, aber mitnichten beliebig bestimmbares Maß des rechten Handelns. Ausgerichtet ist dieses Maß vernünftigerweise am Guten. Am glücklichsten lebt der Mensch, wenn es ihm gelingt, das rechte Maß, die „mesotes", das „Mittlere", zu treffen.

Nicht Mittelmäßigkeit ist dieses „Mittlere", sondern Angemessenheit. Dieses Verhalten liegt zwischen zwei extremen Handlungsweisen, ist als Mitte bestimmt und doch nicht arithmetisch errechenbar. Denn diese Mitte muss bewusst gewählt und im Einzelfall mit Vernunft in der gegebenen Situation neu bestimmt werden. Aristoteles schreibt: „So meidet denn jeder Kundige das Übermaß und den Mangel und sucht und wählt die Mitte, nicht die Mitte der Sache nach, sondern die Mitte für uns." Diese Mitte wird im Volksmund „goldene Mitte" genannt, aus einem einleuchtenden Grund: Wer diese Mitte wählt, wählt das Beste.

Etliche Beispiele erläutern diese Lehre. Von Tollkühnheit rät Aristoteles ab. Ein solcher Mensch reagiert leidenschaftlich. Er stürmt entschlossen, feindselig und grimmig, vielleicht auch leichtfertig und unbedacht drauflos. Furchtlos sucht der Tollkühne den Kampf. Möglicherweise unterliegt er, weil er allzu verwegen zu Werke geht und in seiner überquellenden Impulsivität nüchterne Überlegung vermissen lässt. Das gesteckte Ziel verfehlt er. Dem Tollkühnen entgegengesetzt ist der Feige. Er trägt schwer an Bedenken, ist bang und argwöhnisch, ängstigt sich vor dem eigenen Schatten und läuft kleinmütig davon. Gehemmt und beklommen fristet der Feige ein trostloses Dasein. Er steht niemandem zur Seite und ist ein jämmerliches Opfer seiner eigenen Ängste. Aristoteles sucht die richtige Mitte zwischen Tollkühnheit und Feigheit und empfiehlt also, sich mutig zu verhalten. Der Mutige ist loyal, steht seinen Verbündeten zur Seite, besitzt Augenmaß, Urteilskraft und das Gespür für das, was Not tut. Er erwägt rational. Unbegründete Ängste sind ihm fremd. Vor dem Kampf schmiedet er Bündnisse mit verlässlichen Partnern. Erst dann stellt er sich beherzt dem Feind. Der Mutige kennt die Risiken und weiß sie richtig einzuschätzen. Der Mut, als Mitte zwischen Tollkühnheit und Feigheit, liegt näher an der Tollkühnheit und ist dieser dennoch entgegengesetzt.

Indessen gibt es viele Möglichkeiten, das rechte Maß zu verfehlen und handelnd zu versagen: „Es ist mithin die Tugend ein

Habitus des Wählens, der die nach uns bemessene Mitte hält und durch die Vernunft bestimmt wird, und zwar so, wie ein kluger Mann ihn zu bestimmen pflegt." Bei der Mitte gibt es kein Zuviel und kein Zuwenig, beim Zuviel und Zuwenig gibt es keine Mitte. Die Maßlosigkeit ist dem Menschen niemals zuträglich.

Aristoteles erörtert die Mitte auch in Bezug auf die Wahrheit. Ein Mensch soll geradlinig, sich selbst treu und in allem, was er tut, aufrichtig und authentisch sein. Wer aber, seiner selbst gewiss, beständig die Wahrheit in seiner eigenen Person zu verkörpern meint und unbarmherzig kundtut, was ihm auf der Seele liegt, jeden Irrenden schilt, jeden Unwissenden dumm schimpft und jeden Unansehnlichen hässlich nennt, erscheint eingebildet und anmaßend, mag er noch so sehr mit dem, was er sagt, im Recht sein. Der Ironiker hingegen spielt unablässig. Er verstellt sich, treibt Scherze und wirkt, als sei er nie bei der Sache. Einen gewissen Witz hält Aristoteles durchaus für erfrischend. Aber wer um des Ironisierens willen ironisiert, über den kann man wohl auch nur noch ironisch reden. Es scheint, als sei ihm alles Spaß und Spiel. Warum also sollte der Ironiker noch ernst genommen werden? Angenehm und empfehlenswert ist der Humor; wer aber jegliches Maß überschreitet, gebärdet sich als Spaßmacher und Clown. So wird er zu einer peinvollen Last, ähnlich dem allzeit verdrießlich gestimmten Griesgram. In der menschlichen Gemeinschaft ist Freundlichkeit die angemessene Umgangsform. Wer übertreibt, wird aufdringlich und gefallsüchtig. Ist Eigennutz sein Beweggrund, gilt er als selbstsüchtiger Schmeichler. Wer aber ganz und gar unfreundlich ist, heißt zanksüchtig und eigensinnig.

Verschwendungssucht ist gleichfalls eine extreme Verhaltensweise. Bedenkenlos verliert ein solcher Mensch sein Vermögen. Er weiß nicht hauszuhalten, kann verarmen und verzweifeln ob seiner zügellosen Lebensweise. Ihm entgegengesetzt ist der Geizige, der sich sparsam und knauserig verhält, berechnend und raffgierig ist. Er gönnt niemandem etwas, auch nicht sich selbst.

Er geizt mit allem, sogar mit Lebensfreude. Stets ängstlich darauf bedacht, den materiellen Reichtum beisammen zu halten, versäumt er, glücklich zu werden. Niemals erfährt er, wie tief befriedigend es ist, anderen gewogen zu sein und wohl zu tun.

Der Freigebige gibt das Beste von dem, was er hat. Das können materielle Güter und ideelle Werte sein. So lässt der gute Lehrer den Schüler an seiner reichen Erfahrung und seinem großen Wissen teilhaben. Den Freigebigen zeichnet aus, dass er freiwillig und in bester Absicht seinen Besitz teilt. Von der Freigebigkeit profitiert der Besitzende, der teilt, und der Beschenkte, dem zuteil wird. Durch Freigebigkeit erwirbt der Handelnde Zuneigung, Anerkennung, Freundschaft und Liebe. Wer freigebig ist, hat das rechte Maß des Handelns in bestmöglicher Weise getroffen. Er bereitet sich selbst und anderen Freude und erscheint selbst als ein glücklicher, mit sich selbst im Einklang befindlicher Mensch. Er hat die vier so genannten Kardinaltugenden (Weisheit, Tapferkeit, Besonnenheit und Gerechtigkeit) in sich verwirklicht.

Nun ist niemand vollkommen. Aristoteles wusste das. Aber er hielt den Menschen für lernfähig. So darf der Handelnde die Mitte auch manches Mal verfehlen. Das ist nur menschlich. Aber er ist angehalten, sich stets aufs Neue darum zu bemühen, das rechte Maß zu treffen, und aus einmal begangenen Fehlern zu lernen, statt diese leichthin zu wiederholen. So kann sich beispielsweise der Geizige vom Menschenfeind langsam zum Menschenfreund entwickeln. Die charakterliche Reifung ist ein langdauernder Prozess – und die Vervollkommung des eigenen Selbst schwierig und mühevoll. Sich aber nicht mit den eigenen Unvollkommenheiten und Unzulänglichkeiten selbstzufrieden einzurichten, ist eine ethische Aufgabe und sittliche Pflicht, die sich aus den Möglichkeiten, die die Vernunft dem Menschen offeriert, erklärt. Ein besserer Mitmensch zu werden ist jedem möglich. Wer ewig strebend sich bemüht, das Gute zu erkennen und sich an diesem im Leben zu orientieren, wird seine Zeit auch wahrhaft glücklich verbringen.

Mit hymnischen Worten preist Aristoteles die Freundschaft. Sie ist im Leben des Menschen außerordentlich wichtig. Vieles mag man entbehren, nicht aber den verlässlichen Beistand, den anerkennenden Zuspruch und die aufrichtig empfundene Verbundenheit eines treuen Freundes. Dieser bietet dem Bedrängten Zuflucht. In der Not erweist er sich als rechtschaffener Helfer. Jugendfreunde bewahren einander vor unbedachten Fehltritten. Freundeshand leistet im Alter Hilfe bei all dem, was aus eigener Kraft nicht mehr gelingen mag.

Aristoteles bestimmt den Menschen als „zoon physei politikon". Er bildet mit seinesgleichen die Polis – und somit lässt er sich als polis-, also staat- und gemeinschaftbildendes Lebewesen verstehen. Von Natur aus ist der Mensch gesellig, was gelegentliche Ungeselligkeit nicht ausschließt. Aber er bedarf des lebendigen und vertrauensvollen Kontaktes mit den Menschen. Sonst verarmt und verkümmert er einsam in trüben Tagen. Also sucht ein jeder Mensch Freunde. Sie mögen ihm ähnlich oder gleich sein, vielleicht äußerlich voneinander verschieden. Betrachten Menschen sich als einander zugehörig, bleiben sie verbunden.

Der Entschluss zur Freundschaft ist schnell gefasst. Lange Zeit vergeht, bis diese Verbundenheit wächst. Freunde bemühen sich, aufrichtig zu bewahren, was die Frucht vieler Jahre und wahrlich schwer errungen ist. Ein treuer Freund ist kostbar und des Menschen wahrer Reichtum, ein Reichtum, der sich nicht an der Zahl, wohl aber an der Intensität dieser Bindungen ermisst. Wer mit allen scheinbar vertrauten Umgang pflegt, ist niemandes Freund und nur ein lästiger Schmeichler.

Freundschaft – das ist bei Aristoteles eine erstrebenswerte Disposition in allen menschlichen Beziehungen. Sie beginnt bei der mit sich selbst befreundeten Seele des Einzelnen. Das Spektrum solcher Bindungen ist fein nuanciert und reicht vom Geschäftspartner bis zum Nachbarn. Manche dieser Beziehungen dauern, andere bestehen nur für kurze Zeit. In der Polis sollen die Menschen miteinander befreundet sein. Aristoteles denkt nicht an innige Bündnisse des Herzens und Seelenverwandtschaft. Er hält eine vertrauensvolle Ebene der Freundlichkeit und Sympathie für möglich und erstrebenswert. Menschen sollen einander nicht beargwöhnen, sondern sich freundlich und aufgeschlossen begegnen.

Diese Haltung ist für die große Gemeinschaft, die der Staat bildet, genauso selbstverständlich wie für die freilich tiefer empfundene freundschaftliche Verbundenheit im Alltagsleben. Voraussetzung für die Freundschaft ist gegenseitiges Wohlwollen. Das Wohlwollen bezeichnet einen Charakterzug; die Freundschaft ist die auf dieser Gesinnung beruhende Handlung. Dem wahren Freund wünscht man um seiner selbst willen Wohlergehen. Unter Freunden herrscht das höchste Recht, das unausgesprochen besteht und sich von selbst versteht.

Was die Freundschaft auszeichnet, beschreibt Aristoteles eingehend. Es heißt bei ihm: „Die Freundschaft verlangt nur das Mögliche." Dieses Mögliche orientiert sich an dem Maß, das dem Menschen zukommt und eben seinen ganz persönlichen Möglichkeiten, seiner besonderen Eignung entspricht. Freunde dürfen sich gegenseitig fordern, aber nicht überfordern. Wer den Freund übermäßig beansprucht, verfehlt das zuträgliche Maß und verlangt statt des Möglichen das Ungebührliche. Derlei Erwartungen kann niemand erfüllen. Überzogene und falsche Ansprüche haben viele Ursachen. Oft werden die Fähigkeiten des freundschaftlich verbundenen Mitmenschen verkannt. Von diesem wird erwartet, was er nie versprochen hat und auch gar nicht halten kann. Unerfüllbare Aufgaben werden zugemutet, die Grenzen der Belastbarkeit ignoriert. Wahre Freunde werden einander niemals über das zuträgliche Maß hinaus beanspruchen und belasten.

Die Vernunft wiederum hilft, das rechte Maß individuell zu bestimmen. Vernünftig ist, Mögliches zu erstreben, unvernünftig, Unmögliches zu erwarten. Der Mensch wird auch nicht glücklich, wenn er versucht, unbedingte Anforderungen zu stellen und nach Unmöglichem zu trachten, statt sich auf das Mögliche zu konzentrieren.

Freundschaftlich verbundene, starke Charaktere behelligen sich nicht mit Kummer: „Niemand will gern einem Menschen, den er lieb hat, Anlass geben, sich zu betrüben." Allein die Gegenwart erfreut beide und verleiht neue Kraft. Nur schwache Charaktere begehren gemeinsam zu jammern. Ihr Seufzen eint sie. Aristoteles empfiehlt, sich nicht an Menschen zu halten, die Tränen vergießen, sondern sich jenen anzuschließen, die vorbildlich erscheinen, ein sittliches Ideal verkörpern und an deren Standhaftigkeit man sich aufrichten kann. Die Unglücklichen zu meiden, ist so ratsam wie die Gunst der Glücklichen zu erwerben. Wer mit den Letzteren aufrichtig verbunden ist, reift innerlich und stärkt das eigene Ich.

Aristoteles beachtet bei der Erörterung des Begriffs der Freundschaft auch — untypisch für die griechische Philosophie seiner Zeit — Liebesbeziehungen zwischen den Geschlechtern. Die Grundlage dieser bildet eine Verwandtschaft der Seelen. Jeder Mensch ist empfänglich für äußere Vorzüge, Grazie, Anmut und Charme. Er erfreut sich am anderen und sucht diesem nahe zu sein. Als Aristoteles einmal gefragt wurde, warum Menschen gern mit schönen Mitmenschen sprächen, entgegnete er: „So kann nur ein Blinder fragen." Den „Anfang der sinnlichen Liebe" bildet die „Freude an dem Anblick einer Person". Äußerliche Reize aber sind nicht alles und nicht einmal das Wichtigste: „Denn niemand liebt, ohne zuvor an der Erscheinung des Geliebten Gefallen zu finden; wer aber nur an dem Äußeren eines anderen Freude hat, liebt ihn darum noch nicht, sondern das tut er erst dann, wenn er in seiner Abwesenheit sich nach ihm sehnt und nach seiner Gegenwart begehrt."

Aristoteles weiß, dass viele Freundschaftsbünde nicht dauerhaft erhalten bleiben. Was innerlich brüchig geworden ist, zerfällt. Besonders in jungen Jahren ist die Leidenschaft schnell entflammt und bald erloschen. Dann ist es zulässig und sogar geboten, einen solchen Bund aufzulösen. Mancher Menschen Charakter verändert sich grundlegend. Andere Merkmale der Persönlichkeit treten hervor. Ein ehemals ausgeglichener, fröhlicher Zeitgenosse neigt zu Schwermut und Depression. Ein ernster Zeitgenosse gibt unentwegt den leichtlebigen Witzbold. Oft bemerken die Menschen diesen Wandel gar nicht bei sich selbst. Sie wundern sich vielleicht über das zunehmend distanziert anmutende Verhalten der anderen und beginnen zu klagen, verachten und hassen, da sie mit sich selbst unzufrieden sind. Sie versinken in Trübsinn, als laste die Bürde der ganzen Welt auf ihren Schultern, so als hätte sich der Himmel über ihnen für immer verfinstert. Die Welt erscheint ihnen trostlos und leer.

Wahre Freunde bleiben sich immer treu. Aber muss ein Freund wirklich alles ertragen, alles hinnehmen? Die Vorstellung, dass sich ein Mensch um des anderen willen aufopfert, ist Aristoteles unbekannt. Ein solches Verhalten wäre auch unvernünftig und widerspräche der gebotenen Liebe zu sich selbst. Manchen Menschen ist nicht zu helfen. Aristoteles sagt nicht, dass man nicht bis an die Grenzen der eigenen Kraft gehen und alles Mögliche versuchen soll, dem Freund hilfreich zur Seite zu stehen, so gut und so lange es geht. Wenn man aber erfolglos versucht hat, was man versuchen konnte, muss man sich um seiner selbst willen doch von dem einstigen Freund trennen. Aristoteles schreibt: „Wer aber die Freundschaft auflöst, tut nichts Verkehrtes. Denn die bisherige Neigung galt einem solchen Menschen nicht. Da er also ein anderer geworden ist und man ihm nicht wieder aufhelfen kann, so trennt man sich von ihm."

Ein solches Verhalten ist nicht unmenschlich, bisweilen sogar unvermeidlich, des eigenen Wohlergehens wegen. In einer Situation, die eine Trennung erforderlich macht, muss man sich aber, seiner begrenzten Einflussmöglichkeiten und der eigenen Belastbarkeit bewusst, von dem Freund distanzieren, ehe man selbst Schaden nimmt.

Was Aristoteles über notwendig gewordene Trennungen ausführt, ist einsichtig, aber manches Mal schwer umzusetzen. Er wusste von den sich ergebenden Problemen und der seelischen Beschwernis. Auch spricht er nicht davon, dass ein solches Scheiden schmerzfrei vonstatten geht. Mit aller Entschiedenheit aber bezeichnet Aristoteles diesen Schritt als unvermeidliche Notwendigkeit. Wer eine solche Bindung beendet, handelt richtig. Er tut sich selbst Gutes, indem er sich von Lasten löst, die nicht seine, sondern die eines anderen sind. Freundschaft bedeutet für Aristoteles Gemeinschaft. Mit wem aber Gemeinschaft nicht mehr möglich ist, mit dem ist auch Freundschaft schlechterdings unmöglich geworden.

Die Schüler des Aristoteles wurden Freunde genannt. Sie blieben geistig miteinander verbunden – auch wenn sich ihre Wege trennten –, weil sie philosophierten, genau so, wie sie es bei Aristoteles und seinen Gefährten gelernt hatten. Die Lehrtätigkeit des Aristoteles entfaltete sich vollkommen im lebendigen Gespräch mit seinen Schülern und Mitphilosophen. Er war für sie da, begleitete und förderte sie – und lernte, wie jeder gute Lehrer, von und mit den Schülern, die er unterrichtete. Bis zum Ende seines Lebens blieb Aristoteles den Seinen in tiefer Sympathie verbunden.

## Aristoteles' Staatsphilosophie

Grundlegend für die Ordnung des menschlichen Lebens ist, wie bereits verschiedentlich angedeutet, der Gedanke der Freundschaft. Auch für den Staat bildet er das unerlässliche Fundament.

Für Aristoteles ist der Staat eine naturgegebene Gemeinschaft. Er besteht nicht aufgrund von Übereinkunft der in ihm lebenden Menschen. Die Polis ist die Welt des Menschen, der Raum, in dem sich der Mensch selbst versteht, der Ort, in dem er als Mensch unter Menschen lebt. So lässt sich die anthropologische Bestimmung des Aristoteles begreifen: „Der Mensch ist ein von

Natur aus auf die staatliche Gemeinschaft angelegtes Wesen. Deshalb verlangen die Menschen, auch wenn sie durchaus keiner gegenseitigen Hilfe bedürfen, nichtsdestoweniger nach dem Zusammenleben. Indessen führt auch der gemeinsame Nutzen sie zusammen, da die Gemeinschaft für jeden zur Vollkommenheit des Lebens beiträgt." Nicht das Individuum und dessen Recht stehen an erster Stelle. Der Staat ist dem Einzelnen übergeordnet. In dem Gemeinwesen bildet der Mensch Lebensgemeinschaften unterschiedlicher Art. Das beginnt mit dem ehelichen Verbund von Mann und Frau und findet seine Fortsetzung in der Haus-, Sippen- und Dorfgemeinschaft. Alle diese menschlichen Verbindungen umschließt die Polis. Wir lesen dazu in der „Politik": „Endlich ist die aus mehreren Dorfgemeinden gebildete vollkommene Gesellschaft der Staat, eine Gemeinschaft, die gleichsam das Ziel vollendeter Selbstgenügsamkeit erreicht hat, die um des Lebens willen entstanden ist und um des vollkommenen Lebens willen besteht."

Das Leben in Gemeinschaft verleiht dem Einzelnen Halt und Stabilität. Das Ziel des Staates ist es, dass die Menschen in diesem Verbund gut leben sollen, denn für die sittliche Lebensweise im Miteinander ist die Gemeinschaft unbedingt erforderlich. Nur als soziales Wesen ist der Mensch ein sittliches Lebewesen. Die Gesetze des Staates regeln das tägliche Miteinander. Sie sind zwingend notwendig. Als vollkommen entwickeltes Geschöpf ist der Mensch besonders vornehm und rechtschaffen, wie Aristoteles verschiedentlich ausführt, aber jenseits von Recht und Gesetz verkommt er zu dem bösartigsten Lebewesen. Die Bürger des Staates, im Gegensatz zu den Sklaven, übernehmen leitende Ämter im Gemeinwesen. Die Rechte und Pflichten sind innerhalb der bestehenden Staatsformen unterschiedlich geregelt.

Aristoteles trennt Staatsordnungen, die auf das Gemeinwohl hin ausgerichtet sind, und Verfassungen, die insbesondere die Interessen einzelner Gruppen des Staates zu Lasten anderer vertreten: „So sieht man denn, dass alle diejenigen Verfassungen, die auf den allgemeinen Nutzen abzielen, richtige sind nach dem Maßstab des Rechtes schlechthin, und dass diejenigen, die nur auf den eigenen Vorteil der Regierenden abzielen, fehlerhafte Verfassungen sind. Sie sind despotischer Art. Der Staat aber ist eine Gemeinschaft freier Leute." Die gute gesetzliche Ordnung zeigt sich nicht darin, dass es vortreffliche Gesetze gibt, sondern darin, dass diese vom Volk befolgt werden. Zu den wünschenswerten Verfassungen zählen die Monarchie, die Aristokratie und die Politie, die für Aristoteles zwar nicht die ideale, aber bestmögliche Verfassung darstellt. In der Monarchie herrscht ein König, der das Wohl des Staates und nicht die Entfaltung der eigenen Machtansprüche für wichtig erachtet. Aber diese Staatsform kann sich in eine Tyrannis verkehren, in der sich ein machtsüchtiger Einzelner diktatorisch das Gemeinwesen zur Beute macht, zum Schaden aller. In der Aristokratie hält der Adel die Macht in den Händen. Diese Gruppe tüchtiger Regenten hat das Gedeihen des gesamten Staates im Auge. Aber es mag auch einen Verbund herrschsüchtiger Intriganten geben, der sich der Führung des Staates bemächtigt. In der Oligarchie sind besonders einflussreiche Gruppierungen maßgebend, ohne dass sie in ethischer Hinsicht für die Regierungsämter geeignet wären. In der Politie hingegen herrschen die Gesetze, nicht ein Einzelner, nicht eine Gruppe, auch nicht das Volk. Die Verfassung ist von den Bürgern des Staates akzeptiert und für gut befunden. In ihr wird das mittlere Maß gewahrt. Niemand wird bevorzugt, niemand benachteiligt. Das Gesetz hat für alle Bürger bindende Kraft. Schon Aristoteles kannte ratgebende, ausführende und juristische Ämter. Er schuf die Grundzüge der modernen Gewaltenteilung.

Der Staat soll übersichtlich und klar strukturiert sein. Ein ständisches Prinzip herrscht in diesem Gemeinwesen. Maßgebend hierfür ist die Tüchtigkeit der einzelnen Bürger und ihr Vermögen. Die Armen sind von den Ämtern ausgeschlossen, was keine bewusste Diskriminierung der weniger Begüterten darstellt. Da die politischen Tätigkeiten in der aristotelischen Staatstheorie nicht entlohnt wurden, konnte nur ein Mann aus gutem Hause Leitungsaufgaben im Staat wahrnehmen. Die Politie bildet das mittlere Maß zwischen zwei schlechten Verfassungen, zwischen Oligarchie und Demokratie. Die Herrschaft der Masse lehnt Aristoteles entschieden ab. In ihr würde die Maßlosigkeit regieren – und jegliches Bemühen um politisches Augenmaß und Ausgeglichenheit wäre vergeblich. Die Herrschenden würden an die niederen Instinkte appellieren. Nicht die Befähigten würden regieren, sondern die Volkstribunen, die Rattenfängern gleich mit Stimmungen spielten und diese erzeugten. Auch bemächtigte sich sodann das Volk der Institutionen des Staates.

Insbesondere in der Staatsphilosophie erweist sich Aristoteles als Realist. Er versucht sich stets am Möglichen zu orientieren, ohne die ethische Dimension zu vernachlässigen. Entscheidend aber, und alle Diskussionen über die beste Verfassung dann ignorierend, ist Aristoteles' Überzeugung, dass diese theoretischen Überlegungen beendet werden und man beiseite treten solle, wenn ein tatsächlich begabter politischer Führer auftreten würde, der nicht durch Macht, Reichtum oder Beliebtheit hervortritt, sondern durch außerordentliche Eignung: „Ein solcherart Ausgezeichneter gleicht einem Gott unter den Menschen. Für ihn gilt kein Gesetz. Er ist sich selbst Gesetz. Man kann ihn verbannen, aber nicht beherrschen. Es bleibt nichts anderes übrig, als diesem Ausgezeichneten zu gehorchen und zu dienen." Dann sollte dieser umfassend wirken können. Da ein solches Genie aber sehr selten erscheint, ist es erforderlich, das Gemeinwesen mit Vernunft einzurichten, um das Staatsschiff durch die Fährnisse unruhiger Zeiten steuern zu können.

In allen Wissenschaften und Künsten bildet, wenn wir Aristoteles folgen wollen, das Gute das Ziel, zu dem alle streben. In der Staatskunst soll es nicht anders sein. Wie aber lässt sich dieses Gute erreichen? Aristoteles setzt das Gute mit dem Gerechten gleich. Das Gerechte ist, was dem Wohl des Ganzen dient. Aristoteles kennt Unterschiede in der Tauglichkeit der einzelnen Bürger. Nicht jeder ist für jedes Amt gleichermaßen gut geeignet. Des Heerführers Bestimmung ist es, Heerführer zu sein, und des Soldaten Aufgabe, als Soldat zu dienen. Es wäre unrecht, alle Menschen gleich zu behandeln, wo sie doch unterschiedliche Qualitäten besitzen. Diese bestehenden Unterschiede sollen zum Wohl des Staates beachtet werden. Gerecht ist also, dem einzelnen Menschen zuzuerkennen, was ihm zukommt, und nicht alle Ungleichheiten nivellieren zu wollen, sondern jedem Menschen auf *seine* Weise gerecht zu werden. So wird er seine eigene Anlage entfalten können und zugleich ein guter Bürger seines Staates sein. Für eine Aufgabe soll der ausgewählt werden, der sich hierfür am besten eignet. Aristoteles wählt dazu ein einleuchtendes Beispiel: „Von gleich gut geschulten Flötenspielern muss man nicht denen die besten Flöten geben, die von edler Abkunft sind. Sie werden deshalb um nichts besser spielen. Wer durch seine Leistung die anderen übertrifft, dem gebührt auch hinsichtlich der Instrumente der Vorzug." Ein Staat also, in dem die Herrschenden und Amtsträger nach ihrer besonderen Fähigkeit für das jeweilige Amt ausgewählt werden, wird sich gedeihlich entwickeln, denn in ihm sind die am besten qualifizierten Bürger mit den wichtigsten Aufgaben betraut. Aber auch Aristoteles' Theorie des besten Gemeinwesens wurde, wie Platons idealer Staat, niemals verwirklicht.

## Theophrast

Theophrast hieß eigentlich Tyrtamos. Aristoteles aber gab dem geistreichen, talentiertesten seiner Schüler den Namen Theophrast, was bedeutet: „der mit göttlicher Stimme Redende". In Eresos auf Lesbos wurde Theophrast 371 v. Chr. geboren. In jungen Jahren hörte er den alten Platon. Nach dessen Tod schloss er sich Aristoteles an und begleitete ihn nach Assos und Makedonien.

Theophrast interessierte sich nicht so sehr für spekulative Metaphysik. Aristoteles' Lehre vom „unbewegt Bewegenden" und die platonische Ideenlehre betrachtete er mit skeptischer Distanz. Er sammelte lieber handfeste Erkenntnisse. Empirische Forschungen – vor allem auf dem Felde der Botanik, Tierkunde und Mineralogie – verfolgte Theophrast mit großem Ernst und wissenschaftlichem Enthusiasmus. Er schrieb gelehrte Traktate über Pathologie, Physiologie und Psychologie. In der Frühschrift „Über das Feuer" heißt es: „So wollen wir denn das Größere und Ursprünglichere zurückstellen und versuchen, über das Geringere zu sprechen." Dieses „Geringere" ist indessen nicht das Bedeutungslose. Theophrast glaubte vielmehr, dass manches, etwa die Phänomene des Alltagslebens, zu wenig beachtet würden. Fragestellungen über konkrete Lebensprobleme, die viele seiner Kollegen übersahen oder ignorierten, erörterte Theophrast eingehend und pointiert.

Als Theophrast 322 v. Chr. die Leitung der peripatetischen Schule übernahm, erfreute er sich bereits großer Beliebtheit. Der Zuspruch wuchs noch mit den Jahren. Theophrast versammelte zweitausend Schüler um sich. Er lebte für die Philosophie und blieb ehelos, war Frauen aber durchaus gewogen. Theophrast arbeitete unausgesetzt. Seine Vorlesungen waren lehrreich, so scharfsinnig wie tiefgründig, humorvoll und vergnüglich. Er war ein subtiler Aphoristiker und hellsichtiger Moralist, ein Mann von Format und Charakter. Die aristotelische Ethik rühmte Theophrast besonders. Er bemerkte aber auch, dass viele Menschen die Lehre vom rechten Maß bewunderten, aber nur wenige diese befolgten.

Die Athener verehrten Theophrast. Ein gewisser Agonides aber bemühte sich, vermutlich aus Neid und Eifersucht, gegen den Philosophen einen Prozess wegen Gottlosigkeit anzustrengen. Aber ehe es zum Verfahren kam, gab Agonides klein bei; hätte er Theophrast angeklagt, dann hätte sich der Volkszorn gegen den Ankläger gerichtet. Von solchem Ansehen unter den Athenern hatten Sokrates, Platon und Aristoteles nur träumen können.

Theophrast sagte, man dürfe eher einem ungezäumten Pferd als einer zerfahrenen Rede trauen. Zu einem Schweigsamen bemerkte er bei einem Gastmahl: „Bist du unwissend, so tust du ganz klug daran, zu schweigen; hast du aber Bildung, dann verhältst du dich unklug, wenn du schweigst." Überliefert ist ein schmaler Band mit Studien über menschliche Eigenschaften. „Charaktere" ist das Buch genannt. Darin stellt Theophrast viele unangenehme Eigenschaften dar, so präzise wie treffend. Er beschreibt beispielsweise einen unaufrichtigen Menschen. Dieser hinterhältige, heimtückische Zeitgenosse tut so, als sei er der beste Freund. Man glaubt ihn zu kennen. Aber er gebärdet sich lügenhaft, heuchlerisch und biegsam. Dieser Mensch repräsentiert die leibhaftige Charakterlosigkeit: „Er lobt die ins Gesicht, die er heimlich angegriffen hat, und äußert sein Mitgefühl, wenn sie im Prozess unterlegen sind. Hat er etwas gehört, leugnet er dies, hat er etwas gesehen, sagt er, er habe nichts gesehen, hat er etwas zugegeben, sagt er, er erinnere sich nicht."

Theophrast beschreibt auch den „Redseligen". Dieser Mensch weiß sich ungefragt und zudem endlos mitzuteilen. Wesentliches sagt er nicht aus. Er sucht Kontakt zu Unbekannten, setzt sich zu ihnen und beginnt zu plaudern. Zunächst lobt der „Redselige" seine Gattin, berichtet von nächtlichen Träumen und von der letzten Mahlzeit. Danach ergeht er sich in Weltschmerz, tadelt Politiker, rühmt den einfachen Mann auf der Straße, beklagt die neuen Zeiten, ereifert sich über die steigenden Preise für Gemüse und Obst, bemerkt, wie viele ausländische Gäste sich in der Stadt derzeit aufhalten, und weiß auch zu berichten, dass das Meer seit Ende der Frühjahrsstürme wieder ruhig geworden sei. Wenn es mehr regnete, würde die Ernte besser ausfallen. Im Allgemeinen sei das Leben eine harte Last, und außerdem habe er sich gestern erbrochen. Er erkundigt sich, welcher Tag heute sei. Im Sommer erzählt er, dass der Herbst, im Herbst, dass der Winter bevorstehe: „Und wenn einer bei ihm bleibt, lässt er ihn nicht mehr los."

Theophrast unterscheidet vom „Redseligen" den „Schwätzer". Letzterer verblüfft durch ein noch höheres Maß an Aufdringlichkeit und Beharrlichkeit. Er sucht nicht ein einzelnes, sondern gleich viele Opfer: „Er geht in die Schulen und auf die Sportplätze und hindert die Kinder am Lernen, so viel schwätzt er mit Erziehern und Lehrern. Wer sagt, er müsse gehen, den begleitet er und bringt ihn nach Hause." Zu schweigen ist ihm unmöglich.

Ähnlich lästig ist die Gesellschaft des „Gerüchtemachers". Dieser gefällt sich im Ausbreiten von Neuigkeiten, erzählt mit bedeutungsvoller Miene Geheimnisvolles und Peinliches. Dabei sagt er gern: „Du darfst das nur ganz allein wissen!" Wer durch eine solche Vertraulichkeit geehrt wird, darf gewiss sein, dass diese streng geheime Mitteilung bereits der ganzen Stadt bekannt ist.

Peinlich sind Menschen, die ungelegen erscheinen. Von jemandem, der keine Zeit hat, erbittet sich der „Ungelegene" Rat und Beistand. Einen Bekannten, der eben nach Hause gekommen ist, lädt er zum Spaziergang ein. Wenn jemand einen Sachverhalt verstanden hat, beginnt der „Ungelegene" aufs Neue mit einer ausschweifenden Erklärung. Auch das Phänomen Selbstgefälligkeit wird von Theophrast untersucht. Sie zeigt sich in schroffem Benehmen. Wird der „Selbstgefällige" angesprochen, bleibt er stumm. Hat ihn jemand unabsichtlich gestoßen, verzeiht er diesem nicht. Stolpert er beim Spaziergang, verflucht er den Stein.

Der Denunziant hält sich gern unter seinesgleichen auf. Wird über jemanden schlecht geredet, stimmt der „Verleumder" sofort mit ein. Verlässt ein Gast die Tafel, beginnt er unversehens über diesen zu reden. Rasch verunglimpft er dessen Familie und alle seine Freunde: „Und meist sagt er über die eigenen Angehörigen und Freunde Schlechtes, auch über die Toten; üble Rede nennt er Redefreiheit, Demokratie, Freiheit, und das ist für ihn das Angenehmste im Leben." Schließlich wird noch der „Pervertierte" dargestellt. Dieser Charakterzug ist der Übelste überhaupt. Der „Pervertierte" sympathisiert mit allen Verkommenen und versucht all jene zu rechtfertigen, die Böses getan haben. Gerade die Taugenichtse und die Verbrecher hält er für verkannte Genies. Er spricht von ihnen, als seien sie die eigentlichen Säulen des Staates.

In vielen Facetten beleuchtet Theophrast menschlich-allzumenschliche Charakterzüge und Verhaltensweisen in praktischer Hinsicht. Alle Philosophen, die sich mit ethischen Maßstäben befassen, sollen sich zunächst der Eigenheiten der menschlichen Natur bewusst sein.

Theophrast lebte fünfundachtzig Jahre. Kurz vor seinem Tod empfahl er seinen Schülern erneut, nicht den Täuschungen von Ehrgeiz und Machtstreben zu erliegen. Das Leben biete mehr Nichtiges als Nützliches, umso wichtiger sei es, sich ernsthaft auf das, was wirklich wichtig ist, zu konzentrieren, statt sich in der Fülle des Beliebigen zu verlieren. Die Zeit sei das Kostbarste, sie angemessen zu nutzen, wahre Lebenskunst. Trotz des hohen Alters und nachlassender Kräfte war Theophrasts Lebenswillen und Schaffensdrang ungebrochen. Etliche hundert Werke hatte er verfasst. Bis zuletzt war er tätig. Theophrast starb einen gnädigen Tod. Ganz Athen erwies ihm die letzte Ehre.

Die peripatetische Schule verlor unter seinen Nachfolgern den bestimmenden Einfluss auf die Wissenschaft und das geistige Leben Attikas, den sie unter Aristoteles und Theophrast besessen hatte.


## Kynismus

Eine Gruppe unabhängiger Moralisten wurde in dieser Zeit Kyniker genannt. Das Wort „kyon" heißt übersetzt „Hund". Die Kyniker kultivierten ihre Rolle als eigensinnige Außenseiter und exzentrische Querulanten, die weder eine Familie noch Freunde oder gar Götter benötigten. Dennoch waren sie auf die Nähe zur Gesellschaft angewiesen, um ihrem originell artikulierten Protest Gehör zu verschaffen und die blasierten Bürger zum Nachdenken anregen zu können. Blieben diese reserviert, löste das unkonventionelle, respektlose Verhalten der Kyniker doch immerhin empörten Widerspruch und zornige Erregung aus.

Die Kyniker wanderten barfuß durch die Stadt, trugen einfache, schäbige Kleidung und erbettelten sich den Lebensunterhalt. Sie lehrten an Straßenecken, auf Marktplätzen und in Werkstätten. Die Schüler der Akademie Platons und die Peripatetiker belächelten die Philosophen des Alltags. Diese wiederum schmähten, beleidigten und verhöhnten die distinguierten Intellektuellen.

Der erste Kyniker, Antisthenes, ein Mann aus einfachen Verhältnissen, hatte gemeinsam mit Platon bei Sokrates zu philosophieren gelernt. Schon zu Lebzeiten des Meisters waren sich die beiden unsympathisch. Antisthenes hatte auch heftige Dispute mit Sokrates geführt. Die Lehrgegenstände, auf die in Platons Akademie so viel Wert gelegt wurde, hielt er für nebensächlich. Niemandem, glaubte er, war damit gedient, Kenntnisse in Musiktheorie, Arithmetik und Geometrie zu erwerben. Statt mit dem Aufbau diskreter geometrischer Formen sollte sich der bildungswillige Jüngling um die Erkenntnis seiner selbst bemühen. Antisthenes riet ernsthaft: „Ein vernünftiger Mensch sollte nicht lesen lernen, damit er nicht durch Überflüssiges verwirrt wird."

Nach kynischer Überzeugung soll die Philosophie dem Menschen dazu verhelfen, in rechter Weise zu leben und zu sterben. Regelrecht unverständlich also muteten den Kynikern jene Menschen an, die Philosophen sein wollten, aber bloß geometrische Rätsel lösten oder, wie die Empiriker unter Aristoteles' Anleitung, Tierkadaver sezierten. Wer philosophierte, musste – nach Auffassung der Kyniker – Ethik und Politik treiben. Über die Götter wurde am besten geschwiegen. Jeder, der zu erfahren wünschte, wie man die Götter loben und verehren solle, erhielt zur Antwort, dass man wenig über sie aussagen könne, aber eines bestimmt – sie hätten für Leute, die dümmliche Fragen stellten, gar nichts übrig.

Die Kyniker vertraten die Auffassung, dass alle Menschen gleich seien, nämlich gleichermaßen moralisch verkommen. So durfte der Hellene nicht den Barbaren verachten, der Reiche nicht den Armen, der Mann nicht die Frau und der Bürger nicht seine Sklaven. Der Adel des Geistes und die Gesinnung des Herzens galten den Kynikern mehr als Herkunft und Nationalität. Alexander der Große wurde von vielen Kynikern idealisiert und bewundert. Sie rühmten den König der Makedonier als tapferen Kriegshelden und wahren Menschenfreund vor allem, um Kleinmut und Bigotterie der Machthaber in den hellenischen Stadtstaaten zu kritisieren.

Zu den Kynikern zählen neben dem erwähnten Antisthenes eine Vielzahl von Denkern, deren Namen niemand mehr nennt, und der berühmte „Philosoph in der Tonne": Diogenes von Sinope.

### Diogenes von Sinope

Diogenes wurde etwa 410 v. Chr. geboren und stammte, anders als sein Lehrer Antisthenes, aus besseren Verhältnissen; er war der Sohn eines Bankiers, der zum Geldfälscher wurde. Diogenes hatte dem Vater bei seinen dunklen Geschäften wohl assistiert. Beide wurden aus ihrer Heimat am Schwarzen Meer verbannt. Diogenes gelangte auf Umwegen nach Attika. In Athen äußerten wohlsituierte Herrschaften vorwurfsvoll: „Die Bürger von Sinope haben dich zur Verbannung verurteilt." Diogenes, der als Exilierter mal in Athen, mal in Korinth weilte und zu philosophieren begonnen hatte, erwiderte: „Ja, und ich verurteilte sie zum Dortbleiben."

Diogenes verhielt sich respektlos, war schlagfertig und besaß einen Mutterwitz, der viele seiner Zeitgenossen erstaunt verstummen ließ. Auf seinen Reisen besuchte er gelegentlich Philosophenschulen. Diogenes hatte von einem Lehrer gehört, der sich seiner Beliebtheit rühmte. Als er ihn aufsuchte, entdeckte er etliche Statuen von Musen und eine Handvoll gelangweilter Jünglinge. Er bemerkte spöttisch: „Die Gottheiten eingerechnet hast du viele Schüler." In Athen fanden denkwürdige Begegnungen mit Platon statt. Diogenes verzehrte bei einem Treffen getrocknete Feigen. Platon besuchte ihn und fragte: „Darf ich?" Diogenes erlaubte ihm, einige davon zu essen. Der große Platon ließ sich nicht zweimal bitten und aß genüsslich, bis Diogenes ihn darauf hinwies, er habe ihm wohl gestattet, ein paar zu nehmen, mitnichten aber habe er gesagt: „Friss sie alle auf!"

Als Platon Gäste eingeladen hatte, war auch Diogenes zugegen. Er blickte verächtlich auf die kostbaren Teppiche Platons und trat heftig auf diesen herum mit den Worten: „Ich trete Platons Eitelkeit!" Platon erwiderte gleichmütig: „Mein lieber Diogenes, eitel möchtest du nicht erscheinen, aber welche Eitelkeit scheint durch dich hindurch." Diogenes stritt sich gern mit Platon. Als sich herumsprach, der große Philosoph habe unter dem Beifall seiner Schüler den Menschen als zweibeiniges, federloses Lebewesen beschrieben, brachte Diogenes ein gerupftes Huhn in die platonische Akademie und sagte: „Das ist Platons Mensch." Die entsetzten Schüler berichteten dies Platon. Dieser grübelte ein Weilchen und ergänzte seine Definition: „Mit breiten Klauen."

Aber Diogenes begegnete nicht nur Philosophen. Als Alexander der Große Korinth besuchte, eilten Gelehrte und Honoratioren herbei, um ihm zu huldigen. Alexander vermisste Diogenes, von dem er so vieles gehört hatte. Der Philosoph aber verspürte nicht das geringste Interesse, den König zu begrüßen. Schließlich hatte er den Herrscher ja nicht nach Korinth eingeladen. Wenn Alexander ihn sprechen wollte, würde er ihn schon finden. So geschah es dann auch. Diogenes sonnte sich, als Alexander mitsamt seinem Gefolge zu ihm kam. Diogenes erhob sich kurz, blickte den König an und schwieg. Alexander grüßte Diogenes, stellte sich vor und fragte freundlich, ob er nicht etwas für ihn tun könne. Diogenes erwiderte: „Ja, geh' mir ein bisschen aus der

Sonne." Diese Antwort imponierte Alexander sehr. Diogenes fühlte sich frei und verhielt sich wie ein König. Er war niemandem untertan. Alexander leistete seiner Bitte Folge. Seine Begleiter hingegen verhöhnten den Philosophen, der in einer Regentonne nächtigte, und sich von Alexander doch vieles hätte erbitten können. Alexander bewunderte die geistige Souveränität und Unabhängigkeit dieses Mannes und sagte zu seinem Gefolge: „Wäre ich nicht Alexander, so wäre ich niemand lieber als Diogenes."

Diogenes bezeichnete sich als Kosmopolit. Seine Heimat war die ganze Welt. Politisch aktiv zu werden wie Platon, hatte Diogenes nie beabsichtigt. Wollte ein Herrscher beraten sein, er würde ihn, wie Alexander der Große, schon aufsuchen. Etliche Zeitgenossen, darunter viele Amtsträger, erbaten sich tatsächlich Ratschläge in allen Lebensfragen von Diogenes. Ein aufstrebender Beamter fragte, wie er Politik treiben solle. Ihm beschied Diogenes: „Es ist wie mit dem Feuer: Nicht zu nah, damit du dich nicht verbrennst, und nicht zu weit, damit du nicht frierst."

Wenn Diogenes auch Ethik lehrte, wollte er sich doch nicht mit der Erziehung von Kindern abgeben. Auch verzichtete er darauf zu heiraten. Gegenüber Jünglingen beherrschte er sich. Über die Liebe teilte er sich aber einige Male mit. Diogenes nannte sie eine „Beschäftigung für Beschäftigungslose". Die Verliebten hielt er für genusssüchtige Versager. Heiraten bringe viel Ärger ein und wenig Vergnügen. Ein Übel besonderer Art sei eine gut aussehende Frau. Diogenes bestellte keine Felder. Er führte darum auch nicht Klage über die Mühen des täglichen Lebens. Ehrgeizige Menschen, die ein vermeintlich besseres Leben führen wollten, verspottete er. Einem Musiker, der seine Harfe stimmte, sagte er: „Schämst du dich nicht, die Töne mit dem Holz in Einklang zu bringen, deine Seele aber nicht dem Leben anzupassen?" Bei einer Lesung, die nicht enden wollte, entdeckte Diogenes den unbeschriebenen Teil der Papierrolle und rief aus: „Mut, Kameraden! Land in Sicht!" Feinsinnige Literaturwissenschaftler erforschten die Leiden des Odysseus, verstanden aber nicht, was sie selbst im Innersten bedrückte. Musiker stimmten die Saiten der Leier, aber ihre Seele blieb dissonant. Ein Politiker gierte nach Prestige und buhlte um die Gunst des Volkes. Aber er war sklavisch den eigenen Begierden ergeben und vergänglich wie jedes Lebewesen. Begegnete Diogenes ein wehleidiger Mensch, der ständig jammerte, wie grausam die Welt, wie schlecht das Leben doch sei, erwiderte er diesem, das Leben sei ganz und gar nicht schlecht, aber manche Menschen lebten einfach schlecht, nämlich indem sie unausgesetzt klagten.

Diogenes verwünschte die Athener, die gebildet täten, aber nur wie Menschen aussähen. In ihrem Innersten seien sie nichts anderes als Affen, die Kunststücke vollführten. Auf das Menschengeschlecht war Diogenes zeitlebens nicht gut zu sprechen: „Wenn ich im Alltag Steuerleute, Ärzte und Philosophen sehe, so scheint mir der Mensch das Vernünftigste aller Lebewesen zu sein. Wenn ich dann wieder Traumdeuter und Wahrsager sehe oder die Leute, die diese ernst nehmen, oder wenn ich diejenigen sehe, die sich auf ihre gesellschaftliche Stellung oder ihren Reichtum etwas einbilden, so scheint mir nichts unvernünftiger zu sein als der Mensch." Diogenes sah die Schwächen der Menschen und lehrte trotzdem Ethik, denn er hielt es für weitaus besser, vernünftig als unvernünftig zu leben. Also bekannte er: „Zum Leben braucht man Verstand – oder einen Strick!"

Diogenes hielt in treuer Verbundenheit zu seinen Freunden. Als ihm ein Verleumder mitteilte, was einer von diesen Schimpfliches über ihn gesagt hatte, entgegnete er: „Ob mein Freund das gesagt hat, ist zweifelhaft; dass du es gesagt hast, steht fest." Er bekannte auch, er esse, um zu leben, andere aber lebten anscheinend, um beständig opulente Menüs zu verzehren. Der Reichste von allen war ihm der Genügsame; als man sich erkundigte, ob er denn Sklaven besitze, antwortete er: „Gewiss doch, niemand anders als eure Herren!" Diogenes meinte die Laster der verdutzt dreinschauenden Mitmenschen.

Wie viele seiner Mitphilosophen tadelte Diogenes religiöses Brauchtum. Bußübungen und Waschungen befreiten keinen Menschen von persönlicher Schuld. Das vermochte allein eine bessere Lebensweise. Zudem bekannte er, nicht zu wissen, wie es unter den Göttern im Himmel zugehe, denn er sei noch nie dort oben gewesen. Ob aber Götter existierten, darüber wisse er nichts. Ein andermal meinte Diogenes, es sei gut, dass es Götter gäbe. Als jemand sich über Himmelsphänomene verbreitete, fragte er diesen: „Seit wann bist du vom Himmel zurück?"

Diogenes sollte auch über den Nutzen und Nachteil der Philosophie für das Leben Auskunft geben. Auf die Frage: „Was hast du eigentlich von der Philosophie?" erwiderte er: „Wenn nichts anderes, so wenigstens dieses: Gegen jedes Geschick gewappnet zu sein." Diogenes von Sinope starb etwa im Jahr 320 v. Chr. Die attische Welt hatte sich verändert. Das alte griechische Denken, welches das Glück des Individuums unauflöslich mit dem der Gemeinschaft verbunden sah, hatte seine bindende Kraft verloren. Die Kyniker gehörten zu den wichtigsten Vertretern des Hellenismus, zu dem wir eigenständige Denker wie Epikur, den Philosophen der Freude, zählen. Auch waren die Kyniker Vorboten der Stoa, einer Lehrtradition, die uns später noch beschäftigen wird.

## Epikur

Epikur wurde zu Lebzeiten übel verleumdet. Timokrates, ein höchst verdrießlicher Zeitgenosse, bezichtigte ihn der Kupplerei. Außerdem beschuldigte man Epikur, er würde zweifelhafte Freundschaften pflegen und ein ausschweifendes Liebesleben führen. Zudem sei er ein ausgewiesener Fresser und Säufer, der sich mindestens zweimal täglich übergeben müsse. Seine Wissenschaft bezeichneten manche als Scharlatanerie; was von seinen Traktaten zu gebrauchen sei, das habe er von Demokrit abgeschrieben. Auch später noch, bis zum heutigen Tag, wird Epikur zu einem wollüstigen, vernunftlosen Hedonisten stilisiert. Freilich hatte er auch Fürsprecher. Zu ihnen gehörte in der Antike Diogenes Laertius. Dieser behauptete, dass alle, die Epikur schmähten, nicht recht bei Verstand seien.

Epikur erblickte im Jahr 341 v. Chr. auf der Insel Samos das Licht der Welt. Von früher Kindheit an stellte er unbequeme Fragen. Mit vierzehn studierte er Hesiods Werke. Die Lehre von der Weltentstehung überzeugte ihn nicht. Wie mochte aus dem Chaos der Elemente die ganze Welt entstanden sein? Epikur fragte seine Lehrer. Diese aber waren ratlos und konnten ihm nicht weiterhelfen. Also beschloss Epikur zu philosophieren. In den Jahren 323–322 v. Chr. leistete er seinen Militärdienst in Athen ab. Dort besuchte er die platonische Akademie, hörte Xenokrates und pflegte Kontakt zu Anhängern der atomistischen Lehre Demokrits. Epikur konnte nicht nach Samos zurückkehren. Die Diadochenkämpfe begannen, denn Alexanders Tod hatte ganz Attika in eine politische Krise ungeahnten Ausmaßes gestürzt. Es verschlug Epikur und seine Eltern ins kleinasiatische Kolophon. Dort studierte er philosophische Schriften, beginnend mit den Naturphilosophen bis hin zu Aristoteles. In der Folgezeit gründete Epikur philosophische Schulen in Lampsakos und Mytilene. Jahre später kehrte er nach Athen zurück.

Epikur philosophierte, um glücklich leben zu können. Er dachte zunächst an sich selbst. Die „eudaimonia" zu erringen und zu bewahren bedeutete zu seiner Zeit, ein unpolitisches Leben zu führen. Den Kynismus lehnte er ab, ebenso die strenge Systematik der athenischen Akademien. Er liebte offene Worte: „Ich will den Menschen lieber auf Grund meiner Naturerkenntnis offen verkünden, was ihnen dienlich ist, auch wenn es keiner begreift, als unter Zustimmung zum Unsinn den brausenden Beifall der Menge auf mich lenken."

Epikur verfügte über viele Freunde und zahlreiche Anhänger. Er war ein gütiger, bescheidener und anständiger Mensch, der seine Eltern bis ins Alter liebevoll umsorgte, wohltätig gegenüber seinen Brüdern und milde gegen die Bediensteten war, die er sogar an seinen philosophischen Studien teilhaben ließ. Auch Frauen war es gestattet, sich zu bilden. Er schloss niemanden aus. Epikur lebte mit einer gewissen Leichtigkeit, aber leichtlebig war er nicht. Die Ausgeglichenheit des Gemüts und die Lebensfreude, die ihn erfüllte, wurden ihm von seinen Neidern nie verziehen.

Der Vorwurf, der vielen Denkern der Antike gemacht wurde, traf auch Epikur: Man bezichtigte ihn der Gottlosigkeit. Nun lehrte er, dass die Götter, die er als vollkommene Wesen bezeichnete, keinen Einfluss auf das menschliche Leben besäßen. Aber Epikur bestritt nicht ihre mögliche Existenz. Indessen nannte er die Mantik, die beim Volk und seinen Führern beliebte Wahrsage- und Seherkunst, ruchlosen Humbug und törichten Aberglauben.

Das philosophische System Epikurs beginnt mit sinnlicher Wahrnehmung. Die empirischen Eindrücke werden begrifflich geordnet. Ganz besonders wichtig für den Menschen ist das Gefühl, denn Lust und Schmerz sind die bestimmenden Größen für das menschliche Handeln. Das wesentliche Interesse der Philosophie richtet sich auf die Ethik. Ihr nachgeordnet sind Logik und Physik.

Die Wissenschaft der Natur dient dem Menschen, sich von unbegründeten Ängsten zu befreien: „Wenn uns nicht der Verdacht, die Himmelserscheinungen und der Tod könnten uns etwas angehen, quälen würde, ferner der Umstand, dass wir die Grenzen der Schmerzen und Begierden nicht kennen, dann benötigten wir die Naturwissenschaft nicht." Den Menschen ängstigt besonders der Gedanke an die eigene Sterblichkeit. Lebt ein Mensch aber in Furcht und Zittern vor dem Tod, versäumt er, glücklich zu sein. Es war Epikurs feste Überzeugung, dass der Tod den Menschen gar nichts angeht: „Solange wir leben, ist der Tod nicht da, und wenn der Tod da ist, sind wir nicht mehr." Statt an der Endlichkeit zu verzweifeln und sich vor dem Unausweichlichen zu fürchten, soll ein jeder die knapp bemessene Spanne Lebenszeit in dieser Welt gut leben und sich des Lebens freuen: „Nur einmal werden wir geboren, ein zweites Mal ist nicht möglich, und wir müssen dann eine ganze Ewigkeit hindurch nicht mehr sein. Trotzdem schiebst du den rechten Augenblick immer wieder hinaus und bist doch nicht einmal Herr über den morgigen Tag. Überm Zaudern schwindet aber das Leben dahin, und so manche sterben, ohne sich im Leben jemals recht Zeit genommen zu haben." Ein Mensch, der seine Ängste verliert, gewinnt das Leben. Der Aufruhr in der Seele nimmt ein Ende mit der Erkenntnis, dass die Zeit, in der er lebt, seine Zeit ist – und es an ihm selbst liegt, sein Leben in rechter Weise zu nutzen. Zu dieser Erkenntnis verhilft die Philosophie. Epikur rät: „Mit dem Philosophieren soll man getrost schon in der Jugend beginnen, aber im Alter auch nicht müde davon ablassen." Das Philosophieren ist ein Garant des Glückes. Wer wäre zu jung, wer zu alt zum Glücklichsein?

Epikur skizziert wie Aristoteles das Ideal eines Weisen. Es ist menschenfreundlicher konzipiert. Der Weise beteiligt sich kraft seiner Weisheit nicht an Streitigkeiten. Zwar bestürmen auch ihn Leidenschaften. Deswegen verliert er aber nicht seine innere Haltung. Der Weise wird sich nicht verlieben. Er denkt nicht daran, was mit seinem Körper nach dem Tod geschieht. Ob man ihn bestattet oder nicht, lässt ihn unbekümmert. Sexuelle Lüste nutzen niemals. Man kann froh sein, wenn sie nicht schaden. Heiraten soll der Weise nur, wenn es sich nicht vermeiden lässt. Die Zügellosigkeit ist ein Laster. Sie erreicht niemals, was sie erstrebt. Freude ist der Schlüssel zu einem glücklichen Leben, auch wenn Schmerz nicht immer zu vermeiden ist. Aber weise sein heißt, die trüben Tage zu ertragen im Wissen darum, dass der Schmerz vergeht und neue Freude wartet. Der Weise lebt niemals im Überfluss. Epikur empfiehlt Selbstgenügsamkeit: „Wem genug zu wenig ist, dem ist nichts genug." Glücklich ist der Mensch, welcher die geringsten Bedürfnisse hat und das, was ihm vergönnt ist, zu genießen weiß. Schlichte Freude findet sich vielfach in einfachen Dingen. Wer innerlich zufrieden ist, lässt sich als vom Schicksal gesegnet und begünstigt bezeichnen: „Für das Fleisch liegen die Grenzen der Freude im Unendlichen, und nur eine unendliche Zeit könnte sie ihm vollends verschaffen. Der Verstand jedoch, der das Ziel und die Grenzen des Fleisches ermisst und die Angst vor der Ewigkeit beseitigt, schafft ein vollkommenes Leben und bedarf dazu der Unendlichkeit nicht."

Der Weise unterscheidet sich von seinen Mitmenschen. Er wird sich auch während der Gastmähler nicht dem sinnlosen Geplapper hingeben. Von der Politik hält er sich fern. Niemals geht er betteln. Bei schwerer Krankheit darf er sich das Leben nehmen. Äußert sich der Weise schriftlich, interessiert ihn nicht die Resonanz des Publikums auf seine Traktate. Er bevorzugt das einfache Leben auf dem Lande. Seine wissenschaftlichen Forschungen will er vorantreiben. Statuen wird der Weise zuweilen errichten. Ob man ihm welche errichtet, ist ihm gleichgültig. Dem Herrscher ist der Weise stets zu Diensten, wenn dieser darum bittet. Aufdrängen wird er sich niemandem. Der Weise gründet Schulen, nicht um des großen Anhangs, sondern um der Philosophie willen. Er wird nur lehren, was wichtig ist. Das Strittige lässt der Weise außen vor. Er widmet sich der Philosophie aus Lust und Freude. Als Mitmensch verhält sich der Weise vorbildlich. Den Freunden, die er auch aus Nützlichkeit um sich schart, ist er in jeder Lebenslage dankbar und verbunden, ob sie anwesend oder abwesend sind. Gegenüber seinen Bediensteten erweist er sich als milde. Das Philosophieren ist für den Weisen eine ernsthafte Angelegenheit, die wahre, innere Freude bereitet: „Man soll nicht bloß so tun, als liebe man die Weisheit, sondern sie wirklich lieben. Den Anschein, als wären wir gesund, nützt ja auch nichts, sondern allein die wirkliche Gesundheit."

Epikur tadelte seine Kritiker und Verächter. Er fühlte sich missverstanden und bekannte freiweg: „Wenn wir nun also sagen, dass Freude unser Lebensziel ist, so meinen wir nicht die Freuden der Prasser, denen es ums Genießen schlechthin zu tun ist. Das meinen die Unwissenden oder Leute, die unsere Lehre nicht verstehen oder sie böswillig missverstehen. Für uns bedeutet Freude: Keine Schmerzen haben im körperlichen Bereich und im seelischen Bereich keine Unruhe verspüren. Denn nicht eine endlose Reihe von Trinkgelagen und Festschmäusen, nicht das Genießen schöner Knaben und Frauen, auch nicht der Genuss von leckeren Fischen und was ein reichbesetzter Tisch sonst zu bieten vermag, schafft ein freudvolles Leben, vielmehr allein das klare Denken, das allem Verlangen und allem Meiden auf den Grund geht und den Wahn vertreibt, der wie ein Wirbelsturm die Seelen erschüttert." An der Vernunft soll sich der Mensch orientieren. Sie ist das höchste Gut: „Man kann nicht in Freude leben, ohne vernünftig, edel und gerecht zu leben, aber auch umgekehrt kein vernünftiges, edles und gerechtes Leben führen, ohne in Freude zu leben."

Epikur riet in seiner Zeit zu einem Leben fern vom Treiben der Menge. Der Mensch soll zurückgezogen leben, nicht aber einsam. Um glücklich zu sein, bedarf er wohlwollender Mitmenschen. So ist für Epikur die Fähigkeit, Freunde zu gewinnen, von außerordentlicher Bedeutung: „Die Freundschaft umtanzt den Erdkreis, uns allen verkündend, dass wir erwachen sollen zur Seligkeit." Ein Mensch, der redlichen Herzens und leicht, nicht aber leichtsinnig, philosophiert, wird zu allen Zeiten leben wie ein Gott unter den Menschen. Epikur lehrte Philosophie als Lebenskunst und lebte selbst auf diese Weise. Er starb 271 v. Chr. in Athen.

## Die Anfänge der stoischen Philosophie

Als Begründer der Stoa gilt der um 300 v. Chr. auf Zypern geborene Zenon von Kition. In jungen Jahren befragte er das Delphische Orakel, welchen Weg er einschlagen solle. Ihm wurde geraten, sich mit den Alten zu paaren. Zenon verstand das richtig und begann, die großen Philosophen zu studieren. Der Kyniker Krates war sein Lehrer. Zenon distanzierte sich aber im Laufe der Zeit von der kynischen Weltbetrachtung. Dennoch bildet auch in der frühen Stoa die Ethik – und mit ihr alle Fragen der Lebensführung – von Anfang an das Ziel des Philosophierens. Die Unterweisung beginnt mit Logik. Diese beinhaltet Rhetorik und Dialektik. Darauf folgt die Physik und zuletzt die Ethik. Sie umfasst die Lehre von den menschlichen Leidenschaften und Begierden, das Wissen von Gut und Böse und die Lehren der Sittlichkeit. Ein Leben in Freude, die Zenon als „wohlgerechtfertigte Gemütserregung" bezeichnet, ist wünschenswert, verbunden mit einem „guten Willen" und einer Haltung, die Wohlwollen, Freundlichkeit, Gefälligkeit, Herzlichkeit, Frohsinn, Schamhaftigkeit und Gleichmut vereint. Zenon forderte, der Mensch solle sittlich gut leben. Die Selbsterkenntnis sei gut und schön – doch ein schwerer Anfang, dem noch gewichtigere Taten folgen müssten. Erkenntnis also, die bei sich selbst Genügen findet, hat ihre Bestimmung verfehlt.

Zenon war genügsam, beherrscht und aufrichtig. Viele Philosophen, pflegte er zu sagen, seien in den meisten Beziehungen unweise, im Alltag oft unbeholfen und so unwissend, dass man über sie nur staunen könne. Er pflegte sparsam zu haushalten, auch mit den Worten. Einem Jüngling, der frech redete, gab er, nachdem er ihm zugehört hatte, auf den Weg: „Mein Bürschchen, ich will dir nicht sagen, was mir in den Sinn kommt. Aber befragen möchte ich dich doch: Warum haben wir zwei Ohren und einen Mund?" Die Antwort war Schweigen. „Damit wir mehr hören und weniger reden." Nichts stehe dem Menschen bei wissenschaftlicher Betrachtung mehr im Wege als dünkelhaftes Betragen.

Seine Zeitgenossen beschreiben Zenon als unabhängigen und furchtlosen Geist, der frei von Eitelkeit war. Als Forscher erwarb er Ruhm, sein Bemühen um begriffliche Exaktheit wurde anerkennend hervorgehoben. Auch Zenon entwickelte ein Ideal des

Weisen, das dem von Epikur beschriebenen Typus in vielerlei Hinsicht ähnlich ist, aber doch auch etliche Unterschiede aufweist. Zenon bestimmt den Weisen als leidenschaftslos. Ihn zeichnen Güte und Milde aus. Sein Widerpart ist der Schurke, der als hart, rücksichtslos, grausam und unvernünftig beschrieben wird. Der Weise verstellt sich nicht, bleibt sich treu, ist geradlinig und anständig. Von Pflichtbewusstsein erfüllt ehrt er die Götter und widmet sich wissenschaftlichen Studien. Anders als Epikurs philosophische Idealgestalt erweist sich der stoische Weise als pflichtbewusster Bürger seines Staates, der heiratet und Kinder zeugt. Er handelt souverän und verachtet jede Art von Knechtschaft. Für alle Staatsämter ist der Weise geeignet, denn er lässt sich niemals bestechen. Er ist auch gesellig, liebt seine Freunde und schätzt die Gemeinschaft mit ihnen. Den Weisen zeichnet Besonnenheit, Urteilskraft und Gerechtigkeit aus.

Resonanz und Widerhall finden diese Gedanken viele Jahrhunderte später bei dem prominentesten Vertreter der Stoa und zugleich bedeutendsten Philosophen der Römerzeit – bei Seneca.

# IV. PHILOSOPHIE IM ALTEN ROM

Zwar bestanden die Akademien Attikas fort, aber große Philosophen brachten die Griechen nicht mehr hervor. Die Römer beherrschten die mittelmeerische Welt. Den Griechen war es Jahrhunderte hindurch misslungen, eine stabile politische Ordnung zu etablieren. Das imperiale Rom schuf und schützte ein neues Recht. Seit 168 v. Chr. unterstand die hellenische Welt römischer Staatsgewalt. Bildung und Kultur des alten Hellas gelangten nach Italien. Die Welt des Geistes erlebte im alten Rom eine Blütezeit. Bedeutende Dichter wie Catull, Horaz, Ovid, Properz, Tibull und Vergil verfassten lyrische Meisterwerke.

Im ersten vorchristlichen Jahrhundert geriet die römische Republik indessen in eine politische Krise. Ein Bürgerkrieg drohte auszubrechen. Zu dieser Zeit wurde Cicero, einem vielversprechenden jungen Mann, eine große politische Zukunft in Rom vorausgesagt.

## Cicero

Marcus Tullius Cicero wurde 106 v. Chr. in Arpinum, knapp einhundert Kilometer von Rom entfernt, geboren. Er entstammte einer angesehenen Familie, die gute Beziehungen, verwandtschaftliche wie freundschaftliche, zu den Senatoren pflegte. Der begabte Cicero kam früh in den Genuss einer umfassenden Bildung. Seine Jugendzeit verbrachte er gemeinsam mit dem jüngeren Bruder Quintus in Rom. Dort lernte er die Grundzüge der Rhetorik kennen. Cicero wurden seit 90 v. Chr. das römische Recht und die Grundzüge juristischer Praxis vermittelt. Da ein blutiger Bürgerkrieg die Republik erschütterte, erschien Ciceros politische Laufbahn in höchstem Maße ungewiss. So zog sich der begabte junge Mann zurück und betrieb philosophische Studien. Er hörte das in Rom weilende Schulhaupt der platonischen Akademie, Philon von Larisa. Von ihm lernte er, Rhetorik und Philosophie zu verbinden. Die alten Griechen hatten beide Wissenschaften als grundverschieden bestimmt. Nun sollten diese, gemäß Philons Weisung, wieder eine Einheit bilden.

Cicero wurde im Alter von fünfundzwanzig Jahren Prozessanwalt; die politische Krise in Rom war fürs Erste überwunden. Seine Redeweise verband Prägnanz, Angemessenheit und Periodik, also wiederkehrende Grundaussagen. Obwohl diese Methode anfangs umstritten war, setzte sie sich mit der Zeit durch. Cicero war ein leidenschaftlicher Redner. Er erfüllte seine Pflichten bis zur körperlichen Erschöpfung. Drei Jahre verbrachte er in Griechenland und Kleinasien zur Erholung und um der Bildung willen, hörte dort Philosophen und Rhetoren, verfeinerte seine Redekunst und konnte bald ebenso gut lateinisch wie griechisch vortragen.

Cicero begann als „homo novus", als erster seiner Familie, die Beamtenlaufbahn des römischen Staates. Er wurde 75 v. Chr. Quästor. Damit war er zuständig für das Finanz- und Archivwesen. Sechs Jahre später bekleidete er das Amt des Ädilen: Er wirkte als Aufseher der Polizei und war für die Spiele verantwortlich. Oberster Justizbeamter, Prätor also, wurde er mit vierzig Jahren. Zum Konsul wurde Cicero 63 v. Chr. gewählt, zum frühestmöglichen Zeitpunkt. Während seiner Amtszeit zerschlug er Catilinas Verschwörung und ließ die Verantwortlichen hinrichten. Die Römer feierten Cicero als Retter. Er wurde zum „Vater des Vaterlandes" ausgerufen. Cicero war Verfassungspatriot und verteidigte die Republik, ohne deren Niedergang aufhalten oder gar verhindern zu können. Kaum war Ruhe eingekehrt, wurde Cicero, vermutlich von Günstlingen Catilinas initiiert und vom römischen Magistrat unterstützt, ein Prozess angedroht. Sein Vorgehen gegen die Verschwörer sei nicht rechtens gewesen. Der eben noch verehrte Staatsmann ging, bitter enttäuscht, ins Exil. Während der Verbannung schrieb Cicero zahllose Briefe und machte seinem Unmut über die politischen Verhältnisse deutlich Luft. Besonders an den Jugendfreund Atticus richtete er sein Wort.

Ähnlich wie Aristoteles pries Cicero die Freundschaft geistig verwandter, seelisch gleichgestimmter und rechtschaffener Männer, die in unverbrüchlicher Treue, wechselseitiger Zuneigung und wohlwollender Verbundenheit zueinander stehen: „Wer nämlich auf einen wahren Freund hinsieht, erblickt gleichsam ein besseres Bild seiner selbst." Einen solchen Freund hatte der junge Cicero in Atticus gefunden. Die gegenseitige Achtung und Bewunderung blieb ihr ganzes Leben hindurch bestehen. Beide pflegten das Ideal der freundschaftlichen Liebe: „Lieben heißt nichts anderes als einen erwählen, den du lieben willst, ohne Bedürftigkeit, ohne Suchen eines Vorteils, der aber dennoch von selber aus der Freundschaft erblüht, auch wenn du ihn nicht suchtest."

Cicero war knapp über fünfzig Jahre alt, als er sein Werk „Über den Staat" schrieb. In dieser Abhandlung bestimmt er die Verfassung als Ausdruck des höchsten Prinzips der Gerechtigkeit, dem jeder Staatsbürger aus Pflicht gehorchen müsse, um das Wohl seiner selbst wie des Vaterlandes willen. Dieser Schrift folgten eine Reihe weiterer Abhandlungen, darunter auch sein berühmter Traktat „Über den Redner". Cicero empfiehlt angehenden Redekünstlern – darin ein folgsamer Schüler des Philon –, jegliche Trennung von philosophischer Argumentation und rhetorischen Mitteln aufzuheben: „Die Philosophen verachteten die Redekunst, die Redner schätzten die Weisheit gering und mieden jegliche Berührung mit der Gegenseite, abgesehen von dem, was die einen von den anderen entlehnten; und dabei könnten sie gemeinsam aus dieser Quelle schöpfen, wenn sie sich nur entschlossen hätten, bei ihrer früheren Gemeinsamkeit zu bleiben."

Als Cicero eineinhalb Jahre nach seiner Verbannung unter dem Jubel der Römer heimkehrte, hatten sich die Machtverhältnisse grundlegend verändert. Die Republik bestand fort, doch stieg der Feldherr Gaius Julius Caesar zu außerordentlicher Macht auf. Cicero hatte zu Caesar ein zwiespältiges Verhältnis. Den Machtpolitiker verabscheute er. Aber er bewunderte die militärischen Siege und das politische Kalkül des Feldherrn. Cicero versuchte nun, politischen Einfluss auf Caesar zu gewinnen. Den höchsten Ruhm, so Cicero, könne Caesar erwerben, wenn er die Republik erneuere. Caesar bewunderte Ciceros Gesinnung und rühmte ihn. Es sei beeindruckender, die Grenzen des römischen Geistes erweitert als die politische Macht ausgedehnt zu haben. Die Ratschläge freilich beherzigte er nicht.

Auch persönlich durchlebte Cicero schwere Stunden. 46 v. Chr. trennte er sich von seiner Gattin Terentia und schloss bald darauf eine neue Ehe, die sich als gleichermaßen unglücklich erwies. Im Jahr 45 v. Chr. starb Ciceros geliebte Tochter Tullia. In einem Brief an seinen Freund Atticus heißt es: „Ich soll nicht traurig sein! Wie wäre das möglich? Ich soll nicht fassungslos sein! Wer ist es je weniger gewesen?" Verzweiflung erfasste ihn. In der Zeit der existenziellen Krise entfaltete Cicero seine größte schriftstellerische Produktivität als Philosoph. Er suchte Trost für sich selbst. Bot die Philosophie Cicero in der Zeit existenzieller Bedrängnis nun den erhofften Seelentrost?

Cicero verstand, anderen Ermutigung zuzusprechen, sich selbst aber wusste er nicht zu helfen. Cicero feiert die Philosophie in seiner Abhandlung „Vom rechten Handeln" mit überschwänglichen Worten: „Im schlimmsten Unglück also glauben wir doch *das* Gute erreicht zu haben, dass wir das in den Schriften niederlegten, was unseren Landsleuten nicht genügend bekannt war und doch der Kenntnis besonders wert. Was gibt es denn — bei den Göttern! — Wünschenswerteres als die Weisheit, was Vortrefflicheres, für den Menschen Besseres, was des Menschen Würdigeres? Wer sie erstrebt, wird Philosoph genannt, und nichts anderes ist die Philosophie, wenn man übersetzen will, als die Liebe zur Weisheit. Weisheit aber ist, wie von den alten Philosophen umschrieben wurde, das Wissen um die göttlichen und menschlichen Dinge und die Gründe, in denen diese Dinge beschlossen liegen. Wer die Liebe zu ihr tadelt, von dem weiß ich nicht, was er denn überhaupt für lobenswert hält." Cicero bekannte, ihm fehle die Härte, das schwere Los zu ertragen. Von allen bekannten Stoikern mangelte es niemandem so sehr an Gleichmut und Gelassenheit wie Cicero.

Er skizzierte das Ideal des Weisen, das Bild eines souveränen, von keinerlei Gefühlsregung erschütterten Menschen, der in der Philosophie Trost und Halt fand, sich nicht erregte und ereiferte, niemandem zürnte, nicht erbost war über den Staat, die Zeit und die Mitmenschen, nicht einmal über die eigene Unzulänglichkeit. Aber Cicero selbst wusste diesem hohen Anspruch nicht zu genügen. Er hoffte vergebens auf die therapeutische Funktion stoischen Philosophierens. Cicero konnte und wollte nicht erlöst sein von dem, was ihn bedrückte: „Wer Seelengröße besitzt, wird unbesieglich sein; wer unbesieglich ist, wird die menschlichen Dinge verachten und als unter sich liegend betrachten; verachten aber kann niemand die Dinge, deretwegen er von Kummer betroffen wird; daraus folgt, dass ein Tapferer nie von Kummer betroffen wird. Alle Weisen aber sind tapfer; also trifft den Weisen kein Kummer. Das Werk der Seele aber ist es, die Vernunft wohl zu brauchen, und die Seele des Weisen ist immer so gestimmt, dass sie die Vernunft am besten zu Rate zieht; niemals ist sie also verwirrt. Der Kummer aber ist eine Verwirrung des Geistes; immer also wird der Weise frei von ihm sein."

In Ciceros Alterswerken „Gespräche in Tusculum" und „Über das Alter" ist die Frage nach Sterben und Tod allgegenwärtig. Resignativ, gelegentlich fatalistisch erscheint die Schilderung des Todes in den „Gesprächen". Es ist, als betrachte ein an

der Welt, an den Menschen und am Leben Leidender, einge-
spannt in den Kerker des eigenen Körpers, das Schwinden seiner
Kräfte und erwarte sehnsüchtig das Ende seiner Erdentage, als ob
der von Gram erfüllte Mensch gar nicht jenen Augenblick erwarten könne, in dem die Seele zu sich selbst kommt und von allen
irdischen Beschwernissen frei wird. Cicero war fest überzeugt davon, dass der Tod kein Übel darstellt; freilich erscheint ihm die
Möglichkeit, dass die Seele nach dem Tod weiterlebt, um vieles
wahrscheinlicher als ein alles Leben erbarmungslos beendendes
Verlöschen der eigenen Existenz: „Wenn ich mich aber darin irre,
dass ich an die Unsterblichkeit der Seele glaube, so irre ich mich
gern und will mir diesen Irrtum, an dem ich Freude finde, solange
ich lebe, nicht entwinden lassen. Wenn ich im Tod jedoch, wie
manche unbedeutende Philosophen meinen, ohne Empfindung
bin, dann brauche ich nicht zu befürchten, dass tote Philosophen
sich über diesen meinen Irrtum lustig machen." In den „Gesprächen" ist zu lesen: „Das ganze Leben des Philosophen nämlich ist
ein Denken auf den Tod." Er fragt sich, ob das, was für alle eine
Notwendigkeit ist, für einen Einzelnen zum Schrecknis werden
kann. Das Bewusstsein des Todes bedeutet nicht, dass der
Mensch bereits zu Lebzeiten in lebensverneinender Mutlosigkeit
Trübsal blasen und schwermütig das unausweichliche Ende erwarten, sondern dass er seelenruhig dem Künftigen entgegen-
sehen soll: „Nicht von ungefähr und zufällig sind wir gezeugt und
geschaffen worden, sondern es war wirklich eine bestimmte
Macht da, die sich um das menschliche Geschlecht kümmerte
und es nicht erzeugte oder aufzog, dass es nach dem Auskosten
aller Leiden in des Todes ewiges Unglück stürze. Glauben wir
lieber, ein Hafen und eine Zuflucht stünden für uns bereit." Ein
Mensch, der das Unausweichliche fürchtet, kann niemals ruhig
leben. Immer ist er in Furcht. Wer dem Tod gelassen entgegen-
sieht, seine Notwendigkeit anerkennt und weiß, dass die Endlichkeit der Existenz darum nichts Schlimmes ist, vermag gelassen und glücklich zu leben, denn er weiß sich im Einklang mit der

Natur. Cicero schreibt: „Wer nämlich in sich selbst nicht die Voraussetzung dafür hat, gut und glücklich zu leben, für den ist jede Altersstufe beschwerlich. Wer aber alles Gute bei sich selbst sucht, dem kann nichts schlimm erscheinen, was die Naturnotwendigkeit ihm bringt. Dazu gehört vor allem das Alter; alle wünschen, dass sie es erreichen, doch wenn es erreicht ist, klagen sie es an; so unbeständig und abartig ist die Dummheit."

Cicero empfiehlt ein wohl geordnetes Leben. Nun pflegt mancher Mensch unausgesetzt zu klagen. Für Cicero ist das nicht ein Phänomen des Alters, sondern des Charakters. Die Stimmung des Gemüts bestimmt das Leben. Wer gelassen und heiter ist, wird auch die Mühen des Alters mit Leichtigkeit ertragen. Wer sich aber mürrisch und schroff gebärdet, dem bereitet jede Lebensphase schier unerträgliche Beschwerden. Er wird auch anderen durch seine Lebenshaltung zu einer peinvollen Last. Nur törichte Menschen, so Cicero, lasten ihre Fehler dem Alter und nicht sich selbst an. Das Alter kann durch viele schöne Momente zu einem erfüllten Ausklang des Lebens werden. Der Mensch selbst trägt zum Gelingen seines Lebens maßgeblich bei. Alle Gaben – dazu gehören auch die körperlichen Kräfte – soll der Mensch in dem Maße gebrauchen, wie sie ihm zur Verfügung stehen. Übung und Selbstbeherrschung sind dem Menschen stets dienlich. Sie helfen, die Kräfte zu bewahren: „Ansehen kann man sich nicht plötzlich durch graue Haare und durch Runzeln verschaffen, sondern ein schon früher in Ehren geführtes Leben erntet am Ende die Früchte des Ansehens. Denn Dinge, die unwichtig und gewöhnlich scheinen, sind selbst schon ehrenvoll: Dass man uns grüßt und aufsucht, dass man uns Platz macht und vor uns aufsteht, dass man uns beim Kommen und Gehen geleitet und dass man uns um Rat fragt."

Während der alte Cicero philosophierte, dauerte die Krise der Römischen Republik an. Caesar wurde ermordet, und Cicero wusste, dass nun sein Leben in Gefahr war. Er geriet zwischen die Fronten des Bürgerkriegs und wurde am 7. Dezember 43 v. Chr. von den Schergen des Antonius ermordet.

Quintus Horatius Flaccus war kein Philosoph, aber sein Werk, das Oden, Epoden, Satiren und Briefe sowie die stilbildende „Ars poetica", eine Schrift über die Dichtkunst, umfasst, verfügt über eine philosophische Dimension. Er wurde als Sohn eines freigelassenen Sklaven im Jahr 65 v. Chr. geboren.

Horaz studierte in Rom und Athen, erwarb philosophische Kenntnisse und erarbeitete sich die griechische Dichtung. Nach Caesars Ermordung schloss sich der junge Horaz dem Brutus an und unterstützte ihn als Offizier im sich anbahnenden Bürgerkrieg um die Macht im Reich. Horaz erlag der Faszination des Brutus und erwies sich als tüchtiger Offizier, der sich auf den Schlachtfeldern bald Meriten erwarb, zum Legionskommandeur aufstieg und tief betrübt war, als sein Feldherr vernichtend geschlagen und getötet wurde. Horaz kehrte resigniert nach Italien zurück. Das elterliche Landgut war in die Hände der Gegner gefallen. Er musste sich deshalb als Schreiber verdingen. Horaz resignierte nicht. Militärischer Abenteuer müde geworden, schwor er auf die Ethik des rechten Maßes und praktizierte einen stoisch getönten Epikuräismus. Horaz begann zu dichten: „Armut trieb mich an, kühn Verse zu machen." Unzeitgemäße Betrachtungen stellte er in lyrischer Form an. In einer Epode aus dieser Zeit, „Auf zu den Inseln der Seligen" betitelt, verdeutlicht der junge Dichter seine Sehnsucht – er träumt von Utopia, von einem fernen, unentdeckten und friedvollen Land:

> „Also gehn wir, wohin uns tragen die Füße, wohin auch,
> Ob Nord, ob wilder Süd uns durch die Wogen ruft.
> Wollt ihr nun? Oder weiß einer, uns Bessres zu raten? Die Vögel
> Verheißen Glück, was säumen wir, an Bord zu gehn?"

Der große Vergil erkannte das Talent des Horaz. In Maecenas, der gute Beziehungen zu Octavian pflegte, fand der junge Dichter einen einflussreichen Freund und Förderer. Aus dem grimmigen Polemiker Horaz wurde ein kunstvoller, feinsinniger und philosophischer Lyriker, der, statt erzürnte Tiraden in poetischer Gestalt darzubieten, die in ihm selbst befindlichen Spannungen des Menschlich-Allzumenschlichen in wohlklingende Sprache – gefühlvoll, dezent, ernst, zuweilen humorvoll, gelegentlich grimmig und kämpferisch – kleidete. Existenzielle Fragen wusste er mit gleichsam schwebender Leichtigkeit darzubieten, „ridentem dicere verum"; er verstand also lachend die Wahrheit zu sagen. Maecenas verschaffte dem Freund ein sabinisches Landgut, dort verbrachte er sein Leben im Verborgenen.

Horaz schreibt in einem Brief an Maecenas, wie schädlich Leidenschaften seien, die den Menschen bestürmten. Neid und Zorn, Trägheit, Trunksucht und Unzucht sind unerträglich. Aber niemand unter den Sterblichen ist so verkommen, dass er nicht umkehren und sich kurieren, milde, gar weise werden kann. Freilich muss er zuvor erkennen, dass die Laster eine Belastung sind, für ihn selbst wie für seine Mitmenschen. Horaz wusste sehr wohl, wovon er sprach. Es wunderte ihn, dass der Mann, dessen Haar vom Friseur verschnitten wurde, Heiterkeit erregt; abgetragene Kleidung wird bemerkt, bemängelt und verhöhnt. Aber die innere Unruhe, der nicht bei sich selbst seiende Geist, der nicht weiß, was zu tun, was zu meiden ist, der, wie Horaz sagt, Eckiges mit Rundem verwechselt, wird nur als Verrücktheit abgetan. Zur Korrektur banaler Mängel in der äußerlichen Erscheinung genügt ein Hinweis. Des Weisen Aufgabe aber ist es, sich um das Heil der Seele zu kümmern. Horaz beschließt diesen Gedankengang mit einer ironischen Wendung: „Der Weise ist geringer einzig und allein als Jupiter – er ist reich, frei, geehrt, schön, König sogar über alle Könige, vor allem auch gesund – falls ihn gerade ein Schnupfen plagt."

Horaz empfiehlt die philosophische Lebensweise, vor allem in seinen Briefen an diverse Adressaten. Unklug sei es, schreibt er, sich mit Nichtigem abzuplagen – so wie der Mensch, welcher nicht ernste Studien betreibe, ein Opfer von Neid und Liebesgier sei, rasend vor Leidenschaft, statt dass er seine begrenzte Kraft nutze, Sinnvolles zu tun: „Wer beginnt, besitzt bereits die Hälfte des ganzen Werkes – wage es, weise zu sein, fange an! Wer des rechten Lebens Stunde hinausschiebt, wartet wie jener Landmann darauf, dass des Flusses Wasser versiege; der aber gleitet dahin und wird weiter dahingleiten mit seinen Fluten wirbelnd in alle Ewigkeit." Die Leidenschaften aber, die den Menschen zur Verzweiflung treiben, gilt es zu zügeln. Horaz rät: „Wenn der flüchtige Wahn nicht beherrscht wird, herrscht er."

Wer im Einklang mit sich selbst lebt, genießt dankbar das Glück des Augenblicks, betrachtet jeden Tag als kostbares Geschenk im Bewusstsein der eigenen Endlichkeit: „Willkommen wird dir dann erscheinen die Stunde, die nicht mehr erhofft ward."

Horaz hält es für durchaus zulässig, sich des Angenehmen ohne Reue zu erfreuen. Dies gelingt am besten, wenn man sich bewusst macht, dass nicht in dem, was die Gunst der Stunde schenkt, das Wesentliche begründet liegt, gleichwohl aber der Mensch alles, was ihm gut tut, schätzen und genießen kann und darf. Horaz weist den ethischen Rigorismus der Stoa zurück und schreibt: „Wofür dient mir das Glück, wenn ich es nicht nutzen darf? Wer aus Sorge für seine Erben knausert und allzu streng ist, der sitzt gleich neben dem Wahnsinnigen."

Horaz bekennt überschwänglich, dass, wer des Ruhmes bedarf, sich feiern lassen möge. Wer glaube, Geld mache glücklich, solle nichts anderes erstreben als materiellen Reichtum. Wer sicher sei, ein Leben ohne Liebe und Spaß sei nicht lebenswert, der lebe in beglückter Heiterkeit auf seine Weise, solange er lebe, von Herzen froh und mit Wohlgefallen. Ein jeder wird versuchen, glücklich zu sein; aber statt zu belehren, zu moralisieren, mag die Erfahrung lehren, dass die beständige Jagd nach Geld und die Sucht, Leidenschaften zu frönen, nie gänzlich befriedigend sein wird. Das geschäftige Nichtstun, die beständige Sorge um Lappalien, lässt den Menschen zwar nicht zur Ruhe gelangen, aber glücklich, dauerhaft zufrieden, macht es ihn nicht. Horaz empfiehlt hingegen: „Carpe diem!" – Der Mensch soll den Tag, die Zeit seines Lebens, wahrhaft nutzen und genießen, um erfüllt zu leben. Horaz lobte die Freundschaft und pries den maßvollen Genuss.

Aus seiner Feder stammt auch die „Ars Poetica", ein kleines Brevier über die Dichtkunst in Briefform. In dieser Schrift wird Erhellendes über Wesen und Wirkung von Sprache und Literatur mitgeteilt. Die Abhandlung präsentiert die Summe der horazschen Weisheit über Poesie und die Grundzüge der Literaturkritik auf prägnante Weise. So macht Horaz darauf aufmerksam, dass nicht jeder Römer, der sich für einen Kunstkritiker hält, Dichtung als missglückt zu erkennen vermag und dass mancher den Poeten früherer Epochen unangemessene Nachsicht entgegenbringt. Horaz beschreibt das Handwerkszeug der Dichtkunst, ihre Möglichkeiten und ihre Grenzen: „Ich strebe nach Knappheit – und werde dunkel; ihn, der auf Leichtigkeit zielte, verlassen Kraft und Energie; wer Erhabenes kündet, wird schwülstig; am Erdboden kriecht, wer sich allzu sehr sichert und Angst vor dem Sturm hat; wer ein einzelnes Thema verschwenderisch auszugestalten begehrt, malt einen Delphin in die Wälder, ins Meer einen Eber." Horaz fordert, das Werk möge sein, wie es wolle – wenn es nur sinnvoll gestaltet, geschlossen und einheitlich ist. Nicht nur das Thema, nicht nur was, sondern auch der Stil, also wie etwas gesagt wird, ist wichtig: „Es genügt nicht, dass die Dichtungen schön sind; sie seien gewinnend, sollen den Sinn des Hörers lenken, wohin sie nur wollen. Mit den Lachenden lacht, mit den Weinenden weint das Antlitz des Menschen." Der wahre Poet dichtet aus Passion, aber hinzu gesellt sich wirkliches Können: „Eine Dichtung ist wie ein Gemälde: Es gibt solche, die dich, wenn du näher stehst, mehr fesseln, und solche, wenn du weiter entfernt stehst; dieses liebt das Dunkel, dies will bei Lichte beschaut sein und fürchtet nicht den Scharfsinn des Richters; dieses hat einmal gefallen, doch dieses wird, noch zehnmal betrachtet, gefallen."

Horaz führte bis zu seinem Tode am 27. November 8 v. Chr. ein philosophisches Leben. Er hatte die philosophischen Studien der Jugend, verbunden mit der Lebenserfahrung in den Wirrnissen des Bürgerkriegs, für sich fruchtbar gemacht: „Gemmen, Marmor, Elfenbein, etruskische Erze, Gemälde, Silber, Gewänder gefärbt in gaetulischem Purpur – es gibt solche, die all das nicht besitzen, und einen, der es gar nicht erst zu besitzen bestrebt ist!" All die Äußerlichkeiten, auf welche die Besitzlosen neiderfüllt blicken und um deren Erhalt und Vermehrung die Besitzenden sich eifrig bemühen, sind wertlos. Innerlich frei und reich ist erst der Mensch, welcher zu unterschieden weiß zwischen dem, was unentbehrlich und wichtig, und dem, was äußerlich glänzend, inwendig aber nichtig ist. Dies lehrt die Philosophie. Horaz hat das gewusst und jedem empfohlen, es ihm gleich zu tun.

## Seneca

Lucius Annaeus Seneca wurde 4 v. Chr. im spanischen Córdoba geboren. Als Erstes lernte er Rhetorik. Danach studierte Seneca emsig Philosophie. Er versuchte, sich als Anwalt Meriten zu erwerben, und hatte bald Erfolg. Aber seine physische Konstitution war schon in jungen Jahren angegriffen. Zudem litt Seneca unter Neurosen. Einen längeren Kuraufenthalt zur Wiederherstellung der Kräfte verbrachte er in Ägypten. Seneca kehrte 30 n. Chr. zurück, wurde Quästor, trat in den Senat ein und erwies sich als begnadeter Redner.

Der junge Kaiser Caligula, der 37 n. Chr. im Alter von fünfundzwanzig Jahren die Regentschaft übernommen hatte, war ein Mann von unbändiger Energie, störrisch, unbeherrscht und launisch, ein gewitzter Spötter und größenwahnsinniger Despot. Zugleich war Caligula ein erstklassiger Redner, der aus dem

Stegreif überzeugend vorzutragen wusste. In Seneca erkannte er einen Widerpart und trachtete ihm bald nach dem Leben. Seneca trat kürzer. Seine chronische Atemwegserkrankung verschlimmerte sich. Kaiser Caligula wurde 41 v. Chr. ermordet, und als Opfer römischer Intrigen musste sich Seneca ins korsische Exil begeben.

Seneca wurde 48 n. Chr. aus der Verbannung heimgerufen, aber nicht von dem Kaiser Claudius, Caligulas Nachfolger, sondern von der Gattin des Kaisers. Agrippina die Jüngere betraute den exilierten Tragödiendichter mit der Erziehung ihres Sohnes Nero. Zudem übernahm Seneca wiederum Aufgaben im römischen Magistrat. Claudius' geistige Kräfte ließen schon in dieser Zeit spürbar nach. Die Kaiserin, eine machtbewusste, strenge und arrogante Frau, begann, Nero, den Claudius adoptiert hatte, den Weg zur Macht zu bahnen. Kaiser Claudius lebte in Todesangst – zu Recht: 54 n. Chr. wurde er vergiftet.

Seneca erwies sich als tüchtiger Erzieher. Er verbrachte viel Zeit mit Nero und versuchte ihn umfassend zu bilden. Agrippina herrschte als Mutter des Kaisers beinahe ein Jahr. Aber schon 55 n. Chr. schwand ihr Einfluss. Nero verdrängte sie aus der Öffentlichkeit. Noch ein Jahr zuvor war Agrippina auf Münzen vor Nero zu sehen gewesen, nun wurde ihr Antlitz nicht einmal mehr auf die Rückseite geprägt.

In dieser Zeit leitete Seneca, vielseitig begabt, gemeinsam mit Afranius Burrus die Politik des Reiches. Die innenpolitische Lage entspannte sich. Im Krieg gegen die Armenier siegte das Imperium. Senecas politischer Einfluss brachte Rom glückliche Jahre. Er fungierte als Berater des Kaisers. Tragödien dichtete Seneca nicht mehr; ein Verlust für die schönen Künste war das nicht.

Nero hatte musische Ambitionen, war aber nur mäßig begabt. Er liebte Vergnügungen und exzessive Orgien. Die große Politik interessierte ihn nicht. Seneca schrieb die Reden des jungen Nero. Eine Erziehungsschrift widmete er seinem Kaiser. Diese Abhandlung, „Über die Milde" genannt, ist ein Appell an die Vernunft des Herrschers. Nero war blasiert, gefallsüchtig und geltungsbedürftig, rücksichtslos, launisch und erregbar. Er besaß also nicht die besten Voraussetzungen, um schon zu Lebzeiten als gnädiger Kaiser unsterblichen Ruhm zu erwerben. Seneca lobte ihn und pries seinen Charakter. Natürlich erkannte er die charakterlichen Schwächen des jungen Kaisers. Er glaubte aber, dass Schmeicheleien bei Nero eher Gehör finden würden als strenge Ermahnungen. Seneca hegte die Hoffnung, dass Nero sich als guter Herrscher erwiese, wenn nicht aus charakterlicher Stärke, dann aus Eitelkeit, um dem Volk zu gefallen. Nero wollte tatsächlich bewundert und geliebt sein – allerdings als Schauspieler und nicht als Staatsmann.

Ein kluger Herrscher sollte nach Senecas Auffassung gütig sein und verzeihen können, nicht jedermann freilich, nur denen, die es wirklich verdienten. Nero neigte zu Rachsucht und erbittertem Hass. Seneca bemerkt: „Dem verzeiht man, der bestraft werden müsste. Der Weise aber tut nichts, das er nicht muss, unterlässt nichts, das er muss; daher erlässt er eine Strafe nicht, die er ausführen muss. Jenes aber, das du aus der Verzeihung folgen lassen willst, erweist er dir auf ehrenhafterem Weg; es schont nämlich der Weise, berät und verbessert." Unversöhnliche Strenge hinterlässt Einsamkeit und Leere. Wer von Milde erfüllt ist, kennt die Schwächen des Menschengeschlechts. Eine subtile Kritik an Nero äußert Seneca, denn welcher Herrscher, wenn nicht er, Nero, der leidenschaftliche, flatterhafte und übernervöse Kaiser, wüsste in Kenntnis der eigenen Fehlbarkeit besser, dass auch andere Menschen zuweilen irrten und Torheiten begingen? Gerade darum müsse er sich als sanftmütig und gnädig erweisen. Ein Herrscher aber, der sich fortwährend ereifert, offenbart niedere Gesinnung und schadet auch sich selbst: „Grausame Herrschaft ist stürmisch und von Schatten verdüstert, unter Zitternden und vor plötzlichem Donner Erschreckenden, wobei nicht einmal der, der alles in Verwirrung versetzt, unerschüttert bleibt." Wie ein gütiger Vater, der bei der Erziehung seiner Kinder das rechte Maß des Urteilens und Handelns wählt, soll der Kaiser in seinem Reich herrschen. Er ist ein Lehrer seines Volkes, Vorbild und Beispiel, und zeigt in seinem Verhalten idealerweise wahre Größe: „Welcher Lehrer ist eher zur geistigen Arbeit freier Menschen befähigt, der, der zu Tode quält seine Schüler, wenn das Gedächtnis ihnen nicht beständig ist oder wenn, zu wenig flink, beim Lesen das Auge stecken bleibt, oder der, der mit Ermunterungen und Takt lieber bessern und lehren will?" Ruhm und Anerkennung erwirbt erst der Herrscher, der sich selbst zu beherrschen weiß und rechtschaffen, milde und souverän handelt. Erweist er sich aber als erbarmungslos und brutal, findet er Gefallen an blutrünstiger Rache, lebt jedermann in Furcht: „Die Grausamkeit ist das am wenigsten menschliche Übel und unwürdig einer so sanften Seele; eines wilden Tieres Rasen ist das, an Blut sich zu freuen und Wunden, den Menschen abzulegen und sich in ein Tier des Waldes zu verwandeln." Seneca bittet Nero, er möge sich wie ein wirklicher Kaiser verhalten, milde und gerecht, so wie es sich für jedermann gezieme, insbesondere jedoch für den Lenker des Staates.

In seinen Abhandlungen tadelte Seneca den Sittenverfall in der römischen Gesellschaft. Die Schrift „Naturwissenschaftliche Untersuchungen" ist reich an Mahnungen zu einer philosophischen Lebensweise und kritischen Bemerkungen über den Ungeist der Zeit: „Für alle Künste gibt es Schüler und Lehrer in der Menge. In der ganzen Stadt vollführen Privatbühnen ihren Lärm. Da machen Männer und Weiber ihre Sprünge, und Mann und Weib wetteifern, wer unzüchtiger posiert. Und wenn man lange genug unter der Maske des Pantomimen gesteckt hat, geht man zum Gladiatorenhelm über – um Philosophie kümmert sich kein Mensch. Darum wird auch kaum noch etwas von dem, was uns die Alten als nicht ganz geklärt hinterließen, mit Erfolg erforscht. Im Gegenteil, manches, was man schon wusste, gerät wieder in Vergessenheit. Und wahrhaftig, selbst wenn wir mit ganzer Kraft darauf drängten, wenn sich die Jugend besonnen und enthaltsam damit befasste, wenn die Alten lehrten und die Jüngeren lernten, kämen wir kaum in die Tiefe, wo die Wahrheit verborgen liegt, die wir jetzt mit leichter Hand an der Oberfläche suchten." Die Menschen vertändelten ihre Zeit; statt die Natur zu studieren, trieben sie törichte Spiele und Eskapaden, betrugen sich schändlich und fürchteten sich abergläubisch vor dem Tod, der doch nur das Los alles Vergänglichen und letztlich etwas Gutes, nämlich der Weg der Natur, war. Seneca litt an der geistigen Situation seiner Zeit. Besorgt verfolgte er die Entwicklung von Staat und Gesellschaft und spürte, dass sein Einfluss auf den Herrscher, der sich mehr und mehr zu einem blutrünstigen Tyrannen entwickelte, zusehends schwand.

Nero versorgte Seneca mit Geld und Landbesitz, schenkte ihm aber kein Gehör. Der Kaiser ließ potenzielle und tatsächliche Gegenspieler ermorden, erst den Stiefbruder, bald darauf seine geltungsbedürftige Mutter. Seneca musste diese Verbrechen öffentlich rechtfertigen und sogar des Kaisers Weisheit rühmen. Bald darauf entließ Nero den philosophischen Ratgeber und väterlichen Freund, den er lange Zeit ostentativ ignoriert hatte. Der Staat war vollends der Willkür Neros ausgeliefert, der sich immer mehr für Theater und Vergnügungen aller Art interessierte und Preise für Auftritte als Bühnenkünstler sammelte, statt sich um das politische Tagesgeschäft zu kümmern. 62 n. Chr. war Seneca aller Ämter ledig. Die Besitztümer, aus Neros Hand empfangen, hätte er nur zu gern zurückgegeben – auch weil diese Neid hervorriefen und er, Askese predigend, im Überfluss lebend, als unglaubwürdig verspottet wurde. Der Kaiser nahm nichts von all dem, was er verschenkt hatte, zurück. Seneca blieb nun hinreichend Zeit zum Philosophieren. Er entfaltete eine beachtliche schriftstellerische Aktivität und schrieb zahlreiche Briefe zur Ethik, die nicht nur an den konkreten Adressaten, sondern an jeden Menschen gerichtet sind, vom alten Rom bis in unsere Zeit hinein.

Auffällig hierbei ist, dass der ethische Rigorismus Senecas mit einer aufrichtigen Wertschätzung und Würdigung Epikurs einhergeht, den der Römer gegen Verunglimpfungen – auch seitens Ciceros, der für den Hellenen in seinen Abhandlungen nur wüste Entrüstung wegen seines vermeintlichen Hedonismus übrig hatte – in Schutz nimmt und oftmals, wie keinen anderen Philosophen oder Dichter, zustimmend zitiert. Senecas Werk zeigt beispielhaft, dass die in der Philosophiegeschichte bis heute gern kontrastierten Positionen Epikurs und der Stoa mehr verbindet als trennt. Beide nämlich schätzen die Rolle der Vernunft in der Lebensführung. Diejenigen, welche Epikur ausschließlich das Streben nach Lustgewinn unterstellen, haben ihn zumeist nicht gelesen oder bewusst falsch verstanden. Senecas bedeutsame Schrift „Über das Glück" enthält zahlreiche Passagen, die Epikur Gerechtigkeit widerfahren lassen. Seneca schreibt dort zum Beispiel: „Daher erkläre ich nicht, was die meisten von uns tun, die Schule Epikurs sei eine Lehrerin der Laster. Ich behaupte Folgendes: Man spricht schlecht von ihr, sie steht im üblen Ruf, und das zu Unrecht."

Seneca stellt eingangs fest, darin mit Aristoteles' Auffassungen in der „Nikomachischen Ethik" übereinstimmend, dass menschliches Streben glücksorientiert ist. Aber dem angestrengten Bemühen entspricht in der grauen Wirklichkeit des Alltagslebens eher ein planloses Umherschweifen und latentes Unbefriedigtsein. Viele Menschen hören auf schlechte Ratgeber. Sie folgen bedenkenlos ihren Mitmenschen und begehren Nichtiges, suchen Vergnügen und Zerstreuung, finden darin aber nicht das ersehnte Glück. Da die meisten Menschen unglücklich sind, scheinen ihre Versuche, ein glückliches Leben zu führen, beständig zu scheitern. Diese Menschen leben in den Tag hinein, sind den Leidenschaften und Begierden unterworfen. Seneca weist die Ansichten der „Masse" zurück. Zur „Masse" gehören für ihn Arme und Reiche, einfache Bürger und Senatoren – die „Masse" eint die Unvernunft. Die Menschen, die glauben, glücklich leben bedeute, die Triebe zu befriedigen, irren. Statt ihr Leben selbständig und innerlich frei zu führen, sind sie von Begierden geführt – und wählen das Üble an Stelle des Guten. Seneca beschreibt den Genuss als allgegenwärtige Verführung und Verlockung, die den Menschen ganz oder teilweise erregt, aber letztlich unbefriedigt lässt. Der Genuss ist flüchtig, die Gier kehrt, kaum gestillt, erneut wieder. Seneca formuliert sodann: „Weder ist jemand ohne gesunde Vernunft glücklich noch bei Vernunft, der Schädliches als das Beste verlangt. Glücklich also ist, wer richtig urteilt. Glücklich ist, wer mit den Umständen – wie immer sie sind – zufrieden ist. Glücklich ist der, dem die Vernunft die Gesamtsituation der eigenen Verhältnisse angenehm macht." Diese Einstellung mag fatalistisch klingen, bedeutet aber vielmehr, der Mensch solle in Gelassenheit ertragen und annehmen, was sich nicht ändern lässt. Das Glück, das er in seiner Seele findet, ist unabhängig von äußerlichen Gegebenheiten, die nicht in seiner Macht stehen.

Seneca bevorzugt ein ausgeglichenes Leben im Einklang mit der menschlichen Natur. Nun ließe sich einwenden, dass zur Natur doch vor allem Triebbefriedigung, Erfüllung von Sehnsüchten und blindes Genussleben gehören, eben alles, wonach der Mensch in seinem Innersten streben würde. Seneca hätte widersprochen und die Ziele des triebgesteuerten Begehrens als vermeintliche Glücksgüter bezeichnet, die vorläufig zu sättigen und zu befriedigen scheinen, aber niemals ein dauerhaftes Glück und ein besonnenes Gemüt verschaffen. Zudem bliebe die wesentliche Bestimmung des Menschen außen vor – seine Vernunft. Sich an dieser zu orientieren, bedeutet, sich ein „Ich" zu erarbeiten, das sich im Einklang mit sich selbst befindet, seelenruhig und gleichmütig ist. Der Mensch soll seine Persönlichkeit im individuellen Reifeprozess entfalten und ausbilden.

Seneca denkt und äußert sich in schroffen Gegensätzen. Die sittliche Vollkommenheit, die als erstrebenswert bestimmt wird, ist der Gegensatz zum Genussleben. Seneca schreibt deutlich: „Etwas Hohes ist die sittliche Vollkommenheit, etwas Erhabenes und Königliches, Unbesiegliches, Unermüdbares: Genuss ist etwas Niedriges, Knechtisches, Schwaches, Hinfälliges, dessen

Platz und Heimstatt Bordelle und Garküchen sind. Sittliche Vollkommenheit wirst du im Tempel finden, auf dem Forum, im Senatsgebäude, vor den Mauern stehend, staubbedeckt, gerötet, mit schwieligen Händen. Den Genuss entdeckst du im Verborgenen, wie er den Schatten sucht in der Nähe von Bädern und Saunen und Gegenden, die die Polizei fürchten. Er ist weichlich, entnervt, von Wein und Parfüm triefend, bleich oder geschminkt und wie Leichen mit Medikamenten einbalsamiert." Diese bilderreiche Sprache ist charakteristisch für die Typisierung der stoischen Ethik als Ausdruck einer idealen Lebensform.

Seneca selbst spricht in vielen Abhandlungen von eigenen Schwächen. Er weiß wohl, dass er die Weisheit, zu der er sich hinbewegt, noch nicht erreicht hat, und hält es daher für wichtig, zumindest besser als die Schlechten zu leben, wenn es ihm auch nie gelingen wird, zu den Besten zu gehören. Auf die oft vorgebrachte Behauptung, die Philosophen hielten nicht, was sie versprächen, entgegnet er: „Viel leisten sie dennoch, weil sie aussprechen, was sie in anständiger Gesinnung an Gedanken fassen: Denn allerdings – wenn sie auch entsprechend ihren Worten handelten, was gab es Glücklicheres als sie? Vorerst gibt es keinen Grund, dass du gute Worte und von guten Gedanken erfüllte Herzen verachtest. Bei sinnvollen Studien muss, auch ohne Erfolg, die Bemühung gelobt werden." Dieses aufrichtige Streben ist ein beschwerliches Vorankommen auf dem Lebensweg. Sich überhaupt schon aufzumachen, ist an sich lobenswert, jedenfalls ungleich rühmlicher, als billig den Philosophen vorzuwerfen, sie könnten klug daherreden, aber auch sie brächten nichts zustande. Wer andere zu entwerten meint, macht sich selbst verächtlich.

In allen Schriften veranschaulicht Seneca die Notwendigkeit der Treue zu sich selbst. Ein ausgeglichenes Gemüt wird niemals erreichen, wer sich selbst verleugnet und nicht sehen möchte, was doch unabweisbar gegenwärtig ist. Der Mensch sucht Zerstreuung, Ablenkung und Vergnügen, spürt, was ihn bedrängt, und möchte an anderes denken, wünscht sich, er wäre unbelastet, frei, lebte dahin, aller Sorgen ledig. Also reist er in die Berge, erklimmt Höhen, wandert, genießt die Natur, atmet die freie Luft, und schon kehrt das Verdrängte wieder. Ermattet, niedergeschlagen beginnt er erneut zu grübeln, ist der Bergluft überdrüssig, träumt von unbeschwerter Ausgelassenheit am Meeresstrand. Dort, nur dort glaubt er, entspannen zu können, Frieden zu finden. Er reist weiter, in immer gleicher Hektik, legt sein Reisegepäck ab, begibt sich ins Freie, schaut auf den Horizont und sieht sich selbst, die Sorgen, die ihn drücken, die Fragen, die ihn quälen, die Probleme, die ihn bedrängen. Vielleicht ist es doch ratsam, denkt er sich, mitten ins turbulente Stadtleben zurückzukehren. Er macht sich auf, reist nach Rom, stürzt sich ins Getriebe der Vergnügungen, genießt, isst, trinkt, ergeht sich in Schlemmereien, Ausschweifungen und besinnungsloser Hektik. Er möchte frei sein von aller Reflexion. Im Tumult gelingt ihm das, aber nur für einen Augenblick. Denn sich selbst kann der Mensch letztlich nicht entfliehen. Schwankenden Gemüts durchlebt er seine Tage, geht fehl, wiederholt alte Irrtümer und begeht neue Fehler, bis er spürt, dass die Kräfte nachlassen. Er weiß weder aus noch ein. Er weiß wohl, dass er unzufrieden mit sich selbst ist, kennt aber die Gründe nicht. Wo findet er die Ruhe, die er tief in seinem Innersten anstrebt? Wohin soll die Reise gehen? Nach Kampanien, in die Albaner Berge, an den Strand von Ostia, nach Rom, nach Norden, nach Süden, vielleicht an die Gestade Attikas, an die Küste Spaniens, nach Nordafrika, in die Alpen? Immerfort begegnet er dem eigenen Ich, an jedem Ort, auf jedem Fleckchen Erde, das er betritt. Was ist zu tun? Wer vernunftorientiert lebt, wird innerlich frei. In der „Trostschrift an Mutter Helvia" schreibt Seneca: „Wer immer der Vernunft nachgibt, beruhigt sich für immer. Alle Zerstreuung nützt nur für einen kurzen Augenblick und ist kein Heilmittel für den Schmerz, sondern ein Hindernis. Ich aber will lieber, dass der Schmerz aufhört, statt getäuscht zu werden."

Darum philosophiert Seneca und empfiehlt jene Heiterkeit

des Herzens, die dem Gemüt am besten zuträglich ist. Der Mensch soll sich seiner Tage erfreuen, lachend das Leben gestalten statt weinend: „Nimm hinzu, dass sich auch um das Menschengeschlecht besser verdient macht, wer es belacht, als wer es betrauert: Jener lässt sogar für gute Hoffnung ein wenig Raum, dieser aber beweint töricht, was verändern zu können er für hoffnungslos hält. Bei der Betrachtung des Universums zeigt höhere Gesinnung, wer das Lachen nicht halten kann, als wer nicht die Tränen, weil er die leichteste Seelenregung gewähren lässt und nichts für groß, nichts für ernst, nicht einmal für unglücklich hält in dieser großen Welt. Besser ist es, die allgemeine Sittlichkeit und die Schwächen des Menschen friedlich hinzunehmen und dabei weder in Lachen noch in Weinen auszubrechen. Denn von fremdem Unglück sich quälen zu lassen ist endloses Elend, an fremdem Unglück seine Freude zu haben unmenschliches Vergnügen." Der Verbitterte, Enttäuschte, der Griesgram, der sich beständig entrüstet, aber die Schwächen der Menschen nicht zu tragen weiß, lebt unglücklich und versinkt in endloser Depression. Er wird seines Lebens nicht froh. Seneca aber sagt, der Mensch habe nicht ein kurzes Leben empfangen, sondern es selbst dazu gemacht. Ein langes Leben mag kurz, ein kurzes aber lang, nämlich reich an beglückenden und beseligenden Momenten, sein.

Allzu oft verzettelt sich der Mensch in Belanglosigkeiten, im Streben nach Entbehrlichem, besessen von blindem Ehrgeiz, der alles wissen, alles erleben will – nur wozu? Seneca schreibt mahnend: „Als ob ihr immer leben würdet, lebt ihr, niemals kommt euch eure Gebrechlichkeit zu Bewusstsein, nicht nehmt ihr wahr, wie viel Zeit schon vergangen ist; als sei sie Fülle und Überfluss, verschwendet ihr sie, obwohl inzwischen vielleicht eben der Tag, den ihr irgendeinem Menschen oder einer Sache schenkt, der letzte ist. Alles fürchtet ihr wie Sterbliche, alles wünscht ihr euch wie Unsterbliche." Nichts versäumen wollend versäumt der Mensch sich selbst. Sein Leben schwindet dahin, es läuft den labyrinthisch irren Lauf bis ans Ende: „Du bist beschäftigt, das Leben eilt; der Tod wird inzwischen da sein, für den du – wolltest du, wolltest du nicht – Zeit haben musst." Derjenige Mensch aber, der mit Humor und Humanität, der Schwächen seiner selbst wie der seiner Mitmenschen eingedenk, das Leben zu tragen weiß, vermag mit der schwebenden Leichtigkeit, die sich des existenziellen Ernstes, der eigenen Sterblichkeit bewusst ist, das Leben trefflich zu gestalten.

Im Jahr 65 n. Chr. wurde Seneca der Mitwisserschaft einer gegen Nero angezettelten Verschwörung bezichtigt. „Wann immer der letzte Tag gekommen ist", schreibt Seneca in „Über die Kürze des Lebens", „wird der Weise nicht zögern, in den Tod zu gehen mit festem Schritt." Nero verfügte, Seneca möge sich selbst richten. Der Philosoph gehorchte. Es war Zeit zu sterben.


## Von Plutarch zu Marc Aurel

Im ersten nachchristlichen Jahrhundert wurde die Philosophie volkstümlich. Plutarch, geboren etwa 45 n. Chr., machte sich einen Namen als Historiker und Schriftsteller, der platonische Gedanken ungeniert mit peripatetischem und stoischem Denken zu verbinden suchte. Allein der Epikuräismus blieb ihm fremd. Plutarch schrieb zahlreiche Werke, darunter die berühmt gewordenen, vergleichenden Biografien über historische Persönlichkeiten. In ethischer Absicht stilisierte er diese geschichtlichen Gestalten, zu denen Philosophen des alten Hellas genauso zählten wie große Staatsmänner, zu nachahmenswerten Vorbildern.

Quasi zu einem Vorkämpfer der Gleichberechtigung der Geschlechter wurde Plutarch durch seine Forderung, Frauen solle die gleiche Erziehung zuteil werden wie Männern, da eine eheliche Verbindung nicht nur lustvollem Vergnügen und der Erzeugung der Nachkommenschaft diene, sondern auch eine intellektuelle Lebensgemeinschaft sei. Reger Austausch über das Leben und die Philosophie sind dem Zusammenleben und dem Glück in jeder Beziehung förderlich.

Plutarch selbst, ein gütiger, anständiger Mensch, war Wissenschaftler, Lehrer und Seelenarzt. Bis ins hohe Alter hielt er Vorträge zur Philosophie, die bewusst allgemein verständlich gestaltet waren. Er wollte jeden, auch den einfachen Mann von der Straße, mit seinen Worten erreichen. Philosophie, so glaubte er, sei eine Sache für jedermann. Platons Frage, auf welche Weise man leben solle, betrifft also nicht nur die Gebildeten, Mächtigen und Reichen. Mit den „Moralia", kleinen Aufsätzen zur Ethik, erreichte Plutarch ein breites Publikum. Dort schreibt er über die rechte Lebensweise: „Du wirst selbstgenügsam sein, wenn du gelernt hast, was schön und was gut ist. Du wirst in der Armut schwelgen und dich als König fühlen, und du wirst das ereignisarme Leben als Privatmann nicht weniger lieben als den Posten eines Feldherrn oder Staatenlenkers. Vertraue dich der Philosophie an, und du wirst nicht ohne Annehmlichkeiten sein, sondern wirst lernen, jederzeit und in allen Lagen glücklich zu leben. Reichtum erfreut dich, weil du vielen Wohltaten erweisen kannst, Armut, weil du dich um vieles nicht zu sorgen brauchst, Ansehen, weil man dir Ehren erweist, mangelndes Ansehen, weil niemand dich beneidet."

Mancher Denker vor Plutarch – wie Cicero – hatte sich vergeblich von der Philosophie Trost in existenzieller Bedrängnis versprochen. Plutarch war sich bis zu seinem Tod, der ihn etwa 125 n. Chr. traf, gewiss, dass ein Mensch, der der Vernunft folgte und philosophisch lebte, die Tage seines Lebens, ganz gleich, was ihm widerfahren mochte, im Zustand einer heiteren Ruhe des Gemüts verbrachte.

Zu Plutarchs Lebzeiten lehrte in Rom Epiktet stoische Philosophie. Er wurde 55 n. Chr. in Phrygien geboren, musste 89 n. Chr. im Zuge der von Kaiser Domitian verfügten Zwangsausweisung aller Philosophen Italien verlassen und ließ sich in Nikopolis nieder. Dort unterwies er bis zu seinem Tode im Jahr 135 n. Chr. eine große Anzahl Schüler.

Epiktet forderte rigoros von allen Zöglingen die Befolgung der ethischen Ideale der Stoa. Alles, was nicht für die Lebensführung brauchbar schien, hielt der Philosoph für entbehrlich. Es war unnötig, zu mutmaßen, ob die Welt aus Atomen bestünde, wichtig allein war, dass die Welt existierte – und wer dies leugnete, musste närrisch sein. Sich mit derlei Fragen zu beschäftigen, ist Zeitverschwendung. Am Tempel des Delphischen Orakels stand schließlich nicht geschrieben: „Erkenne, ob die Welt aus Atomen besteht!", sondern: „Erkenne dich selbst!" Philosophie wurde Epiktet zur Lebenskunst. Mit der geradezu existenziellen Radikalität eines strikten „Entweder-oder" – so heißt es einige Male: Man müsse entweder ganz und gar „Philosoph" oder „Kind der Welt" sein – verpflichtete Epiktet jeden, der philosophieren wollte, die Regeln anzuerkennen, natürlich um des eigenen Seelenheils willen. Bissig kritisierte er die sturen Zöglinge der alten Stoiker. Diese verstünden vielleicht, schwierige Texte auszulegen, aber in der Lebensführung scheiterten sie immer wieder.

Im „Handbüchlein der Moral", einem Kompendium epiktetscher Weisheit, heißt es, niemand habe Besonderes geleistet, der Schriften eines Denkers, der sich nicht verständlich ausgedrückt habe, erklären könne. Wichtig sei einzig, eine Antwort auf die Frage „Ich aber, was will ich?" zu finden. Jeder Denker, der dazu beiträgt, ist wert, studiert zu werden.

Epiktet riet jedem Menschen, sich darauf zu besinnen, was in seiner Macht stehe und was nicht. Der Mensch lernt, sich von Ängsten freizumachen, wenn er einsieht, dass nicht die Dinge selbst Sorgen bereiten, sondern die abweichenden Ansichten über diese Dinge. Alles, worüber der Mensch keine Verfügungsgewalt besitzt, muss ihn auch nicht bekümmern – nur muss er lernen, mit der Natur in Einklang zu leben, und sich nicht von Meinungen, etwa, dass der Tod etwas Furchtbares sei, in Angst versetzen lassen. Den wahren Philosophen erkennt man an der gelingenden Lebensführung: „Philosophieren heißt dies: Die Maßstäbe prüfen und festsetzen. Sie aber dann auf Grund solcher Erkenntnis im Einzelnen richtig anwenden, das ist Sache des echten Philosophen."

Diese Regeln der Lebenskunst versuchte der römische Kaiser Marc Aurel zu verwirklichen. Er wurde 121 n. Chr. in Rom geboren und regierte als Nachfolger des Antoninus Pius von 161 n. Chr. bis zu seinem Tod 180 n. Chr. Marc Aurel war ein Freund der schönen Künste, liebte die Malerei und befasste sich mit den Grundzügen stoischer Ethik. Dieser liebenswürdige Machthaber musste an vielen Fronten kämpfen. In den letzten Lebensjahren nahm er sich in Zeiten des Krieges Muße, sich philosophischen Betrachtungen zuzuwenden.

Marc Aurel verfasste ein Brevier der stoischen Philosophie, Reflexionen seines Denkweges, distanziert-nuancierte „Selbstbetrachtungen". Der mächtigste Mann der Welt, der römische Kaiser, erkannte die Nebensächlichkeit der Politik und die Notwendigkeit der Philosophie. Jeder Mensch sollte sich selbst erkennen und im Bemühen um ein sittlich gutes Leben philosophieren.

Detailliert erinnert sich Marc Aurel in aufrichtig empfundener Dankbarkeit der Menschen, die ihn begleitet und geprägt haben. Seine Lebensaufgabe – und nicht nur die seine – liegt in sinnerfüllter Tätigkeit, in zielgerichteter Arbeit, selbstdiszipliniert das Seine verrichtend, die gegebenen Möglichkeiten nutzend, nicht in grüblerischer Mutlosigkeit versinkend: „Was du tust, das tu weder gegen deinen Willen noch ohne Menschenliebe, noch ohne vorherige Prüfung, noch voll inneren Widerstrebens. Es soll auch kein geziertes Wesen deine Gesinnung verbrämen. Mache nicht viel Worte und zettele nicht vielerlei an. Und der Gott in dir soll ein Herr eines Lebewesens sein, das männlich, in der Reife der Jahre, von Gemeinsinn erfüllt, ein Römer und ein Herrscher ist, der seinen Standpunkt gewählt hat wie jemand, der auf das Signal zum Rückzug aus diesem Leben wartet, marschfertig, ohne eines Eides oder irgendeines Menschen als Zeuge zu bedürfen. Und dein Herz sei voll Heiterkeit; du bedarfst ja weder der Hilfe, die von außen kommt, noch der Ruhe, die andere geben könnten. Aufrecht muss man sein, nicht aufgerichtet!"

Die philosophische Lebensweise ist ein Ausdruck der charakterlichen Reife eines jeden Menschen, der in sich selbst Frieden gefunden hat, der Vergänglichkeit seiner selbst bewusst ist und der die Natur beherrschende Vernunft auch als Leitlinie des eigenen Handelns akzeptiert hat. Der Philosoph ist der einzig Nüchterne unter lauter Trunkenen. Er weiß, dass Einsicht und Handeln dasselbe sind, vermag die Zeit bestmöglich zu nutzen und versteht es, gut, gerecht und weise zu leben – unbeugsam und frei von jeder Angst –, freundlich gegen alle Mitmenschen zu sein und die Seinen, die ihm nahe und vertraut sind, von ganzem Herzen zu lieben.

Der Weise gleicht einem Fels in der Brandung, der den Stürmen und Wellen der wogenden See standhaft, wacker und beharrlich zu trotzen vermag. Inmitten aller Irrungen und Wirrungen bewahrt er kraft seiner Vernunft Gelassenheit. Nichts vermag ihn zu erschüttern in der tief gegründeten Gewissheit, dass der Sturm sich legen und das aufgewühlte Meer sich letztlich glätten wird, eine Gewissheit, die ihm den Frieden der Seele zu allen Zeiten seines Lebens garantiert.

### Plotin und der Ausklang der antiken Philosophie

Stoische Denker befassten sich mit dem einzelnen Menschen und seinen Möglichkeiten, glücklich zu leben. Philosophieren hieß vornehmlich, Fragen dieser Art – über Glück und Seelenruhe, Trost in Bedrängnis und Annahme des Schicksals – zu klären und den Menschen an die eigene Sterblichkeit zu erinnern, auf dass er gut lebe und ein zwar begrenztes, aber in bescheidenem Umfang erreichbares Maß an Glückseligkeit erlange, unabhängig von seinem Status in der Gesellschaft, mochte er also vornehmer Senator, einfacher Bürger oder gar Sklave sein. Verfügt der Mensch über die innere Souveränität, so vermag ihn nichts zu erschüttern. Er trägt sein Los und freut sich seines Lebens, geborgen und heimisch im wohlgeordneten Gefüge des Weltalls.

Aus dem Geist der Stoa zu philosophieren, wie dies beispielhaft so unterschiedliche Charaktere wie Epiktet und Marc Aurel vermocht hatten, bedeutete, sekundär Wissenschaft zu treiben, primär aber die Philosophie als Lebenskunst zu begreifen und anzuwenden. Die Stoiker sammelten zwar Schüler um sich, aber ihre theoretischen Abhandlungen besaßen nicht die tiefgründige Substanz, die Philosophenschulen Stoff für kontinuierlichen Unterricht bot. Diese Männer waren, in einem guten Sinne, eher Lebenskünstler als Wissenschaftler.

Auch bei Plotin, dem wichtigsten Vertreter des so genannten „Neuplatonismus", finden sich Elemente stoischer Philosophie. Die Lebensweisheit dieser antiken Denktradition blieb erhalten. Plotin wurde etwa 205 n. Chr. geboren. Über seine Herkunft und seine Vorfahren ist nichts bekannt. Er hielt jede Auskunft biografischer Art für entbehrlich. Plotin schämte sich sogar, wie sein Schüler Porphyrius berichtet, im Leib zu sein.

Der junge Plotin suchte Orientierung. Als er mit achtundzwanzig Jahren Ammonios Sakkas kennen lernte, bekannte er: „Den suchte ich." Elf Jahre lang blieb er dessen Schüler. Darauf schloss sich Plotin dem Perserfeldzug des römischen Kaisers Gordianus an. Er wollte bei dieser Gelegenheit die Kultur des Morgenlandes studieren. Die militärische Operation war jedoch ein Fiasko. Das Heer wurde vernichtend geschlagen. Plotin ließ sich bald darauf in Rom nieder und begann 244 n. Chr. selbständig zu lehren. Plotins Vorlesungen fanden viel Anklang. Er sprach klar und deutlich, trug fesselnd vor und war angenehm im Umgang. Eine freundschaftliche Atmosphäre entstand. Zahlreiche Waisen wurden ihm anvertraut. Plotin übernahm die Vormundschaft und verwaltete das Vermögen der Kinder mit großer Umsicht und Sorgfalt. Auch beim Schlichten von Streitigkeiten war sein Urteil gesucht. Er genoss die Wertschätzung aller Römer.

Plotins Lehre konzentrierte sich auf die Auslegung der damals vorliegenden Kommentare zu platonischen und aristotelischen Werken. Mit der Wiedergabe und Erklärung der klassischen Texte verband sich die Einfügung neuer, eben „neuplatonischer" Gedanken. Plotin verstand sich nicht als eigenständiger Philosoph, sondern als Platoniker, der seine Aufgabe darin sah, die Lehre des großen, von ihm bewunderten Platon zu vermitteln und dessen Gedankengang nachzuvollziehen. Erstaunlich ist — nicht allein freilich bei einem geistreichen Kopf wie Plotin —, wie Philosophen im redlichen Bemühen, anderer Denker Werke verständlich zu machen und zu deuten, originelle Gedanken eigenständig entwickeln und die Geschichte der Philosophie bereichern, ohne dies eigentlich beabsichtigt zu haben. Plotins Philosophie erscheint als geistige Verdichtung der platonischen Lehre, die das ihm wesentlich Erscheinende mit gebündelter Intensität und Bestimmtheit fasst und spezifiziert — im Bewusstsein, nicht sein eigenes, sondern originär platonisches Gedankengut zu entfalten. Das geschieht auf der Ebene der vernünftigen Spiegelung des Gedachten und in der das eigene Selbst übersteigenden Hinwendung zum vermeintlich Unbegreiflichen.

Plotin legte seine Vorträge schriftlich nieder, war aber nicht imstande, die eigenen Aufzeichnungen zu korrigieren und die mitunter umständlich formulierten Satzgefüge verständlicher zu gestalten. Seine Handschrift war kaum lesbar. Hinzu gesellte sich eine altersbedingte Sehschwäche. Plotin schrieb wie aus einem Guss. Porphyrius sammelte und ordnete die Schriften des Lehrers und veröffentlichte die philologisch akkurat gestalteten Abhandlungen etwa 300 n. Chr.

Plotin lehrte fast fünfundzwanzig Jahre in Rom. Er wurde gebrechlich und kränkelte oft. Auf Äußerlichkeiten hatte er zeitlebens keinen Wert gelegt, so dass der greise Denker regelrecht verwahrloste. Der Kontakt zu den Schülern reduzierte sich merklich. Plotin zog sich auf ein Landgut in Kampanien zurück und starb dort 270 n. Chr.

Was Plotin an Platon faszinierte, war der philosophische Kern seiner Lehre, die Idee des Guten und ihre ordnende Macht. Wie im „Höhlengleichnis" beschreibt auch Plotin in vielen Facetten den Aufstieg der Erkenntnis, der in der eigentümlichen Diktion des spätantiken Denkers sich vielleicht eher als mystischer „Aufschwung" denn als allmählich sich vollziehender Weg vernünftiger Erwägung begreifen lässt. Nun spricht auch Platon, wie wir uns erinnern, vom plötzlich aufleuchtenden „Funken der Erkenntnis". Dieser Moment des Begreifens, bildhaft gesprochen eine intellektuellen Erhellung, die mit einem Mal das Dunkel der Unwissenheit licht, begreiflich und verstehbar werden lässt, erhält in der plotinischen Philosophie eine nuanciert metaphysische, spirituell anmutende Dimension. Plotin begreift als Beweggrund philosophischen Strebens die Sehnsucht nach Ruhe des glücklichen, ganz bei sich selbst verharrenden Geistes, des sich denkenden Denkens – das rationaler Selbstbezug, aber nicht narzisstische Selbstbezogenheit ist –, das in der Schau des „Einen" Frieden erfährt, gegen den alles Weltliche ein matter Abglanz ist. Das Ziel menschlichen Erkenntnisstrebens ist die „ekstasis", das Aussichtreten, die Überwindung des Irdischen und die Hinwendung zum Göttlichen, die Flucht des „Einsamen zum Einsamen": die „Einung" mit dem „Einen". Diesen Prozess, der in der „unio mystica", einer ruhenden Ekstase, seine höchste Erfüllung und Vollendung findet, beschreibt Plotin auf vielfältige Weise in seinem Werk. Voraussetzung für diesen Weg ist Lösung von Äußerlichkeiten und die Wendung zum Inneren. Erst erlischt die Konzentration auf das Äußere, die Gier nach irdischen Gütern, die Sorge um den gesellschaftlichen Aufstieg und das Streben nach Ruhm. Im zweiten Schritt wird das Wissen des Erkennenden von ihm selbst als nichtig erkannt. Die Individualität in ihren

Besonderheiten und das Bewusstsein ihrer Bedeutsamkeit schwindet. Auch was den Erkennenden unverwechselbar zu machen scheint, erweist sich als belanglos. Mit Platons Worten gesprochen, muss der Mensch zwei Arten „Fesseln" abstreifen, ehe er das „Eine" schauen kann: die Bindung an die Welt und die Bindung an sein Innenleben. Diese Seele erlebt die intuitiv-berührende „Einung". Sie vereint sich mit dem „Einen" in einer ruhenden Ekstase, muss aber zurückkehren in die Niederungen der Welt und von dem Geschehen berichten, das die Seele mit einer absoluten Gelassenheit erfüllt, so dass vom Ziel des Weges her begreiflich erscheint, warum alles menschliche Denken und auch die Emotionen von dem plotinischen Impuls erfüllt sind, welcher besagt: „Steige zu Jenem hinauf!" Allerdings mag dieses Ansinnen mitunter verdeckt sein durch ein menschliches Bemühen, Äußerlichkeiten nachzujagen, die der Mensch – entwurzelt, von heftigen Leidenschaften erschüttert – für wichtig nimmt. Diesen Begierden gehorcht er blind, obzwar mitunter innerlich zweifelnd. Der Mensch kommt eigentlich zu sich selbst, indem er über sich hinausgeht, während er sich in Selbsterkenntnis von sich selbst entfernt und dem, was über ihm ist, annähert.

Der Aufstieg oder Aufschwung der Seele ist paradoxerweise eine Wendung nach innen: „Kehre ein zu dir selbst und sieh dich an." Der Prozess der Selbsterkenntnis verändert Denken und Handeln, formt die Persönlichkeit neu in ihrem ethischen Verhalten, so dass der Mensch, sich selbst erkennend, zur Gänze ein Anderer wird, der sich in äußerster Aufmerksamkeit zugleich dem eigenen Inneren und dem Unbegreiflichen, das über ihm ist, zuwendet und bemerkt, dass das Fundament des eigenen Denkens, die Vernunft des Menschen, dem im Aufschwung der Seele erfahrenen Göttlichen, dem Einen, entspricht. Auf diese Weise entfernt sich der Mensch von sich selbst in die Höhe und ist dem Irdischen und sich selbst „entrückt", aber gerade dadurch bei sich selbst. Dennoch ist die „unio mystica" ein temporärer Zustand, ein vorübergehendes Erlebnis, das den Menschen von Grund auf verändert, ihm aber die Rückkehr in seine Welt nicht erspart, da er, wie Plotin sagt, „noch nicht gänzlich von hier ausgewandert ist" – er sieht die Welt aber mit neuen Augen: „Wenn die Seele mit Jenem vereint ist und überhaupt nicht schaut, fürchtet sie kein Unglück. Wenn auch alles um sie herum zu Grunde ginge, so geschieht ihr dies gerade nach Wunsch, damit sie mit diesem allein sei. Alles andere, woran sie sich früher erfreute, Herrschaft, Macht, Reichtum, Schönheit, Wissenschaft: Alles dies sieht sie geringschätzig an und sagt es."

Der Mensch erkennt sich in der Erkenntnis der höchsten Möglichkeiten seiner Existenz selbst im ekstatischen Vollzug der „Einung mit dem Einen". Dem Einen als Göttlichen oder Gott verstanden soll sich der Mensch liebend zuwenden: „Jenes verlangt nicht nach uns, dass es etwa um uns wäre, aber wir nach ihm, so dass wir um es sind."

Das Eine ist das Göttliche, aber kein lebendiger Gott. Plotins Gott wird unendlich geliebt. Aber er liebt nicht wieder: „Das Eine hebt die Seele so hoch, dass sie weder an einem Orte ist noch sonst irgend, wo ein anderes in einem anderen ist. Für das, was nicht irgendwo ist, für das gibt es nichts, wo es nicht wäre. Bleibt es aber keinem Dinge fern und ist doch nicht irgendwo, so muss es überall sein, auf sich selber bestehend."

Nur als Erkennender erfährt der Mensch die Glückseligkeit: „Solange nun einmal alles Lebende aus einem einzigen Urgrund stammt, aber nicht im gleichen Grade Leben hat wie Er, muss notwendig der Urgrund das erste und vollkommenste Leben sein. Wenn also der Mensch imstande ist, das vollkommene Leben zu haben, so ist auch der Mensch glückselig, derjenige nämlich, welcher dies Leben hat." Jeder Mensch besitzt die Veranlagung zur Glückseligkeit, es liegt an ihm, sie zu entfalten, nicht als äußerlicher Zustand – dann wäre dieser an Güter gebunden –, sondern als innerlich bewusste Eigenschaft. Wer äußerliche Schönheit erstrebt, Größe sucht, reich zu sein verlangt, herrschen möchte, gehört ganz der Welt an und erwirbt einen trügerischen Besitz, der

der Vergänglichkeit anheim fällt. Der Weise trägt für sich selbst Sorge, vernachlässigt die Pflege der Güter, auch seiner selbst. Er legt alle politischen Ämter nieder, gründet das Selbstbewusstsein in sich selbst und verliert jegliche Furcht. Seine Seele ist gereinigt. Der Weise befindet sich mitten in der Welt. Er soll in der Welt handelnd leben, am Wesentlichen orientiert sein, sich nicht in kontemplativer Betrachtung willenlos dem Geschehen fügen, sondern sich der Feinde erwehren, die ihn bedrängen, mit ganzer Kraft gegen die vielgestaltige Macht des Bösen, gegen das Übel in der Welt kämpfen – und tun, was Not tut: „Das Ziel muss eines und nicht vieles sein, denn sonst würde man ja nicht das Ziel, sondern Ziele suchen." Der Mensch erlangt das Ziel, indem er dem „Einen" dient und auf diese Weise zu sich selbst findet: Der aus sich Heraustretende geht auf sich selbst zu.

Plotin hatte sich unbewusst von Platon distanziert. In der platonischen Philosophie wäre eine „Einung mit dem Einen" niemals möglich gewesen. Die Kluft zwischen dem Göttlichen und der menschlichen Seele war für Platon stets unüberwindlich. Auch wer sich ihr annäherte, blieb der Welt der Ideen letztlich fern. Plotin überwand diese Distanz durch die mögliche „unio mystica".

Der Kirchenlehrer Augustin rezipierte knapp zweihundert Jahre später die plotinische Philosophie und interpretierte sie im Horizont christlichen Glaubens. Nun wurde die menschliche Vernunft als bloß dienend aufgefasst. Niemals kann sich der Mensch mit Gott aus eigener Kraft verbinden. In Jesus Christus offenbart sich der christliche Gott, der dem erlösungsbedürftigen Menschen begegnet, welcher verzweifelt, von Kummer und schwerem Leid erfüllt im Jammertal Erde lebt. Dieser Gott will verehrt, angebetet, verherrlicht und geliebt sein und sagt dem demütig Glaubenden unendliche Liebe zu. Nicht mehr die eigene Vernunft, einzig der göttliche Erlöser und Heiland vermag die „Fesseln" der Sünde, die den Menschen in den „Höhlen" seines Lebens binden, zu lösen und der in der Welt haltlos irrenden

Seele Frieden zu schenken – mit Augustinus' Worten: „Unruhig ist unser Herz, bis es ruht in dir, o Gott."

Die Forderungen des delphischen Orakels aber, die zu Selbsterkenntnis und einer maßvollen, vernünftigen Lebensweise auffordern, scheinen bis heute an Gültigkeit nichts eingebüßt zu haben. Noch immer stellen sich dem Menschen heute Fragen – und immer wieder aufs Neue entdecken Menschen wie wir, dass jene Fragen, die die großen Philosophen der Antike sich selbst und ihren Mitmenschen stellten, auch die Fragen sind, die uns beschäftigen. Wir dürfen uns nicht der Illusion hingeben, jemals auf Platons Frage „Wie soll man leben?" eine letztgültige Antwort zu finden. Sie wird uns, in wechselnden Zeitläuften und Lebensphasen, stets von neuem als offene Frage bewusst werden – und das ist gut so. Vielleicht ist uns durch das Studium der antiken Philosophie manches deutlich geworden: Der Mensch, das mit Vernunft begabte Lebewesen, möchte glücklich sein und tut auch darum gut daran, die ihm verliehenen Gaben in rechter Weise zu gebrauchen. Die Philosophen der Antike, von Solon und Thales über Sokrates und Platon bis hin zu den Römern, wussten, so wie wir heute, dass Philosophie ihre Bestimmung verfehlt, wenn sie den Bezug zum Leben verliert. Wer philosophiert, wer wortwörtlich „die Weisheit liebt", wendet sich den Menschen zu.

Am Anfang dieser Liebe zur Weisheit steht die Erkenntnis des eigenen Selbst, jener Ausspruch, der, wenn wir Platon glauben, als Inschrift auf der Eingangsfront des Apollon geweihten Tempels in Delphi geschrieben stand: Erkenne dich selbst. Diese tiefe Weisheit war den Denkern der Antike auf existenzielle Weise bewusst. Solange es Menschen gibt, werden sie, sich selbst besinnend, diesen Ausspruch bedenken und, sich selbst und einander erkennend, über die Dinge des Lebens zu philosophieren beginnen.

# LITERATURVERZEICHNIS

Die von mir verwendeten Zitate entstammen den nachfolgenden Originaltexten der antiken Denker; um der besseren Lesbarkeit willen sind sie der derzeit gültigen neuen deutschen Rechtschreibung angepasst. Zitate werden in deutscher Sprache wiedergegeben und sind auf den heutigen Sprachgebrauch abgestimmt.

Alle Leser, die sich eingehend mit der antiken Philosophie beschäftigen und das in diesem Band vermittelte Wissen vertiefen möchten, seien zum Selbststudium der griechischen und römischen Philosophen ermuntert.

Aus dem reichhaltigen lexikalischen, philologischen wie philosophiegeschichtlichen Schrifttum zur antiken Philosophie habe ich eine Liste einiger Werke, die auch ich bei der Abfassung dieser Darstellung zu Rate gezogen habe, zusammengestellt.

## I. Primärliteratur

DIE ANFÄNGE DER ABENDLÄNDISCHEN PHILOSOPHIE. Fragmente und Lehrberichte der Vorsokratiker. Eingel. v. Ernst Howald. Übers. v. Michael Grünwald. Zürich 1949.

ARISTOTELES: Metaphysik. Hrsg. v. Horst Seidl. Übers. v. Hermann Bonitz. 2. verb. Aufl. Hamburg 1982.

Ders.: Nikomachische Ethik. Hrsg. v. Günther Bien. Übers. v. Eugen Rolfes. 4. Aufl. Hamburg 1985.

Ders.: Politik. Übers. u. erläutert v. Eugen Rolfes. Einl. v. Günther Bien. 4. Aufl. Hamburg 1981.

Ders.: Hauptwerke. Ausgew. u. übers. v. Wilhelm Nestle. Stuttgart 1953.

CICERO, MARCUS TULLIUS: Atticus-Briefe. Lateinisch-deutsch. Übers. v. Helmut Kasten. München 1959.

Ders.: Cato maior de senectute/Cato der Ältere über das Alter. Lateinisch-deutsch. Übers. u. hrsg. v. Harald Merklin. Stuttgart 1998.

Ders.: De oratore/Über den Redner. Lateinisch-deutsch. Übers. u. hrsg. v. Harald Merklin. 3. Aufl. Stuttgart 1997.

Ders.: Gespräche in Tuskulum. Eingel. u. neu übers. v. Karl Büchner. 2., durchgesehene Auflage. Zürich-Stuttgart 1966.

Ders.: Laelius. Über die Freundschaft. Übers., Anm. u. Nachwort v. Robert Feger. Stuttgart 1970.

DIOGENES LAERTIUS: Leben und Meinungen berühmter Philosophen. Buch I–X. 2. Aufl. A. d. Griech. übers. v. Otto Apelt. Hamburg 1967.

EPIKTET, TELES UND MUSONIUS: Wege zu glückseligem Leben. Übers. u. eingel. v. Wilhelm Capelle. Zürich 1948.

EPIKUR: Philosophie der Freude. Ausgew., übers. u. erl. v. Johannes Mewaldt. Stuttgart 1973.

DIE FRAGMENTE DER VORSOKRATIKER: 3 Bände. Übers. v. Hermann Diels, hrsg. v. Walther Kranz. Berlin 1906–1922.

HORAZ: Ars Poetica / Die Dichtkunst. Lateinisch-deutsch. Übers. u. m. e. Nachwort hrsg. v. Eckart Schäfer. Stuttgart 1972.

Ders.: Epistulae/Briefe. Lateinisch-deutsch. Übers. u. hrsg. v. Bernhard Kytzler. Stuttgart 1986.

HOSSENFELDER, MALTE: Antike Glückslehren. Quellen in deutscher Übersetzung. Stuttgart 1996.

LUCK, GEORG: Die Weisheit der Hunde. Texte der antiken Kyniker in deutscher Übersetzung. Stuttgart 1997.

MARC AUREL: Selbstbetrachtungen. Übers. u. eingel. v. Wilhelm Capelle. Stuttgart 1973.

PLATON: Werke in acht Bänden. Griechisch-deutsch. Hrsg. v.

Gunther Eigler. Übers. v. Friedrich Schleiermacher. Darmstadt 1990.

PLUTARCH: Von der Heiterkeit der Seele. Moralia. Hrsg. u. a. d. Altgriechischen übers. v. Wilhelm Ax. Einf. v. Max Pohlenz. Leipzig 1942.

Ders.: Moralphilosophische Schriften. Ausgew., übers. u. hrsg. v. Hans-Josef Klauck. Stuttgart 1997.

SENECA, LUCIUS ANNAEUS: Philosophische Schriften. Fünf Bände. Lateinisch-deutsch. Hrsg. v. Manfred Rosenbach. Darmstadt 1989.

DERS.: Naturales quaestiones – Naturwissenschaftliche Untersuchungen. Lateinisch-deutsch. Übers. u. hrsg. v. Otto u. Eva Schönberger. Stuttgart 1998.

THEOPHRAST: Charaktere. Griechisch-deutsch. Übers. u. hrsg. v. Dietrich Klose. Nachwort v. Peter Steinmetz. Stuttgart 1970.

VELLEIUS PATERCULUS: Historia Romana/Römische Geschichte. Lateinisch-deutsch. Übers. u. hrsg. v. Marion Giebel. Stuttgart 1989.

DIE VORSOKRATIKER I & II. Griechisch-deutsch. Auswahl der Fragmente, übers. u. erl. v. Jaap Mansfeld. Stuttgart 1987.

XENOPHON: Erinnerungen an Sokrates. Übers. u. Anm. v. Rudolf Preiswerk. Nachw. v. Walter Burkert. Stuttgart 1997.

## II. Sekundärliteratur

BECKER, OSKAR/HOFMANN, JOS. E.: Geschichte der Mathematik. Bonn 1951.

BEIERWALTES, WERNER: Das wahre Selbst. Studien zu Plotins Begriff des Geistes und des Einen. Frankfurt/Main 2001.

BUCHHEIM, THOMAS: Die Vorsokratiker. Ein philosophisches Porträt. München 1994.

DERS.: Aristoteles. Freiburg i. Br. 1999.

FIGAL, GÜNTER: Sokrates. München 1998.

Friedländer, Rudolf: Platon. Bd. I-III. 3. Aufl. Berlin 1964–1975.

Geyer, Carl-Friedrich: Die Vorsokratiker zur Einführung. Hamburg 1995.

Grant, Michael: Roms Cäsaren. A. d. Engl. v. Karl-Eberhard u. Grete Felten. München 1978.

Guthrie, W. K. C.: A History of Greek Philosophy. Bd. I-VI. Cambridge 1962–1981.

Der Kleine Pauly. Lexikon der Antike in fünf Bänden. Hrsg. v. Konrat Ziegler u. Walther Sontheimer. München 1975.

Höffe, Otfried (Hrsg.): Klassiker der Philosophie. Bd. I: Von den Vorsokratikern bis David Hume. 3. Aufl. München 1994.

Ders.: Aristoteles. München 1999.

Hossenfelder, Malte: Epikur. München 1991.

Jaeger, Werner: Die Theologie der frühen Griechen. Stuttgart 1953.

Ders.: Aristoteles. Grundlegung einer Geschichte seiner Entwicklung. 2. Aufl. Berlin 1955.

Kaufmann, Eva-Maria: Sokrates. München 2000.

Kniest, Christoph: Sokrates. Hamburg 2002.

Kranz, Walther: Die Griechische Philosophie. Wiesbaden 1950.

Martin, Gottfried: Sokrates. Reinbek 1967.

Meier, Christian: Athen. Ein Neubeginn der Weltgeschichte. Berlin 1994.

Möbuss, Susanne: Plotin zur Einführung. Hamburg 2000.

Nestle, Wilhelm: Vom Mythos zum Logos. Die Selbstentfaltung des griechischen Denkens von Homer bis auf die Sophistik und Sokrates. Aalen 1966.

Neumann, Uwe: Platon. Reinbek 2001.

Perls, Hugo: Lexikon der platonischen Begriffe. Bern 1973.

Rapp, Christof: Aristoteles zur Einführung. Hamburg 2001.

ders.: Vorsokratiker. München 1997.

Röd, Wolfgang: Der Weg der Philosophie. Bd. 1: Altertum, Mittelalter, Renaissance. München 1994.

Schütze, Oliver (Hrsg.): Lexikon antiker Autoren. Stuttgart 1997.

Suhr, Martin: Platon. Frankfurt/Main 2001.

Voegelin, Eric: Aristoteles. München 2001.

Wilamowitz-Moellendorff, Ulrich von: Platon. Sein Leben und seine Werke. Bearb. u. m. e. Nachwort versehen v. Bruno Snell. 5. Aufl. Berlin 1959.

Zehnpfennig, Barbara: Platon zur Einführung. Hamburg 2001.

## Dank

Für vielerlei Hilfe danke ich sehr herzlich Ruth Bode, Annika Krüger M. A., Netaya Lotze, Ute Pauli, Judith Schallenberg M. A., Tanja A. Wilken, Peter Eisner und meinen Eltern. Wertvolle Anregungen verdanke ich Herrn Professor Dr. Gerd-Günther Grau und Herrn Professor Dr. Friedrich Wilhelm Korff.